U0022358

圓通證道

印光的淨土啟化

陳劍鍠 著

東大圖書公司

自　序

本書是我於1999年底完成之博士論文，原書內文共計十章，附錄四篇，今加以修訂為五章，附錄一篇。未收錄之文，俟日後機緣再行刊布。

本書主要對印光大師的淨土教學作出重點闡釋。除第一章及第五章介紹印光的生平與著作外，其餘篇章皆以闡述印光的淨土教學意見為主，如糾正異解、樹立觀念、強化信仰、策勵修學等。

有關印光的生平作略，以〈中興淨宗印光大師行業記〉❶、〈印光大師史傳〉❷二文記載最為詳盡，往後有關印光生平介紹之文章，大抵以此二文為根據。❸但由於此二文是以簡短的傳記形式行文，對許多重要事蹟的發生原因及經過僅用一二語交代過去，故本書第一章討論印光的生平事蹟時，除採用此二文外，尚參酌幾種篇幅較短的傳記❹、印光《文鈔》

---

❶　釋真達、釋妙真、釋了然、釋德森：〈中興淨宗印光大師行業記〉，載《印光大師全集》〔台北：佛教書局，1991年〕，第五冊（按，《印光大師全集》共七冊，以下如引用第一冊則簡稱《全1》，第二冊簡稱《全2》，第三、四……七冊，以此類推），頁2355—67。

❷　釋如岑：〈印光大師史傳〉，載《全5》，頁2265—86。

❸　有關大師生平介紹的文章，參閱本書第一章第一節，及〈徵引及主要參考書目〉所列之文。

原獻，及緬懷紀念印光的文章等，❺以補充未述及到的事情。
基本來說，印光的一生行誼為後人稱頌之處頗多，曾有說他
是「乘願再來之大士」，❻也有說他是「大勢至菩薩之化身」。❼
然而印光自有其本色，不必附會於菩薩化身，以增其聲價。
在臺灣弘揚淨土法門甚力的方倫居士（1896— ）便說：「與
其說他為菩薩化身，倒不如說他為蘇州靈巖山，弘揚淨土的
老比丘，較為切當。他一生的造詣和成就，較諸過去任何淨
德，皆無遜色，被推為淨土宗第十三祖，實足當之無愧。」❽
這樣的說法， 很能符合印光不喜虛誇， 講求平實的一貫作
風。❾

---

❹ 這些文章有的是大師弟子、有的是景仰大師德行者所撰。參閱本書第
　一章第一節。

❺ 這些文章大抵被收在《全5》及《全7》兩冊紀念文集。另外未被收入
　的文章（這些大部分是發表在此兩冊紀念文集定稿之後），筆者盡力搜
　集所及者，請見本書〈徵引及主要參考書目〉所列。

❻ 例如諦閑大師（1858—1932）的高弟寶靜法師（1899—1940）即持此
　說。參閱釋寶靜：〈淨土法門〉，載張曼濤主編：《淨土泛論》〔臺北：
　大乘文化出版社，1980年〕，頁6。

❼ 參閱楊信芳：〈紀夢悼印光大師〉，載《全5》，頁2461—63；楊信芳：
　〈致施戒園居士書〉，載。

❽ 方倫：〈由宗仰印光大師談及老實念佛〉，載《全5》，頁2713—14。頁
　2713—14。

❾ 大師親近之弟子德森法師亦說：「世間真知大師之輩，亦不必如何高抬，
　謂為有何神通先知，某菩薩再來等。吾儕身居弟子之列，對大師自隱
　不發之密行，未見有何實據，即有其事，亦不宜自衒。」（釋德森：〈印

　　本書第二章討論印光時代的佛教界現況，印光指出近代
僧伽素質滑落的原因出自於清世宗（雍正，1723—1735在位）
廢除「度牒」，未能有效防止無賴之徒剃度為僧。當時僧流猥
雜，懶惰偷安，於經論毫無所知，不能荷擔如來家業，使得
佛法面臨滅法的劫難。因此，印光提出整建僧伽的意見，認
為僧人須自我砥礪，佛教才有希望。並特為僧伽住持法道的
方式作出說明，強調僧人續佛慧命，須嚴立禮儀，令人生景
仰之心。此外，印光亦對僧伽教育方式提出意見，教導閱讀
哪些基本經論及閱讀方法。又指出依當時情況，僧伽留學不
太適宜，其間以反對派學僧留日最為強烈，因日本佛教僧人
公開娶妻吃肉，行同俗化，與中國佛教傳統制度背道而馳（第
一節討論）。近代佛教面臨「廟產興學」的危機，此危機可追
溯到清光緒廿四年（1898）的戊戌變法，當時因教育經費無
著落，湖廣總督張之洞（1837—1909）作〈勸學篇〉而開風
氣之先。嗣後，各省土豪劣紳相率藉興學之名兼併寺田，地
方軍隊、警察及各機關團體占據寺院的事件亦層出不窮。印

　　光法師嘉言錄續編序），載《全7》，頁124—25）另有一署名「普陀僧」
的說：「後代祖師，惟以篤實踐履教人，不但不以神通示人，即道理稍
涉深奧，亦不輕說。因二者皆易啟人誤認也。今大師係菩薩再來之說，
竊以為亦多流弊。望敬慕大師者，謹遵遺教，切實進修，即所以報師
恩、慰師願。至此等語言，即係事實，亦不必宣諸口，形諸紙墨。」（普
陀僧：〈說大師係勢至再來之辨正〉，載《全7》，頁168）以上二說，都
指出對大師的真實身分，不必作出過多的揣測，只須依教奉行，篤實
踐履。否則語涉神異，流弊孔多。

光營救「廟產興學」危機的事蹟現今可知者共有五件，時間分別在民國十一年（1922）、十七年（1928）、廿二年（1933）、廿四年（1935）、廿五年（1936）。他認為形成「廟產興學」的主因，來自於僧人不能自力奮發而受盡外人歧視，造成掠奪事件的發生。因此，他提出化解危機的辦法是僧眾須恪守清規，為人榜樣，假若德化有實，自然能感化人，謀奪廟產者亦會改變作風，反過來恭敬供養，廟產便能不保而自保了（第二節討論）。印光反對當時佛教徒修持民間信仰所傳授的方法，諸如煉丹運氣等，印光反對的原因是這些方法不符合佛說。外道教導煉丹運氣時常妄加附會佛教經典的說法，嚴重混淆視聽，瞎人慧眼；而煉丹運氣求成仙長生，跟佛教教人觀破此五蘊假合之身的教義亦相違。此外，外道傳法方式講求「祕傳」及「嚴示禁令」，這種不公開的方式常有可能令不良的人藉機詐騙婦人行邪淫。印光亦反對佛教徒使用扶乩來弘揚佛法，他認為扶乩之語不可靠，降壇的靈鬼無法教人真實了脫生死。印光舉出彭紹升（1740—1796）、明印法師（1841—1928）、徐謙（前清翰林學士，著有《海南一勺》一書，生卒年不詳）、孫鏘（清末進士，生卒年不詳）等人為例，指出有學之士亦相信扶乩，何況一般民眾，因此他特為表出，希望信徒能慎思明辨，確立正信。雖然印光不否定它尚能講淺顯的惡善因果事理，有助於人心淨化，但不能因此而用扶乩來弘揚佛法，造成佛教教義受人訾議。另外，印光還特別舉出明末在蘇州降壇的覺明妙行菩薩，及民初在香港降壇的

哆哆訶菩薩（即香港有名的黃大仙）兩例，說明菩薩降壇後
會顯明本迹，告誡信徒往後不可再扶乩。要之，印光認為凡
是真正的佛門弟子，絕不可隨意參加扶乩活動，他極意劃清
外道跟佛教間的界限，護教立場非常堅定（第三節討論）。印
光曾批評當時修持念佛法門的行者，認為他們「多好立異，
不肯做老實工夫」。所謂「立異」乃指「或慕禪宗之玄妙，或
慕相宗之精微，或慕密宗之神通」；所謂「不肯做老實工夫」
乃指「將仗佛力了生死之法，視之若不濟事者」。在印光心中，
禪、教、密諸宗皆好，但它們屬自力法門，想藉此了生脫死
實非易事。當時不少淨土行者喜歡兼習餘宗之教而分散修持，
故印光不厭其詳地解釋依自力修持的困難，並在解釋的同時
對當時修習諸宗的行人提出批評。印光批評當時習密者妄想
現身成佛，以及過分重視神通；批評當時崇尚法相的學者專
務教相，只求會通理性，且講演時滔滔不絕，但對解脫生死
無所裨益；批評當時習禪者少有善知識可以提持決擇疑問，
為師者因個人學養、歷練不足，遂將古德指歸向上之語以己
意卜度，形成釋義訓文之言教，大開學人辯解的思路，造成
學人以己見會釋祖意，在依稀彷彿的情形下想箇義理，便認
為自己參學事畢（第四節討論）。

　　第三章討論印光的淨土思想。剋實論之，在整個近代佛
學界，淨土思想義理的發揚未有特出成績，印光在近代中國
佛教史上雖被尊稱為蓮宗第十三祖，但他著重於實踐修持和
提倡弘揚，而不重理論與深入宗義的發揮。❿不過，淨土法

門雖屬佛教的行門，不以理論為主，但淨土仍有經論可依，有經論即有教義，有教義即有理論。所以印光雖未對淨土思想作出系統性的闡述，但分散《文鈔》裏的許許多多的淨土思想，亦能透過排比、對釋的方法予以條分縷析。本章首先探討印光對淨土法門的體認過程，說明他從一開始接觸淨土法門到信仰堅固之軌轍（第一節討論）。印光的思想對弘揚淨土法門的前賢們有所繼承，在出家眾方面，以善導、永明、蓮池、蕅益、徹悟等人為主要對象；在家居士方面，宋代的王龍舒、清代的周安士則為主要對象。印光常以評述前賢的方法來弘揚淨土法門，又對前賢的著作大加推崇、闡述，這些都充分表現出他的思想動向（第二節討論）。禪、淨此二法門為當代多數佛教徒所修持，印光曾詳盡地揀別禪、淨的不同，令淨土行者知曉依自力跟藉佛力修持的難易程度不同，而建立起求生西方極樂淨土的堅定信念。其中，印光詳加闡釋「禪」、「有禪」、「淨土」、「有淨土」等真義，並一再強調「有禪」雖已達到明心見性之境，但「有禪」只能算是開悟，未必已了脫生死。相對而言，一般認為只要念佛就是「有淨土」，但印光認為要對往生極樂有把握才算。而這把握並非指證得一心不亂或念佛三昧，而是指須兼具「信、願、行」三資糧（第三節討論）。他力救濟是淨土法門強調的重點之一，其中牽涉到「帶業往生」這一頗富爭議性的觀念。在中國首

---

❿ 參閱張曼濤（1933—1981）：〈編輯旨趣〉，《淨土思想論集》，《現代佛教學術叢刊67》〔臺北：大乘文化出版社，1979年〕，頁1。

由天如惟則提出「帶業往生」一詞，此後，蓮池、蕅益等大師亦皆用之，不過次數不多，非如印光頻頻使用。由於印光被譽為近代四大高僧之一，又是專弘淨土法門的大導師，因此，他對「帶業往生」的說法引起廣泛注意及討論。尤其印光曾說過：「約在此界，尚未斷惑業，名帶業，若生西方，則無業可得，非將業帶到西方去。」因而令人發生困惑而爭論不已：到底是往生後仍將業帶去，還是往生後即消業而無業可帶？這個問題應從「變易生死」及「分段生死」等不同角度予以分別闡釋，才能析理出印光的原意（第四節討論）。

第四章討論印光提倡的念佛法。淨土法門的修持方式自華嚴宗五祖宗密（780—841）將念佛法分成觀像、觀想、實相及持名等四種後，淨土行者大抵沿用此種歸類。後來蕅益（1599—1655）又將念佛分為「專念自佛」、「專念他佛」、「自他俱念」三種。印光將實相念佛歸屬於「專念自佛」，觀像、觀想、持名歸屬於「專念他佛」，而一般所謂的禪淨雙修則歸屬於「自他俱念」。印光在對上述四種念佛法作出解釋後，指出持名一法於當今末法之際最為合機，他的主要論證是依據善導大師注疏《觀經》時提出持名行法，而強調持名易行，且又有實相、觀想等法的相同效果，可以親證實相妙理，徹見西方妙境（第一節討論）。而印光對持名念佛法有兩方面的發明，一是根據《首楞嚴經·大勢至菩薩念佛圓通章》所示之「都攝六根，淨念相繼」，提出「攝耳諦聽」念佛法（第二節討論）；二是結合飛錫的「隨息念佛法」和慈雲懺主的「十

念法」，而創出「十念記數」念佛法（第三節討論）。此外，
印光還提出持名念佛法可作為臨終助念，通常臨終助念是否
需要，須視個人修持情況而定。如果念佛行者現生已證念佛
三昧，臨終之際便不那麼需要借助他人來保持正念現前；反
之，當人臨終之際，地、水、火、風四大分解時面臨著無比
的痛楚，要是修持功力不足，便無法保持正念。如果再加上
親人騷擾，更難以順利往生西方。由是助念的目的是為了預
防這些不幸情況發生，幫助平時修持不力、根器稍劣的眾生
順利往生（第四節討論）。印光還教導生產時須念佛菩薩聖號
來幫助產婦平安分娩，這種生產助念的意義來自信仰，希望
藉由佛菩薩的聖德加被，以免除產難（第五節討論）。

　　本書第五章討論印光的著作及相關紀念文集。印光的高
徒李炳南居士（1890─1986）曾在〈重刊印光大師文鈔菁華
錄序〉表示：「《文鈔》篇短簡要，已風乎海內外；而鈍根猶
畏其繁，不能受之，寧非憾事耶！有先進（李）淨通開士，
摘其簡者之簡，擷其要者之要，彙而刊之，曰《菁華錄》。」⓫
印光《文鈔》雖深入淺出，但對文理淺昧的人而言，吸納貫
通，非為易事，尤其現代讀白話文的學者及一般大眾，深感
上一輩的文字古奧。有鑑於此，本章便對印光的著作及相關
的紀念文集作出全面性介紹，這些介紹包括編輯經過、版本
異同、刊行年代、內容特色等，俾讀者一目了然，迅速掌握

⓫　李炳南：〈重刊印光大師文鈔菁華錄序〉，載李圓淨編：《印光大師文鈔
　　菁華錄》〔臺北：華藏佛教圖書館，1994年〕，卷首。

文獻的來龍去脈。這種屬於文獻學的方法，雖是最基本的工作，但能給讀者一個清晰的概念，易於進一步研修印光的思想理趣。

此外，附論一篇主要論述印光對念佛三昧的詮釋。印光雖以「都攝六根，淨念相繼」為親證念佛三昧之要門，可是印光在陳述這方法時並未對念佛三昧作出具體說明。本附論主要據〈念佛三昧摸象記〉一文，詮釋印光對念佛三昧的見解，以作為本書第四章〈印光的念佛方法〉之補述。

以上五章及附論一篇，試圖將印光的生平、著作、印光對當時佛教界現況的意見、印光的淨土思想、念佛方法等作出討論。佛教在中國雖已流行了近兩千年的歷史，但國人對於佛教仍存有許多錯誤的觀念，普羅大眾對佛教的瞭解大都來自於戲劇和小說，而戲劇和小說常把佛教形容成奸邪、盜騙、隱閉，或是帶有神異的神祕宗教；知識分子則因受儒家固有傳統思想影響，視佛教為滅倫逃世、消極隱遁的宗教。由是清末以來，反佛教的言論時有所起。⑫印光在這樣的環境裏，以淺顯的教說來弘傳佛法，具有破迷啟信的作用，當時居士對佛法多不認識，出家眾對佛法也盲然無知，印光的淺顯教說實符合時代需求。直到現在，坊間許多經書流通處

---

⑫ 參閱李玉輝：《當代「人間佛教」思想的探討——兼論原始佛教的人間性格》〔香港：能仁學院哲學研究所碩士論文，1994年〕，頁1—2、40；洪金蓮：《太虛大師佛教現代化之研究》〔臺北：東初出版社，1995年〕，頁3。

或慈善事業團體，仍然常將印光的法語附印在經書的卷首、卷末，或印製成書籤、貼紙以廣流通，可見印光簡易直捷的教說具有十分的感染力，極適合末法眾生的需求。

　　但須補充說明的是，印光有些意見爭議性頗大。如岑法師在〈印光大師史傳〉裏說：「師之顯正辨訛，具見遺教，綜而言之，可分三類。一、辨教內之訛：如正龍舒三輩九品之誤，辨優婆塞搭衣之類皆是也。二、辨教外之訛：如辨祕傳之誤，煉丹運氣之誤等皆是也。三、辨儒教之誤：如辨理學拘墟之見等皆是。」❸這裏提到印光顯正辨訛的意見可分作三類，一是對教內王龍舒之誤的辨正；二是對教外煉丹運氣之誤的辨正；三是對宋明理學諸子破斥因果輪迴之誤的辨正❹。印光在這三方面的辨正意見（其實不只這三方面，如揀別禪淨、評自力修持、帶業往生等意見亦然，分述於本書第二、三章），必定引來反對者的駁斥，這是因各自角度、立場不同所必然引起的。而凡是諍辯，所牽扯到的葛藤必多，本書以闡述印光意見為主，僅將反對意見稍為提出作對比說明，有關此方面的不足，俟日後進一步地考察探討。

　　我早於修碩士課程期間，因研究明代學術思想而接觸佛教，並進而修學念佛法門，為圖私淑古德之便，擬以印光大

---

❸　釋如岑：〈印光大師史傳〉，載《全5》，頁2275。

❹　關於印光對宋明理學諸子破斥因果輪迴之誤的辨正，參閱拙著：《印光（1861─1940）研究》〔香港：香港大學中文系博士論文，1999年〕，第八章，頁272─285。

師為博士課程的研究專題。在我誦讀《印光大師全集》數遍，並隨文箚記及編製索引後，慢慢發現印光大師所遺留之文獻，於淨土思想方面少有創新，亦無縝密之理論架構，恐於學術研究上難有突破，因而萌生退意。不過，我此番想法不為指導老師廖明活教授所贊同，他認為凡能深入剖析研究對象及材料，並作出進一步的論釋，該研究便有其意義。受命以還，不敢不勉，回想於香港大學修讀博士課程的三年歲月裏，除兩三次要事耽擱外，我與廖師固定每兩星期會面一次。廖師詢問我半月來所讀之書，並批閱我呈交之文，與我盡情討論，乃至「諍辯」各自所主張的論點。雖然我常被廖師批判得體無完膚，但如今細細回想，深感廖師澤被後學之恩情於此展現無遺。一年餘後完成論文並通過答辯，廖師隨即建議出版該論文，給予鼓勵甚鉅。今承東大圖書公司劉振強董事長慨允付諸剞劂，衷心感謝。

　　我在香港八年餘，受到許多師長、友人的指導和鼓勵，因此得以在離鄉背井的苦悶中邁進。前系主任趙師令揚教授對我呵護備至，平日噓寒問暖，關愛之情甚於父母。學長黃啟華、林光泰、陳志明、楊文信等慷慨地開放他們收藏的資料借我使用，並幫忙我解決日常生活所遇到的困難。尤須特別提及的兩位長輩張馨元女士及陳碧盈女士，無論是經濟上的助援或是精神上的鼓舞，皆令我沒齒難忘。此外，我的母親張秀霞女士、岳父杜維運教授、岳母孫雅明女士、家姊陳劍鑲女士，毫無怨言地培植我，令我得以在浩翰的學海中盡

情馳騁，此份恩情實非楮墨所能罄述。攻讀博士學位之始，我的小兒岱威也剛好降生，內人杜宗蘭獨自負起照料之責而無法繼續她的學位，這是我最感內疚的事。如今她已返回港大攻讀博士學位，並於港大獲得講師之教職，在此書出版之際，我願將所有的喜悅與她分享。

　　本書所陳，於螢燭增輝之義，恐多有未逮，我自慚謭陋，福貧慧薄，祈望大雅君子，四眾高德，不吝誨教，則我所深幸也。

陳劍鍠識於文藻外語學院研究發展處
中華民國九十一年四月四日

圓通證道——印光的淨土啟化

目　次

自　序

第一章　印光的字號、家世與生平事蹟⋯⋯⋯⋯ 1

　　第一節　資料簡介⋯⋯⋯⋯⋯⋯⋯⋯⋯⋯⋯⋯⋯ 3

　　第二節　印光的字號⋯⋯⋯⋯⋯⋯⋯⋯⋯⋯⋯⋯ 5

　　第三節　印光的家世⋯⋯⋯⋯⋯⋯⋯⋯⋯⋯⋯⋯ 7

　　第四節　印光的生平事蹟⋯⋯⋯⋯⋯⋯⋯⋯⋯⋯ 9

　　第五節　結　語⋯⋯⋯⋯⋯⋯⋯⋯⋯⋯⋯⋯⋯⋯ 50

第二章　印光時代的佛教界問題⋯⋯⋯⋯⋯⋯⋯ 53

　　第一節　僧伽的問題⋯⋯⋯⋯⋯⋯⋯⋯⋯⋯⋯⋯ 55

　　第二節　「廟產興學」的問題⋯⋯⋯⋯⋯⋯⋯⋯ 69

　　第三節　民間信仰的問題⋯⋯⋯⋯⋯⋯⋯⋯⋯⋯ 79

　　第四節　修持心態的問題⋯⋯⋯⋯⋯⋯⋯⋯⋯⋯ 93

第三章　印光的淨土思想 ────────── 109

　第一節　對淨土思想的體認過程 ───── 111

　第二節　對弘揚淨土法門諸前賢的

　　　　　思想繼承 ─────────── 117

　第三節　揀別禪淨 ──────────── 152

　第四節　他力救濟與帶業往生 ───── 165

第四章　印光的念佛方法 ────────── 175

　第一節　對四種念佛法的見解 ───── 177

　第二節　〈大勢至菩薩念佛圓通章〉

　　　　　的念佛法 ─────────── 185

　第三節　「十念記數」的念佛法 ──── 200

　第四節　臨終助念法 ──────────── 207

　第五節　生產助念法 ──────────── 213

　第六節　結　語 ──────────── 220

第五章　印光的著作及紀念文集 ───── 221

　第一節　《印光大師全集》各冊的內

　　　　　容及刊行年代 ──────── 224

　第二節　《文鈔》編輯經過及其特色 ── 233

第三節　《嘉言錄》、《菁華錄》、《永思集》
　　　　的編輯──────────── 247

第四節　《四大名山志》的修撰過程及其內
　　　　容檢討──────────── 264

附　錄　印光論念佛三昧──────── 279

徵引及主要參考書目────────── 295

第一章

印光的字號、家世與生平事蹟

印光一生弘揚淨土法門，

廣度群倫，不遺餘力。

當化緣圓滿時，

示現各種瑞相，

以勸信淨土行者。

第一節 資料簡介

有關印光生平的主要資料有兩種：一為真達、妙真、了然、德森等合著的〈中興淨宗印光大師行業記〉❶，這幾位撰述者常年跟在印光身邊，故述及的資料詳細，最具代表性；一為四川定光寺如岑的〈印光大師史傳〉❷，該文是妙真為製作「印公畫傳」而請如岑撰寫傳文廿四篇而成。❸此外還有幾種篇幅較短，或為印光弟子，或為景仰印光德行者所撰，例如張慧容的〈印光大師略傳〉❹、陳海量的〈印光大師小史〉❺、高鶴年的〈印光大師苦行略記〉❻、喬智如的〈印光大師高行記〉❼、陳煌琳的〈印光祖師傳略〉❽、宗善的〈印

---

❶ 釋真達、釋妙真、釋了然、釋德森：〈中興淨宗印光大師行業記〉（以下簡稱〈A文〉），載《全5》，頁2355─67。

❷ 釋如岑：〈印光大師史傳〉（以下簡稱〈B文〉），載《全5》，頁2265─86。

❸ 參閱仁梁：〈參觀「印公畫傳」的寫繪工作〉，載《全7》，頁523。

❹ 張慧容（即張有瓚）：〈印光大師略傳〉（以下簡稱〈C文〉），載《全5》，頁2368─70。

❺ 陳海量：〈印光大師小史〉（以下簡稱〈D文〉），載《全5》，頁2370─72。

❻ 高鶴年：〈印光大師苦行略記〉（以下簡稱〈E文〉），載《全5》，頁2372─78。

❼ 喬智如：〈印光大師高行記〉（以下簡稱〈F文〉），載《全5》，頁2378─81。

光大師一生事跡〉❾、王心湛的〈印光大師傳〉❿、靈巖山寺
護關侍者的〈印光大師示寂記〉⓫，這些傳文皆收錄在《印
光大師全集》，其內容與上舉〈中興淨宗印光大師行業記〉、
〈印光大師史傳〉二文大同小異，唯其異處可作為考證之據，
彌足珍貴。另有張一留的〈靈巖印光大師略史〉⓬，此文也
是節錄行業記而裁成，原載於《靈巖山志·高僧傳》。

　　除上舉各文外，近人陳慧劍撰有〈印光大師年譜簡編〉⓭，
其內容以行業記所述為主，依年序條例印光事蹟，眉目清晰，
可讀性高。再者介紹歷代名僧的傳記，常有關於印光的文
章，⓮唯內容皆取材於行業記，且記述簡略，無足稱焉。另

---

❽　陳煌琳：〈印光祖師傳略〉（以下簡稱〈G文〉），載《全7》，頁2631—
　　36。

❾　宗善（即朱斐）：〈印光大師一生事跡〉（以下簡稱〈H文〉），載《全7》，
　　頁2770—75。

❿　王心湛：〈印光大師傳〉（以下簡稱〈I文〉），載《全7》，頁39—40。

⓫　靈岩山寺護關侍者：〈印光大師示寂記〉（以下簡稱〈J文〉），載《全5》，
　　頁2382—83。

⓬　張一留：〈靈巖印光大師略史〉（以下簡稱〈K文〉），載《全3下》，頁
　　139—142。

⓭　陳慧劍：〈印光大師年譜簡編〉（以下簡稱〈L文〉），載氏著：《當代佛
　　門人物》〔臺北：東大圖書公司，1994年〕，頁344—365。

⓮　例如智慧劍：〈印光大師（1861—1940）〉，載佛教編譯館編輯：《佛教
　　名人傳》〔臺北：佛教出版社，1987年〕，頁416—18；〈蓮宗十三祖——
　　印光〉，載何茲全主編：《中國歷代名僧》〔鄭州：河南人民出版社，1995
　　年〕，頁662—67。

外，有邱傑的《謙虛的大和尚──印光大師》**⓯**、李向平的《淨土宗第十三祖──印光大師傳》**⓰**，採用傳記小說的形式寫成。剋實論之，前一著作以上述資料為根據，忠實地作出鋪排；後一著作則渲染過多，常有作者「想當然耳」的痕跡出現。

　　本章所採用資料除上述各文外，另參酌印光《文鈔》原獻及緬懷紀念印光的文章（收在《全集》第五、七冊），以補充行業記等文未述及到的事情。

第二節　印光的字號

　　印光俗姓趙，名紹伊，字子任，**⓱**法名聖量，字印光，別號常慚愧僧，**⓲**平時以字活動於佛教界，因此緇素二眾咸以印光稱之。

　　印光的名號中，「紹伊」及「常慚愧僧」二者值得說明。印光俗世之名被取為「紹伊」，據〈印光大師小史〉云：「郃陽古曰『有莘』。昔賢伊尹，躬耕其處，故印光俗諱紹伊，以

⓯　邱傑：《謙虛的大和尚──印光大師》〔臺北：法鼓文化公司，1996年〕。

⓰　李向平：《淨土宗第十三祖──印光大師傳》〔高雄：佛光文化公司，1998年〕。

⓱　參閱〈B文〉，頁2265。

⓲　參閱〈A文〉，頁2355。

誌景仰。性果毅，游儒門，力闢佛教。」❿郃陽是周代的莘國
所在地，⓴也是商朝名相伊尹躬耕之處，印光家人為其取名
紹伊，是希望他效法家鄉的商朝名相伊尹，為國興廢繼絕，
為己潤色鴻業，而印光亦「頗以聖學自任，和韓、歐闢佛之
議」。⓱

　　印光家人希望他能走上仕途，所以安排他跟隨長兄讀儒
家聖賢書，以應付科舉考試。在中國，自朱熹（1130—1200）
集儒學之大成以來，官方科舉考試即以朱學（廣言之，可指
宋明儒學，因為直到清代，已納入明儒學說）為應試的主要
學科，印光因此接觸到宋明儒者的學說，並學宋明儒者以道
統為己任而闢佛。⓲關於此點，印光自己說：

　　　光（自稱）本生處，諸讀書人畢生不聞佛名，而只知

---

❿　〈D文〉，頁2370。

⓴　郃陽縣因縣城（在今東王公社夏陽附近）在郃水（又名洽水或合水）
　　以北（水北稱陽），故名郃陽。漢置郃陽縣，1964年9月因「郃」字生
　　僻難認，選常用字改為「合陽縣」。參閱李健超：《陝西地理》〔西安：
　　陝西人民出版社，1984年〕，頁170；吳鎮烽：《陝西地理沿革》〔西安：
　　陝西人民出版社，1981年〕，頁515；高峰：《陝西方志考》〔吉林：吉
　　林省地方志編纂委員會、吉林省圖書館學會合作出版，1985年〕，頁78
　　—81。

⓱　參閱〈A文〉，頁2355。

⓲　參閱〈I文〉，頁39；〈B文〉云：「師幼讀程、朱書，受其闢佛之影響。」
　　頁2267。

韓、歐、程、朱闢佛之說，群盲奉為圭臬，光更狂妄過彼百倍。幸十餘歲厭厭多病，後方知前人所說不足為法。❷❸

　　印光家鄉郃陽的讀書人不但畢生不聞佛名，而且只知韓（愈，768—824）、歐（陽修，1007—1072）、程（顥，1032—1085；頤、1033—1107）、朱（熹）等人的闢佛之論，印光曾感慨說這是一處「佛法斷滅之鄉」。❷❹他在這種充斥闢佛言論的環境裏，又以「紹伊」自任，無形中使自己狂妄不堪，幸好十五歲時病重而反省出韓、歐等人的言論不足取法。印光自覺業障深重，常自慚愧，故出家後即以「常慚愧僧」為號。這樣說來，從「紹伊」到「常慚愧僧」，二者是有連帶關係的。

第三節　印光的家世

　　印光的父親叫趙秉綱先生，母親張氏，長兄名從龍，仲

---

❷❸　《全3上》，〈復邵慧圓居士書〉，頁312（此文又收入《全5》，頁2397—2404）。

❷❹　《全2》，〈印光文鈔續編發刊序〉，頁845；另《全2》，〈郃陽東鄉趙家村觀音寺募修葺殿宇聖像疏〉云：「吾邑自乾嘉後，佛學絕響，外道亦無。」（頁1374）

兄名攀龍，❷印光排行老三。大哥是飽讀詩書的知識分子，二哥主要務農，維持家庭生計。❷據史傳的作者云，其父「年高德劭」，母親「慈和淑慎，並為鄉里所推敬」，❷這種出自傳文的讚詞通常不具有太大的意義，有時出於恭維，有時出於臆測，總是千篇一律而空洞浮泛。不過，民國廿一年（1932）郃陽旱災，到此辦賑的居士曾訪問村中父老，發現「猶有能述師家庭舊德者」。❷可見，趙氏家庭頗具德望，為鄉里推重，應該是事實。然而據印光自言，這些採訪的資料亦不可信，他說：

> 光（自稱，以下同）一向不與人說從前諸事，彼（指
> 憨玉琨師長）所說者或近事，若出家前事均屬附會。
> 近有因放賑至吾村，由村中人抄與彼之歷史亦不的確。
> 以光離家五十二年，後生由傳聞而知一二。彼令光補，
> 光以死期在即，不願留此空名於世，故不補。❷

　　如此看來，目前傳述有關印光俗家之事蹟，恐怕也不可靠。至於無法進一步得知印光家世的情形，跟印光不喜談俗

---

❷　參閱〈D文〉，頁2370。

❷　參閱《全3上》，〈復邵慧圓居士書〉，頁313。

❷　〈B文〉，頁2265。

❷　〈B文〉，頁2265。

❷　《全2》，〈復吳滄洲居士書三〉，頁901－902。

家往事的個性有關，他向來不為自己作傳，更不喜弟子們為
他留下讚、傳、誄等歌功頌德的文字。㉚

第四節　印光的生平事蹟

　　印光於咸豐十一年（1861）十二月十二日（農曆）辰時
生於陝西省郃陽（今合陽縣）之赤陳東村，㉛民國廿九年
（1940）十一月初四日（農曆）凌晨五時卒於蘇州木瀆靈巖
寺關房。㉜以下分六個階段說明印光的生平事蹟。

㉚　參閱《全1》，〈復潘對鳧居士書〉，頁198－199；《全1》，〈與馬契西書〉，
　　頁220；《全1》，〈復馬契西居士書七〉，頁285；《全2》，〈復吳滄洲居士
　　書三〉，頁901－902；《全2》，〈復楊樹枝居士書四〉，頁936；《全2》，
　　〈復李德明書二〉，頁963；《全2》，〈復袁德常居士書〉，頁1064；《全
　　3上》，〈復了凡、治公二居士書〉，頁28；《全3上》，〈致德森法師書一〉，
　　頁324；《全3上》，〈致德森法師書二〉，頁325。

㉛　參閱〈A文〉，頁2367；〈B文〉，頁226〔；〈D文〉，頁2372；〈G文〉，頁
　　2631；另〈K文〉則云：「生於清咸豐十一年辛酉十二月十三日庚辰時。」
　　（《全3下》，頁142）再者〈C文〉將「赤陳東村」作「趙陳村」，頁2368；
　　〈G文〉亦是，頁2631。

㉜　參閱〈A文〉，頁2366－67；〈B文〉，頁2283－84；〈C文〉，頁2368；
　　〈G文〉，頁2633－34；〈H文〉，頁2774－75；〈J文〉，頁2382－83。

壹、出家前的經歷與出家因緣 (1861—1881)

印光剛出生不久便患有目疾，他說當時情形是：「光宿業深重，生甫六月後遂病目，一百八十日未一開目，除食息外，晝夜常哭，在老人皆料其不能得見天日，而承宿善根，好而仍見天日，實為萬幸。」❸此「病目」是出生剛滿六月即發生，❹而且相當嚴重，連老一輩長者都認為這個嬰兒已無重見天日的希望。不過「承宿善根」得以重見天日，對印光而言實為不幸中之大幸。

印光為「病目」常自懺悔，深覺宿業深重才會罹此重病，自言「生即病目，四十多歲即不能常看經」，❺讀來令人有些悵然之感。他為「病目」遺憾不已，故常警惕自己在立言、立教等方面，多加小心。❻

---

❸　《全2》，〈致廣慧和尚書〉，頁1120。又可參閱《全1》，〈復永嘉某居士書五〉，頁108。

❹　不知「病目」的症狀如何？〈L文〉說是患急性結膜炎，幾乎喪明（頁344）；而釋見正：《印光大師的生平與思想》〔臺北：東初出版社，1990年〕也採用此說（頁26），但此說不知何據。

❺　《全2》，〈復念西大師書〉，頁967。

❻　當時有位名叫王耕心寫了一本《彌陀衷論》，不但於施教上無法達到契理契機，還師心自用，凡與己不合者，皆被指之為誤。周孟由向印光盛讚此書，印光不以為然，一一指出其誤處，並希望諸居士不要流通此書。最後強調：「光宿造失目之業，今敢仍蹈此轍，遂極陳其弊。」

　　印光出家前所受的教育，主要得自於其大哥，〈印光大師
一生事跡〉云：「趙氏的家風勤儉樸實，肅然仁讓，養成了師
一生中能嚴格的律己、審慎、篤實的性格。我們在師的立言
著述中便可以看出，他特重於家庭教育，他曾經說過：『要弟
子成人，必須從自己做起，自己的所作所為，便是子弟的榜
樣。』師出家後，乃至老年，猶親自灑掃庭院，且有一定的規
矩，說這是他長兄所教的，師的幼年，連長兄的教導，也始
終不廢，可見其一生，固無一不從忠信篤敬中奠定其基業。」❸
印光除了律己甚嚴、做事謹慎、為道篤實、盡心利人等作風
得自於長兄的教導外，其兄也是他早年準備科舉考試的啟蒙
老師。

　　印光十五歲前的啟蒙教育都在家鄉由其大哥主導，從未
到私塾讀書。十四、五歲跟隨其兄往長安後，亦未接受正式
教育。❸可見，在弱冠之前全從其兄學習，而且是以韓、歐、
程、朱等人的闢佛思想為主，他自言個人「狂妄過彼百倍」，
但後來甚為當年闢佛的無知而後悔：

　　（參閱《全3上》，〈復丁福保居士書〉，頁179；《全1》，〈復永嘉某居士
　　書二〉，頁98－99；《全1》，〈復永嘉某居士書三〉，頁100；《全1》，〈復
　　永嘉某居士書四〉，頁103；《全1》，〈復永嘉某居士書五〉，頁108）可
　　見，印光由於宿業病目的因緣，對往後立言、立教皆秉持肺腑之言以
　　相陳。

❸　〈H文〉，頁2770。

❸　參閱《全3上》，〈復邵慧圓居士書〉，頁312。印光自言：「始終由兄教
　　之。」

> 光自束髮讀書，即受韓、歐、程、朱闢佛之毒，幸無
> 韓、歐、程、朱之才，使稍能相埒，則必致自誤誤人，
> 生身陷入阿鼻地獄矣。自十四、五後，病困數年，從
> 茲徧思古今，詳繹經書，始知韓、歐、程、朱之作此
> 說者，全屬門庭知見，絕不計及堂奧中事之所致也。
> 乃於弱冠之次年，出家為僧，專修淨業。❸❾

這些「自陳己過」的話，讀來頗感印光對韓、歐闢佛之論深
痛惡絕。他認為病困多年是因學韓、歐闢佛而引起，因此不
得不諦思其所以然，後來詳閱經書，知道韓、歐、程、朱的
闢佛論調未能深入堂奧。他為了懺悔罪業，便於廿一歲出家，
專修淨業。

由上所論，得知印光為了科舉考試而讀韓、歐、程、朱
之書，因讀是書而闢佛，因闢佛而業障現前，病困多年，因
病困多年而反省先前所作為非，於是盡棄前業而出家為僧，
力修淨業。他說出家是為了「冀滅罪咎」。❹❶

---

❸❾　《全2》，〈嘉言錄題詞并序〉，頁1257。

❹❶　《全2》，〈印光文鈔續編發刊序〉，頁845。

貳、出家遭遇挫折與確立修持方向 (1881—1886)

　　印光反省程、朱闢佛之說不足為訓，於是決定出家，這是在長安發生的事。此時他廿一歲(1881)。春季的某一天(詳細日期未知)，他到終南山南五臺的蓮花洞投道純長老(?—1891)捨俗。長老是一苦行僧，非常注重基礎功夫的養成，所以印光在蓮花洞的最初三個月，「事無鉅細，皆承師命任之」。❹除了從苦役中鍛鍊修持根基外，印光於「作務之暇，學習功課」，得知禪淨工夫成就之難易，遂決定專修淨土，可見印光一出家便對自己的修持方向相當明晰。

　　然而，印光出家並未徵得家人同意，所以遇到挫折。他回憶當時受挫的經過：

> 先數年，吾兄在長安，不得其便。光緒七年 (1881)，吾兄在家，光在長安 (家去長安四百二十里)，遂於南五臺山出家。……後未三月，吾兄來找，必欲回家辭母，再來修行則可。光知其是騙，然義不容不歸。一

---

❹　參閱《全3上》，〈復邵慧圓居士書〉，頁312；〈A文〉，頁2355；〈B文〉，頁2267；〈D文〉，頁2370；〈G文〉，頁2631；〈H文〉，頁2771。又釋談玄：〈印光大師略傳與思想〉，載《全7》，頁30，指「蓮花洞」即「圓光寺」。蔣維喬：《中國佛教史》〔臺北：漢聲出版社，1972年〕亦作此說 (卷4，頁48下)。

路所說，通是假話，吾母倒也無可無不可。次日，兄
謂光曰：「誰教汝出家，汝便可自己出家乎？從今放下，
否則定行痛責。」光只好騙他，遂在家住八十餘日，不
得機會。一日，吾大兄往探親，吾二哥在場中曬穀，
須看守，恐遭雞踐。知機會到了，……遂偷其僧衫（先
是吾兄欲改其衫，光謂此萬不可改。彼若派人來，以
原物還他則無事，否則恐要涉訟，則受累不小。故得
存之。）並二百錢而去。至吾師處猶恐吾兄再來，不敢
住，一宿即去。❷

從此段追憶的文字裏，我們知道印光的大哥反對他出家。印
光是在他大哥不在長安時，私自披剃為僧，見正（1958─　）
說：「對於十數年來一直受其教誨的恩情和尊嚴而言，都是晴
天霹靂般的背叛與難堪。」 ❸如此形容其兄的心情應是恰當
的。但堅決的毅力令印光未因此而真的還俗，❹他伺機逃回
其師處，又猶恐他大哥追來，所以不敢久留，隔夜便離去。

　　印光承剃度師道純長老之命，往安徽省之小南海參學，
趁機躲避其兄。離開時，其師將僅存的一枚銀圓給他，而當

---

❷　《全3上》，〈復邵慧圓居士書〉，頁312─313。

❸　釋見正，前引書，頁18。

❹　印光被他大哥帶回後，曾故意表現出俗家的生活樣態：「戚家有喜事，
　　兄偕大師往賀，席間師故大啖豬肉。兄大悅，以為大師無復有出家之
　　志矣，防遂疏。未幾，大師遁至寺。」（釋竹如：〈印光大師軼事一〉，
　　載《全5》，頁2455）

時陝西人未見過此種銀圓，故錢店不肯兌換，不得已只好當
作首飾，向首飾店換得八百文錢。❹

　　印光行腳往南，登山涉水，隻影孤征，備歷艱辛，但他
毫無退志。路經湖北竹谿蓮華寺時，得知離自己的目的地尚
有一段距離，於是掛單該寺。掛單時期，充任苦役，每日挑
柴擔水，供全寺四十多人使用。當時印光還以自己尚未受戒，
而得以留單，深感常住慈悲。❹

　　有一次蓮華寺僧眾食蕈中毒，當時只有印光未食，因此
全寺僧眾靠印光而得救。❹次年（光緒八年，1882）四月，
蓮華寺住持見印光勤慎忠實，又剛好遇該寺庫頭有病，遂令
印光代理其職。❹印光見庫房貼有「楊歧燈盞明千古，寶壽
生薑辣萬年」的聯語，❹以及曾誦過《沙彌律》，知盜用常住
財物的相關戒條，所以在整理糖食時，手粘有氣味，不敢用
舌舐，僅以紙拭之。❺印光誠敬篤實，慎因畏果的本性，於

---

❹　參閱《全3上》，〈復邵慧圓居士書〉，頁313；〈B文〉，頁2268；〈G文〉，
　　頁2631。

❹　參閱《全3上》，〈復邵慧圓居士書〉，頁313；〈B文〉，頁2268；〈G文〉，
　　頁2631；〈H文〉，頁2771。

❹　參閱〈D文〉，頁2370。

❹　參閱《全3上》，〈復邵慧圓居士書〉，頁313；〈B文〉，頁2268；〈G文〉，
　　頁2632；〈H文〉，頁2770。

❹　「楊歧燈盞明千古，寶壽生薑辣萬年」一聯的典故，印光曾作說明，
　　見〈復邵慧圓居士書〉，頁313—314。又《全3下》，頁131；《全5》，頁
　　2876，兩處收有印光此聯墨寶。

此可見一斑。

　　司庫房時期，❺印光因曬經的機會，偶然讀得殘本的《龍舒淨土文》，❺從中得知念佛往生淨土一法，「圓賅萬行，普攝群機，乃即生了脫生死之要道」，於是奠定畢生以此法為自行化他的基礎。❺前面曾說過，印光在其師處，因「作務之暇，學習功課」，得知禪淨工夫成就之難易，遂決定專修淨土。而此時因《龍舒淨土文》的啟迪，使他更加堅信淨土法門具有賅括萬行，普攝群機的功效。印光修持立教的方向，已在

---

❺　參閱《全3上》，〈復邵慧圓居士書〉，頁313；〈B文〉，頁2267；〈G文〉，頁2632。

❺　據道源（1900─1988）〈我所見聞的印公大師〉（載《全5》，頁2733─34）一文云，印光大師是西北人，沒有抗熱的習慣，曾因單瓦片所砌成的庫房太熱，而一度暈厥過去。

❺　王日休（號龍舒，？─1173）：《龍舒淨土文》十二卷，載高楠順次郎、渡邊海旭編：《大正新脩大藏經》〔東京：大正一切經刊行會，1924─1935，以下簡稱《大正藏》〕，第47冊，又稱《龍舒增廣淨土文》，略稱《淨土文》，前十卷是王氏的原著（撰於南宋紹興三十年〔1160〕），內容分為〈淨土起信〉、〈淨土總要〉、〈普勸修持〉、〈修持法門〉、〈感應事跡〉、〈特為勸喻〉、〈指迷歸要〉、〈現世感應〉、〈助修上品〉、〈淨濁如一〉等十卷。後人將此十卷本增廣為十一卷或十三卷。嘉禾僧香（生卒年不詳）又改為十二卷，即現行之版本。此書曾被德人哈克曼（H. Hackmann,1864─1935）譯成德文，並加以評解。印光曾說：「《龍舒淨土文》斷疑起信，修持法門，分門別類，縷析條陳，為導引初機之第一奇書。若欲普利一切，不可不從此入手。」（《全1》，〈與徐福賢女士書〉，頁128）

❺　參閱〈A文〉，頁2355；〈B文〉，頁2268；〈H文〉，頁2771。

此時確立。《龍舒淨土文》對印光的影響，不可謂淺小。

　　同年（1882），陝西興安雙溪寺的印海定公律師（生卒年不詳）傳戒，特派職師來竹谿請蓮華寺的知客師（何師不詳）為開堂，而知客師知道印光善於書寫，且未受具戒，故邀印光同往雙溪受戒。❺④受戒期間一切繕寫事誼，全部委任於印光。印光因寫字過多而目疾復發，雙目發紅如血灌。但他心想不可因疾廢事，所以晝夜一心專念佛號。當夜深人靜，眾戒子皆睡時，印光獨自起床，端身靜坐念佛。即使寫字時亦心不離佛號，冥求佛菩薩加被。因此，雖力疾書寫，仍能勉強支持。直到戒期圓滿，書寫工作完成，他的眼疾也跟著痊癒。由是深解念佛功德不可思議，往後自行化他一以淨土為依歸。❺⑤

　　印光因寫字過勞而目疾復發，因目疾復發而一心念佛，冥求加被，眼患遂得以盡除，這點使他產生「至誠念佛」可以治病的信念。❺⑥此次受戒發生在印光身上的事，加強了他對念佛法門不可思議的體認，而在往後以此法門教化眾生的過程裏，他亦一再強調這點。

---

❺④　參閱〈A文〉，頁2355；〈B文〉，頁2269；〈D文〉，頁2370；〈G文〉，頁2632。

❺⑤　參閱〈A文〉，頁2355—56；〈B文〉，頁2269。

❺⑥　參閱釋見正，前引書，頁77—80。

參、紅螺潛心修持與法雨掩關閱藏 (1886—1911)

　　印光受具戒後回到終南山，一度遯隱於終南山的太乙峰。曉夕念佛，兼讀契經，深入法海。後人對他這一時期的造詣，如此形容：「烟霞托跡，日月鄰身。時復策杖層巒，危巔宴坐。長空萬里，大地平沉。自是深入法海矣。」❺❼

　　印光於太乙峰渡過三年之後，光緒十二年 (1886，26歲) 聽聞位於北京懷柔縣城北面的紅螺山，其南麓有資福寺，為淨宗十二祖徹悟禪師（號夢東，1740—1810）專宏淨土的道場，於是前往。是年十月十四日入堂念佛，沐徹悟之遺澤，而淨業大進。❺❽印光此時自號「繼廬行者」，表明願以淨宗初祖廬山慧遠（334—416）為先範。❺❾

---

❺❼　參閱〈B文〉，頁2269；〈D文〉，頁2370；〈G文〉，頁2632。再者，印光遯跡太乙峰時，不知是掛搭此間小寺院，還是自住茅蓬？〈L文〉認為可能是住茅蓬，但仍未確定（頁345）。

❺❽　據道源〈我所見聞的印公大師〉一文云：「……及至紅螺山，知客師看他很老實，不教他進念佛堂，派他當『行堂』。『行堂』之職務，是專為眾僧盛飯添菜的。當了一期——六個月，仍然不許他進念佛堂。」（《全5》，頁2733）可見在十月十四日進念佛堂前，已於資福寺待了近半年以上的時間。按：道源此文雖將紅螺山時期錯置於蓮華寺之前，但對進入念佛堂一事的記載，不受影響。

❺❾　參閱〈A文〉，頁2356；〈D文〉，頁2371；〈G文〉，頁2632；〈H文〉，頁2771。

　　翌年（1887）正月，印光告假，朝拜五臺山文殊菩薩道場，眼界大開。朝拜之後，仍舊返回紅螺山精勤修學。在資福寺往後的三年期間，除任雲水堂、香燈、寮元等職事外，由於曾任藏主，遂得閱讀大藏。❻這是印光首次全面接觸大藏，為往後於法雨寺藏經樓潛心閱藏打下基礎。

　　印光在紅螺期間所獲得的，除秉持徹悟的遺教，專修念佛三昧外，還能兼研大乘經典，由是深入經藏，妙契佛心，徑路修行，而達理事無礙之境。❻

　　離開紅螺，光緒十六年（1890，時年三十）四月，印光前往北京龍泉寺，在此擔任「行堂」（為大眾添飯菜）的職務半年。十月初，行腳於東三省。白山黑水，成方訪道，一缽長征。此時期，對印光而言，猶如古昔名德，每於徹悟之後，陸沉賤役，潛修密證，自遠於名聞利養之地，所以折服習氣、長養聖胎，立證道果之本。次年（1891），印光返北京，移住簞城的圓廣寺，孤雲野鶴，相對忘言。❻

---

❻　參閱〈A文〉，頁2356；〈B文〉，頁2270；〈G文〉，頁2632；〈H文〉，頁2771。所謂「雲水堂」，本指供雲水僧（或言行腳僧，乃尋師求道，至各地行腳參學之出家人）掛搭之處。此云印光「任雲水堂」，乃指處理接待臨時過往禪衲的一切事誼。「香燈」指掌管佛堂之焚香、燃燈等工作。「寮元」指掌理眾寮之經文物品、茶湯柴炭、請給供需、灑掃浣濯等，其下設有寮長、寮主、副寮、望寮等輔佐其職務。「藏主」指掌管大眾之閱藏看經，主事者須通義學。

❻　參閱〈A文〉，頁2356；〈G文〉，頁2632；〈I文〉，頁39。

❻　參閱〈A文〉，頁2356；〈B文〉，頁2270；〈D文〉，頁2371；〈F文〉，頁

在圓廣寺兩年期間，曾發生這麼一件事：一日印光在西直門外緩步，有年近十五、六歲的丐童向印光乞錢，印光說：「念一句佛，與汝一錢。」丐童不肯念。印光又說：「念十句佛，與汝十錢。」丐童仍不肯念。印光將錢袋取出，大約有四百多錢，和顏悅色地向丐童說：「汝念一句，與汝一錢。儘管念，我盡此一袋錢給完為止。」丐童不知為何而大哭，且終不肯念。當時印光感歎此童太乏善根。因此給他一文錢，而逕自離去。❻

光緒十九年 （1893），浙江普陀山法雨寺住持化聞和尚（1840－1897）進京禮請《大藏經》，需要助理人員幫忙檢閱料理。當時教界早已咸認印光做事精慎，所以推薦給化老。事畢，化老鑒於印光做事謹慎，且對他精卓的道行非常敬重，於是特邀印光幫助護送經藏南歸，並將他安單在法雨寺藏經樓，任命為常住首座，主理藏經。❻❹

居住法雨寺期間，印光一衲之外，身無長物，二六時中，惟念彌陀。寺眾見印光勵志精修，咸感欽佩，於是一再邀請他昇堂講經說法。印光在不能推辭的情況下，乃於光緒廿三年（1897）夏，講《佛說阿彌陀經便蒙鈔》一部。❻❺講畢，

2379；〈G文〉，頁2632；〈H文〉，頁2771。

❻❸ 釋竹如：〈印光大師軼事一〉，載《全5》，頁2455

❻❹ 參閱〈A文〉，頁2356；〈B文〉，頁2271；〈D文〉，頁2371；〈E文〉，頁2373；〈F文〉，頁2379；〈G文〉，頁2632；〈H文〉，頁2771。

❻❺ 《佛說阿彌陀經便蒙鈔》為清人釋達默（紅螺山資福寺沙門，蓋徹悟禪師之法孫，生卒年不詳）所作，收入《卍續藏經》〔香港：香港影印

旋閉關於珠寶殿旁側的斗室，前後兩期，共計六年。**❻❻**

　　印光有此閉關之舉，是因為講經之後，認為應該更加督勵自己。此閉關的想法得到常住大眾的支持，所以在閉關期間，印光得以一心念佛，研究經藏，不聞世事。這使得他學行倍進，空諸色相，淨業的功力更轉深厚。

　　印光講《便蒙鈔》時，曾有了餘（1846—1924）與真達（生卒年不詳）兩和尚，**❻❼**透過圓光之介紹，與印光一見如故，發心要供養他。**❻❽**印光出關後（1903），了餘、真達等特地為他創建「慧蓮篷」（在法雨寺後），讓他和天台宗泰斗諦閑（1858—1932）居住，並派康澤、慧近二師，常相隨侍。不久，因康、慧二師相繼化去，以及法雨寺眾的請求，印光又回到法雨寺。**❻❾**

　　續藏經委員會，1967年，以下簡稱《續藏經》〕，第91冊，頁875—1010。

❻❻　參閱〈A文〉，頁2356；〈B文〉，頁2271；〈D文〉，頁2371；〈F文〉，頁2379；〈G文〉，頁2632；〈H文〉，頁2771。

❻❼　真達跟印光的關係至為密切，其事蹟如下：清末出家於普陀山。光緒間任三聖禪院監院，傳為該院六世孫。籌資置上海陳家浜太平寺為下院。光緒廿九年（1903）與了餘共建普陀山慧蓮篷，供印光修持。宣統三年（1911）應請兼攝蘇州古靈巖寺住持。民國11年（1922），翻修上海下院太平寺，闢靜室一間，為印光旅滬時居處，並出資數千元修葺蘇州報國寺。民國19年(1930)迎印光到報國寺閉關。民國23年(1934)普陀山三聖堂遭火焚，與徒侄明教募金重建。民國30年（1941）2月15日，印光圓寂百日火化，由師舉火。撰有〈中興淨宗印光大師行業記〉。

❻❽　參閱〈F文〉，頁2379。

　　出關的隔年（印光四十四歲〔1904〕），適諦閑為溫州頭陀寺請藏，邀約印光一齊北上入都，助理一切。請經完畢，仍回法雨寺，安單於藏經樓。**⑩**

　　此後，印光一直住在法雨寺的藏經樓，潛心閱藏，不喜與外人來往，亦不願人知其名字，以期日夜精進，早證念佛三昧。**⑪**後人云：「師出家三十餘年，始終韜晦，即名字亦不願人聞知。嘗號『常慚愧僧』以自勖，蓋本佛說以慚愧為莊嚴之意也。」**⑫**「然鼓鐘於宮，聲聞於外；德厚流光，終不可掩。」**⑬**可見，印光出家三十餘年來，逮終清之世（光緒七年〔1881〕出家，至宣統三年〔1911〕，共三十一年），一向晦跡精修。長時期閱藏，騁志於淨業，最後終遇龍天護出，而開始他的啟迪教化事業。**⑭**

---

⑥⑨　參閱〈A文〉，頁2356；〈B文〉，頁2271；〈F文〉，頁2379；〈G文〉，頁2632—33。

⑩　參閱〈A文〉，頁2356—57；〈B文〉，頁2271；〈G文〉，頁2633。

⑪　參閱〈A文〉，頁2357；〈G文〉，頁2633；〈H文〉，頁2771。據印光同鄉王典章云，印光曾陪他觀覽普陀名勝，路上遇到讀經的僧眾請示，印光一一解釋，如數家珍，毫不思索。王氏說：「法雨寺藏經樓，藏有新舊全藏兩部，師一一校正。所有錯誤均以硃書另注於旁。余擬倩人二抄出一名曰《印光法師全藏校堪表》，此願迄今未償。」（王典章：〈印光法師圓寂感言〉，載《全7》，頁108—09）王氏知印光校完二部《大藏經》，應是印光親口告知。

⑫　〈B文〉，頁2271。

⑬　〈A文〉，頁2357。

⑭　參閱〈C文〉，頁2368。

肆、《文鈔》傳世與法雨啟化 (1912—1929)

　　早在印光掩關於珠寶殿旁側的關房時，《名山遊訪記》的作者高鶴年（1872—1962）因至法雨寺弔祭化聞和尚（1898），遂與印光有會晤的機緣。印光對他約略開示淨宗信願行的修持方法，❼❺此乃印光首次啟化白衣信士。而此次會晤，高鶴年見印光的寮房裏，衣單淡薄，外無長物，認為他確是一位清淨僧寶。❼❻

　　此次會晤之後，高鶴年陸續與印光有所聯繫，❼❼到民國

---

❼❺　開示的簡要內容，見高鶴年：〈印光大師畫傳跋〉，載《全5》，頁2841。

❼❻　參閱〈E文〉，頁2373。

❼❼　據高鶴年言，從1898年第一次與印光會晤，至民國元年，他曾與印光有多次聯繫，第一次是在1901年，他說：「（光緒）廿七年（1901）春，師函金山，詢余禪學如何？囑往一談。（高居士）隨至普陀。師已深入經藏，智慧如海，開示淨宗諸家法要。余好禪學，留談，經五晝夜，示以方便多門，歸原無二。是時門風高峻，學者望崖而退。」第二次是在1903年，高氏說：「廿九年（1903）春，余函告再朝五台，往終南結茅。師約往一談。留意秦中佛法，囑提倡實行其道，不可虛度光陰。（師）並言及南方飯吃不來，欲回陝西云云。」第三次的情況，高氏言：「余視察徐淮海水災，小住江天念佛樓。師約往普陀休息。常言袁了凡四訓、周安士之因果書。並談末法眾生障深業重，縱發大心，群魔擾亂，如無善根、定力，即被所轉，真可惜也。」而1909至1911年間，他與印光書信往來頻密，高氏言：「宣統元、二、三年（1909—1911），師常函詢外方佛法如何。囑提倡淨宗及因果報應。」（以上俱參〈E文〉，

元年（1912），高鶴年函索印光書信數篇，刊登在上海《佛學叢報》，⑱種下日後印光《文鈔》印行的因子。當時刊在叢報的文章，署名「常慚」，所以沒有人知道作者是誰，但讀者皆認為這些文章的文義精湛，堪稱文字般若，足以引發大眾的善根。這是印光以文字般若啟化廣大信眾的開始，是年五十二歲。⑲

　　由於緇素二眾甚為驚異這些文章的勝義，所以專主華嚴的學者徐蔚如（1878─1937）便四處尋問作者為誰，其間透過周孟由得知是印光。⑳徐氏並於民國六年（1917）得印光與其友的三封信，加以印行，名之《印光法師信稿》。至此，印光的啟化事業邁入正式階段。印光亦因此而開始忙碌，據他自云：

　　自光緒十九（1893）到普陀，作一吃飯之閒僧（自註：

　　　頁2373─74）高鶴年算是早期與印光接觸最頻密的居士，他對於促成
　　　印光《文鈔》印行，所加的助緣不小。

⑱　《佛學叢報》乃狄楚青倡辦於上海，民國元年（1912）十月由有正書
　　　局出版，至民國三年，因經費短絀而停刊。

⑲　參閱〈B文〉，頁2272；〈A文〉，頁2357；〈D文〉，頁2371；〈E文〉，頁
　　　2374；〈H文〉，頁2771。

⑳　〈F文〉云：「當在普陀法雨寺時，雖《佛學（叢）報》登師文，署名
　　　『常慚』，人鮮知者，永嘉周孟由昆季，至山參訪，見寮房門上書有『念
　　　佛待死』四字，知其中必有高人，叩關頂禮，始知即公。臨行頻囑勿
　　　張，致妨淨課。」（頁2380）

三十餘年未任一職，只隨眾吃一飯），「印光」二字，
絕不書之於為人代勞之紙，故二十餘年，很安樂。後
因高鶴年絀去數篇零稿，登《佛學叢報》，尚不用「印
光」之名。至民三（1914）、五（1916）年後，被徐蔚
如、周孟由打聽著，遂私為徵搜，於京排印《文鈔》
（民國七年），從此日見函札，直是專為人忙矣。❽

二十年前，挂搭普陀法雨寺、住閒寮。「印光」二字，
絕不形諸紙筆，故得安樂無擾。民六年（1917）已有
二人將與友人書排印數千送人，次年徐蔚如印《文鈔》，
此後則日無暇晷矣。❽

由閣下（指高鶴年）多事，惹起徐蔚如、周孟由、張
雲雷等，播揚醜迹，殊深慚愧。……光數十年來，「印
光」二字不敢露出，因閣下多事之故，致令賤名劣作
遍刺雅人耳目，愧何如之。❽

光自民六年漸忙，忙得不了，只為別人忙，自己工夫
荒廢了。❽

《信稿》發行數千冊以來，印光的聲名遠播，使他接機信眾
的時間大大增加，而荒廢自己的淨業，這也難怪他因此認為

❽　《全3上》，〈復邵慧圓居士書〉，頁314。

❽　《全3上》，〈復化凡居士書〉，頁72。

❽　《全3上》，〈印公大師復高鶴年居士書〉，頁77。

❽　《全3上》，〈致德森法師書二〉，頁323。

高鶴年「多事」。民國七年（1918）徐氏又搜輯印光的文章二
十餘篇，題曰《印光法師文鈔》，❽往後《文鈔》又陸續增訂，❾
由此印光啟導教化群眾的事業，便藉由文字的力量而更加擴
展開來。徐氏曾跋《文鈔》云：「大法陵夷，於今為極。不圖
當世，尚有具正知正見如師者，續佛慧命，於是乎在。」❿又
云：「師之文，蓋無一語無來歷。深入顯出，妙契時機，誠末
法中應病良藥。可謂善識法要，竭忱傾仰者矣。」❽梁啟超
（1873—1929）於讀得《文鈔》之後，亦題詞加以讚歎，云：

> 古德弘法，皆覷破時節因緣，應機調伏眾生。印光大
> 師文字三昧，真今日群盲之眼也。誦此後，更進以蓮
> 池、憨山、紫柏、蕅益諸集，培足信根，庶解行證得，
> 有下手處。❽

梁氏讚歎印光文字三昧，覷破時節因緣，善導群盲，透過《文
鈔》，能輕易地進一步掌握明末蓮池（1532—1612）、憨山（1546

---

❽　參閱〈A文〉，頁2357；〈B文〉，頁2272。

❾　詳見本書第五章第二節。此處僅提及《信稿》的印行，開啟印光的傳
　　教事業，但未對《信稿》和《文鈔·三編》之編輯經過加以說明，此
　　問題留待第五章詳細討論。

❿　〈A文〉，頁2357；〈B文〉，頁2272。

❽　〈A文〉，頁2357—58。

❽　見《全1》，〈印光法師文鈔題詞并序〉，頁9—10。梁氏此文原跡收入《全
　　3》，卷首，頁9—10。

—1623)、紫柏（1543—1603）、蕅益（1599—1655）等四大師的著作，使信、解、行、證有下手處。《文鈔》所收各文，世出世法無不包羅盡淨，尤其〈淨土決疑論〉❾、〈宗教不宜混濫論〉❾❶，及〈與大興善寺體安和尚書〉❾❷，皆「言言見諦，字字歸宗，上符佛旨，下契群機。發揮禪淨奧義，抉擇其間難易，實有發前人未發處。」❾❸從民國十六年（1927）七月初版至廿二年（1933）正月，共出六版，印行三萬五千冊（此指正編而言，不包括以後的續編、三編）。❾❹梁氏除為《文鈔》題詞外，還為此正編封面題字，❾❺足見梁氏對《文鈔》讚歎備至。

透過《文鈔》的感化，欲皈依印光者越來越多，但起初印光不接受。民國六年（1917），印光告訴高鶴年，有某某老先生來山請求皈依，未准；供養香金，亦未收。當時高鶴年聽印光如此說，再三頂禮勸說，❾❻印光才含笑點頭允之。但是，民國七年（1918）徐蔚如奉其母之命，謁誠禮覲，懇求皈依座下，仍被印光所拒絕。❾❼直到民國八年（1919），周孟

---

❾　收入《全1》，頁357—371。

❾❶　收入《全1》，頁373—380。

❾❷　收入《全1》，頁23—26。

❾❸　〈A文〉，頁2357；〈B文〉，頁2272。

❾❹　參閱釋談玄：〈印光大師略傳與思想〉，載《全7》，頁30。

❾❺　見《全3》，卷首，頁1。

❾❻　參閱〈E文〉，頁2375。

❾❼　參閱〈A文〉，頁2358；《全2》，〈復吳滄洲居士書三〉，頁902。

由兄弟奉庶祖母登山，再四懇求，請收為弟子。印光觀時機
因緣，已難再推卻，遂各賜法名，這是印光接受皈依之始。❾❽
當時《文鈔》流通極廣，讀其文而向慕者日多，渴望列於門
牆之善男信女甚眾，或航海梯山而請求攝受，或鴻來雁往而
乞賜法名，在在顯示印光的《文鈔》影響之大。❾❾

　　在法雨寺的這段期間，除了《文鈔》傳世外，印光亦開
始倡印經書，實行教化。印光五十八歲（1918）時，曾為了
刻印《安士全書》初次離開普陀山，⓿由高鶴年陪同，到揚
州刻經院。路過上海，經由高鶴年介紹，首次與上海名士狄
楚青（《佛學叢報》創辦人，生卒年不詳）、程雪樓（程德全，
武昌起義時為江蘇巡撫，生卒年不詳）、王一亭（王震，1867
─1938，曾任中國佛教會會長）、陳子修、鄧心安等結識，並
與他們廣談孔孟諸家經史，及淨土因果等事。⓿❶

　　民國八年（1919），印光再次來到上海，由高鶴年介紹，
為南洋煙草公司創辦人簡照南（1870─1923）、簡玉階（1875
─1957）二兄弟，及其他居士講說淨土法門。聽講後，簡氏
兄弟資助一千多元，作為印經費用。此款正好可以還清他前
次刻經的費用。⓿❷後來，簡氏兄弟多次發心印書，⓿❸甚至捨宅

---

❾❽　參閱〈A文〉，頁2358。

❾❾　參閱〈A文〉，頁2358；〈B文〉，頁2273；〈D文〉，頁2371。

⓿　《安士全書》為清人周夢顏（1655─1738）所著，印光曾「允為善世
　　第一奇書。」（《全1》，〈重刻安士全書序一〉，頁459）關於周夢顏及《安
　　士全書》的介紹，詳見本書第三章第二節。

⓿❶　參閱〈E文〉，頁2375─76。

創辦上海佛教淨業社（在今常德路佛教居士林「覺園」），這些皆是透過印光的啟化因緣而促成。

民國九年（1920），據高鶴年說，印光常有回秦（陝西）的想法，但因「關中大亂，道途不便，故不果行」。❿有關想回秦的事，《文鈔》也有提到。民國十年（1921），陝西督軍陳柏生勸印光回秦弘揚法化，不過印光以「最初立願，倘道業不成，即老死他鄉，終不回秦」為辭，❿加以拒絕。因此，印光至終老，都未再回去過。曾有信徒於民國廿年（1931）替印光視察故居及祖先墳墓,致使印光有如此的感慨及感謝：

> 雖前承陳柏生、劉雪亞二督帥，函勸回秦。但自愧實甚，不肯應命。以致先祖墳墓，並父母墳墓，均未能一往禮拜。不孝之罪，直無可懺。每一思之，汗為浹背。居士秉救濟之婆心，行平等之法行，不以寒舍為辱，而一為觀察，可謂屋烏推誠矣。又復往視光之祖塋，則所謂「老吾老以及人之老」。光閱至此，不禁潸然慘悽者久之。❿

---

❿ 參閱〈E文〉，頁2376。

❿ 參閱〈E文〉，頁2377。

❿ 參閱〈E文〉，頁2376。

❿ 《全1》，〈致陝西陳柏生督軍書〉，頁292。

❿ 《全2》，〈復楊樹枝居士書四〉，頁939。

陝西督軍陳柏生勸印光回陝西弘化，以及陝西劉省長亦常受
教於印光，⑩可見當時印光的聲望已很高；及至後來信徒為
其視察故居及祖塋，除了表達尊仰印光的意思之外，恐怕由
於印光的聲望太高，不免引來眾人對其家世的好奇所致。

　　由於印光的教化已顯出成效，民國十一年（1922）浙江
省定海縣長陶鏞（陶在東，生卒年不詳）知會浙江會稽道道
尹（紹興專員）黃涵之（黃智海，1875—1961），彙集印光的
宏法事蹟與道德行誼，呈請當時北洋總統徐世昌（1855—
1939），頒賜「悟徹圓明」匾額一方，齎送至普陀。當時香花
供養，緇素同欣，盛極一時。但印光對此事表現極為冷淡，
有人問及此榮耀時，印光回答說：「虛空樓閣，自無盛德，慚
愧不已，榮從何來？」⑩的確，印光對此從不掛懷於胸，此事
也漸被人淡忘。後來德森（1883—1962）到普陀，⑩侍印光
座下時，經過數年，不曾聽人說過有政府贈匾額一事，也未
聽過印光一言齒及。直到森師讀得馬契西（生卒年不詳，《文
鈔》收有多封印光寫給他的信）所撰《印光大師傳》，才知有

---

⑩　《全1》，〈致陝西陳柏生督軍書〉，頁295—96。劉省長曾請印光代為
　　倡印《安士全書》四百部，與人結緣，可見受印光的影響不小。

⑩　參閱〈A文〉，頁2359；〈K文〉，頁141。有關陶鏞：〈定海縣知事陶鏞
　　請政府表揚印光大師呈文暨會稽道尹訓令〉及黃涵之：〈浙江會稽道尹
　　公署訓令第五八七號令定海縣知事陶鏞〉二文，載《全5》，頁2495—
　　98。

⑩　關於德森的事蹟簡介，參閱釋仁俊：〈敬悼淨宗完人——德森老法師〉，
　　載《海潮音》，第44卷5月號，1963年，頁18—19。

此事。他向印光提問此事，並問及此匾何在？結果遭到印光
嚴屬的回答，「悟尚未能，遑論圓明。瞎造謠言，增我慚愧。
匾懸大殿，殊屬無謂。此空中樓閣。子何問為？」❿後來森師
撰寫的〈中興淨宗印光大師行業記〉一文，未將政府贈匾額
事寫入，其意乃為了仰體印光的遺志。但經陳海量（1909—
1982）之勸，為免印光高行湮沒，後人無得緬懷追憶，遂將
此段因緣補入。⓫

　　另外，從民國十一年始，印光受陶鏞之請，物色講師至
監獄宣弘佛法。印光遂推舉智德（生卒年不詳）應聘，並令
其宣講《安士全書》等有關因果報應、淨土法門的要旨。當
時監獄的職事者和囚犯，聽後無不動容，收效甚鉅。於是鄧
樸君、戚則周（後來出家，法名明道）、喬恉如等諸位印光的
皈依弟子，共組「監獄感化會」輪流赴各處宣講。⓬猶有進
者，上海王一亭、沈惺叔等人，亦發起江蘇監獄感化會，聘
請印光為名譽會長，由鄧樸君等人擔任講師。他們的講目大
抵秉持印光所示，以因果和淨土法門為主。當時獄官與監犯，
因之而改過遷善，歸心大法，喫素念佛者，大有其人。⓭可
見印光興無緣慈、運同體悲的教化，及於囹圄，其所被之廣

---

❿　參閱〈定海縣知事陶鏞請政府表揚印光大師呈文暨會稽道尹訓令〉、〈浙
　　江會稽道尹公署訓令第五八七號令定海縣知事陶鏞〉二文，〈編者按
　　語〉，頁2499。
⓫　同上注，頁2499。
⓬　參閱〈A文〉，頁2363；〈B文〉，頁2277；〈H文〉，頁2772。
⓭　參閱〈A文〉，頁2363。

之深，實難臆測。

　　民國十二年（1923），南京魏梅蓀（前清翰林，生卒年不
詳）創建慈幼院、法雲寺、放生池等，特約高鶴年請印光同
往參觀。是時南京市的名流聞風而至，皈依者甚多。❶❹法雲
寺，乃是為了效法雲棲袾宏的精神，以放生、念佛為宗而創
立的，其寺規是由印光親手訂定。❶❺另外，印光對於慈幼院
頗關切，對於無所依恃的孤兒非常關懷，不但望其長育，並
且望其成賢成才。他常以晉時的道安(312或314—385或389)、
宋代的呂文穆（呂蒙正，946—1011）等都是孤兒出身，而成
就非凡的事業等，來鼓勵孤兒和世人，指出縱使他們沒有道
安和呂文穆的天資，也應成為良善的人，做一鄉一邑的淳謹
之士。能夠如此，則國家、社會穩受其利。❶❻

　　自民國七年開始倡印《安士全書》以來，印光為了弘化
事業，不斷往返於普陀及上海之間。上海三聖堂的住持真達
和尚有見及此，在民國十一年翻造附屬於三聖堂下院的太平
寺時，即特闢淨室一間，供印光來滬時居住。印光來滬便卓
錫於太平寺，各方投函皈依，屈指難數。而力護法門的諸位
居士，如南京魏梅蓀、西安王幼農（印光同鄉，曾任陝西民

---

❶❹　參閱〈E文〉，頁2377。

❶❺　參閱〈A文〉，頁2360；〈B文〉，頁2276。前一資料記民國十一年（1922）
　　　創建法雲寺。其實此年乃倡議此事而已，真正著手創建則在次年
　　　（1923）。

❶❻　參閱〈B文〉，頁2276；〈H文〉，頁2772。

政廳長、中國賑災會主席）、維揚王慧常（王柏齡將軍，1889
—1942）、嘉興范古農（1881—1952，上海佛學書局總編輯）、
江西許止淨（？—1938，清光緒甲辰〔1904〕翰林），以及滬
上的馮夢華、王一亭、聞蘭亭、屈文六（屈映光，1881—1973，
曾任山東和浙江省長）、施省之（1865—1945，上海佛教居士
林林長）、朱子橋（1874—1941）、黃涵之、關絅之等，或因
私人問道，或因社會慈善等事，有所諮詢時，均蒞臨太平寺，
向師請益。於是太平蘭若，因印光而名傳遐邇。⓱

　　此後，太平寺便成為印光弘法利生的淨土道場，倡印淨
土經論數百種，普遍贈閱，廣結眾緣。各地佛教居士林紛紛
成立，按照其旨意組織蓮社，提倡念佛法門。⓲民國十五年
（1926），上海佛教淨業社成立，請他講演淨土法要。當時世
界佛教居士林所創辦的《世界佛教居士林林刊》，及上海佛教
淨業社編輯的《淨業社月刊》，都一再刊登印光敷演淨土法門
的文章。隨著刊物的傳播，印光的淨業宗風及名望，又從上
海流向全國各地，甚至及於海外。

　　至民國十七年（1928），由於太平寺的交通方便，信札太
多、人事日繁，使得印光急想覓地歸隱念佛。真達和尚與護
法諸居士關絅之、沈惺叔、趙雲韶等商討，以蘇州報國寺（蘇

⓱　　參閱〈A文〉，頁2364—65；〈B文〉，頁2278；〈G文〉，頁2633。
⓲　　《文鈔》收有印光為各地居士林成立所作之獻詞多篇，見《全1》，頁
　　570—72；《全1》，頁589—90；《全1》，頁794；《全2》，頁874；《全3上》，
　　頁328；《全3下》，頁46—47；《全3下》，頁126—28。

州靈巖山下院）為供師閉關之所，並派弘傘、明道（？─1932）
二師，前往接管，加以修葺整頓。此時，香港弟子黃筱偉等
數人，特建精舍，欲迎印光赴港，印光也曾答應前往。可是
真達和尚一再勸留，認為江浙佛地，信眾尤多，不可驟然離
去。終以法緣所在，印光遂於十九年（1930）二月往蘇州報
國寺掩關。⑪⑨

伍、弘化事業的巔峰與靈巖道場的肇
建（1930─1940）

　　印光掩關報國寺，弘化事業並未因此中斷。弘一（1880
─1942）言：「此後十年，為弘法最盛之時期。」⑫⓪那時印光
雖德行日著，聞望日隆，但未改變破衲粗糲的生活。所有灑
掃浣濯的事務，即使年近垂老之時，亦躬自持行。他平居時，
不說不相干的話，華詞豐語從不出之於口。他老人家宅心慈
祥寬厚，從不忤物。開示四眾，不問僧俗老幼、貧富貴賤，
皆能至誠懇切，出自肺腑。⑫①

　　由於印光生活平實無奇，言行合一，所以真修實踐之士，
皆樂於親近。即使印光閉關報國寺，叩關問道者，亦多難勝

---

⑪⑨　參閱〈A文〉，頁2365；〈B文〉，頁2278；〈E文〉，頁2378；〈F文〉，頁
　　2379；〈G文〉，頁2633；〈H文〉，頁2772─73；《全2》，〈復章緣淨居士
　　書〉，頁1130。
⑫⓪　釋弘一：〈略述印光大師之盛德〉，載《全7》，頁1；〈B文〉，頁2279。
⑫①　參閱〈C文〉，頁2369。

數。印光此次閉關，本來有「滅蹤長隱」之意，所以將數十年來倡印流通的佛經、善書等「紙版」數百種，以及數萬冊尚未流通出去的經書，交給報國寺監院明道繼續經營，並於民國十九年（1930），透過王一亭、黃涵之、關絅之等居士的協助，在上海覺園創立「弘化社」。❿全國各地請經索書之函件頻繁，有照成本收取全價，有免費贈送，隨各請經者的財力自定。印光弟子遍天下，弘化經費充裕，歷來所印各書，不下四五百萬部，佛像亦在百萬餘幀。❿

另外，印光在報國寺閉關期間，曾刊行《淨土十要》以及增編《淨土五經》，❿並且先後重修普陀、九華、清涼、峨嵋等四大山志，由弘化社出版流通。❿此數種經書的編撰，對於當時及往後修習淨業的行者，有重大影響，所以有關編撰的詳細經過，及其內容如何，本書將於第五章，作出專論。

民國廿年（1931），弘化社在印光的提議下，遷至蘇州報國寺。而明道又於民國廿一年（1932）往生，所以印光再次獨自挑起弘化社的整個社務。此時印光已是七十五高齡，直至他往生的前一年，他才將弘化社務附囑給德森。❿縱觀印

❿　參閱〈B文〉，頁2279；〈H文〉，頁2773；《全3上》，〈復郝智熹居士書〉，頁220；《全3上》，〈復聖照居士書〉，頁222；《全3上》，〈復朱仲華居士書〉，頁306。

❿　參閱〈A文〉，頁2360─61；〈H文〉，頁2773。

❿　參閱〈B文〉，頁2279─81；〈H文〉，頁2773─74。

❿　參閱〈A文〉，頁2365；〈B文〉，頁2281─82。

❿　參閱《全3上》，〈致德森法師書一〉，頁323。

光弘化事業之廣，三十年來國內遠近，乃至窮鄉僻壤，無不知有弘化社者，即使遠及歐美亦可見到淨宗典籍流通。❷

　　民國廿五年（1936），「九·一八」事變之後，東三省淪陷。印光應中國佛教協會會長圓瑛（1878—1953）及菩提學會主席屈文六等人之邀，答應出關至上海，為「護國息災法會」開示說法。當時印光特別向圓瑛叮囑四件事：一、不必迎送；二、不坐汽車；三、不請吃齋；四、不多會客。可見印光確實是一位重平實、不虛張的人。到了與會日期，印光僅帶一侍者，自行來滬。法會設在「覺園」內的佛教淨業社，印光每日講演兩小時，共計八日。❸

　　法會結束之際，適聞綏遠災情嚴重，印光旋即對眾說明，擬將一千餘人皈依、求戒等香敬，共計大洋二千九百餘圓，全數捐出。另外，再捐出印書之款一千圓，以為倡導。印光回到蘇州時，四眾弟子在車站迎接，欲禮請印光上靈巖山，一觀近年景象，印光因急於回報國寺取存摺將一千圓匯去，

---

❷　參閱楊同芳：〈紀念文之九〉，載《全5》，頁2692。

❸　參閱〈D文〉，頁2371；《全2》，〈上海護國息災法會法語序〉，頁1272
　　—73（此序又收入《全4》，頁2079—80）；釋圓瑛：〈印光大師生西事
　　實〉，載《全5》，頁2430；釋明暘：《圓瑛大師年譜》〔上海：圓明講堂，
　　1989年〕，頁173（附有〈上海護國息災法會通告〉一文）。又〈上海護
　　國息災法會法語〉收入《全4》，頁2083—2197，由鄧慧載記錄。關於
　　印光前往上海之前，與屈文六數次通函，談論籌備法會事誼，見羅鴻
　　濤主編：《印光法師文鈔三編》〔臺中：臺中蓮社，1992年，以下簡稱
　　《三編》〕，頁115—119。

而加以推辭。⑫印光救濟災黎的義行，自民國十五年（1926）起便時有所聞，當年長安被困解圍後，他即以印《文鈔》之款，急撥三千圓，託人速匯賑濟。只要聽聞何處被災告急，印光必盡力提倡捐助，以期救援。民國廿四年（1935），從同鄉王幼農處得知陝西省大旱，印光即取存摺，令人速匯一千圓以助賑急。後命德森查帳，存摺僅剩百餘圓，而當時報國寺一切費用，全賴此款維持，但印光亦不介意於懷。⑬印光導眾救災之深心，可見一斑。

民國廿六年（1937），七七事變之後，對日抗戰事起。在蘇垣遭空襲之前，上海戰事已展開。印光在家弟子速至報國寺謁見印光，勸其即時上山以避轟炸。但印光不肯，說：「死生有命，命若當死，避亦無益。」⑬「我是不走，他要來炸我，我即往生。」⑬但其弟子認為：「（大）師日後生西情形，與大眾淨土信仰，關係至巨。師即不為自身安全計，曷不為大眾信仰計乎！」⑬修習淨土法門的行者常講求往生時的瑞相，以作為往生之證驗，⑬該弟子如此說，即基於這樣的理由。但

---

⑫　參閱〈A文〉，頁2360；〈F文〉，頁2381。

⑬　參閱〈A文〉，頁2359—60；《全1》，〈復包右武居士書一〉，頁221；于凌波：《中國近代佛門人物誌（第一集）》〔臺北：慧炬出版社，1993年〕，頁101。

⑬　吳契悲：〈敬賀印光大師往生安養〉，載《全5》，頁2503—04。

⑬　王慧常：〈追念我的師父——印光大師〉，載《全5》，頁2553。

⑬　吳契悲，前引文，頁2504。

⑬　例如蓮宗十二祖徹悟曾舉修淨業者須知八件事，其中一件即「以種種

印光不肯離去，正是想給淨業行者最大的信心，因為真正的
修行應當處即是，栖栖遑遑，已失去真修實踐的意義了。然
而迫於時局，印光最後於不得已的情況下，順從靈巖山妙真
等人之請，於十月移錫其寺。❸印光於此繼續宏宣佛化，往
後靈巖山寺蔚為全國第一淨宗道場，實有賴印光無量功德而
成就。❸

　　靈巖道場的重建與復興，僅短短的十餘年光陰，在一座
荒山上建起前後四層正殿，雄偉高大，精緻莊嚴，這不能不
說是奇蹟。這個奇蹟除了真達、妙真二位和尚的努力外，印
光以盛德感召，從旁協助，實是成就此浩大工程的最大助
緣。❸

　　印光為靈巖道場訂立五條規約，成為專修念佛法門的十
方道場，此五條規約是：

　　一、住持不論台、賢、濟、洞，但以戒行精嚴，深信淨
　　　　土法門為準。只傳賢，不傳法。以杜法眷私屬之弊。

　　二、住持論次數，不論代數，以免高德居庸德之後之嫌。

　　三、不傳戒、不講經，以免招搖，擾亂正念之嫌。堂中

靈瑞，為往生證驗」（釋徹悟：〈示眾〉，《徹悟禪師集》，載釋蕅益選，
釋印光重新編訂：《淨土十要》〔高雄：高雄淨宗學會，1995年〕，頁620
—21）。

❸　參閱〈A文〉，頁2366；〈B文〉，頁2283；〈D文〉，頁2371；釋妙真：〈印
老法師出關後之行止〉，載《全7》，頁563—64。

❸　參閱〈A文〉，頁2365；〈B文〉，頁2278、2282。

❸　參閱釋道源：〈我所見聞的印公大師〉，載《全5》，頁2736。

　　　雖日日常講，但不陞座，及招外方來聽耳。

　　四、專一念佛，除打佛七外，概不應酬一切佛事。

　　五、無論何人，不得在寺收剃徒弟。

　　五條有一違者，立即出院。**❽**

曾在靈巖山寺待過的真華（1922－），在其《參學瑣談》回
憶說，印光大師訂立的五條芳規，最能體現真正的民主精
神。**❾**印光的用意在於杜絕子孫廟的惡習，**❿**讓真正有德有能
的人來擔任住持佛法的重責大任，「住持論次數，不論代數」，
便是此意。該道場專修淨土法門，不傳戒、不講經，為的是
不擾亂佛念（正念），印光說：「靈巖念佛，於江浙可算第一。
每日功課，與打佛七無異。打七但加早、中、晚，三次回向
耳。……凡念經、拜懺、放燄口、做水陸、講經、傳戒、收
徒、傳法等，通不行。常年念佛，夏月隨便講淨土法門，不
招外人來聽。」**⓬**拜懺、放燄口、做水陸……等等法事全部免
除，每日功課跟一般道場打佛七一樣，如須打佛七，則另加
三次回向，早晚各延長一枝香。**⓭**其嚴密修持的情況，非想

---

❽　《全2》，〈靈巖山寺專修淨土道場念誦儀規序〉，頁1249。又《全2》，
　　　〈靈巖寺永作十方修淨土道場及此次建築功德碑記〉，頁1285－86，文
　　　字略有出入。

❾　參閱釋真華：《參學瑣談》〔臺北：正聞出版社，1993年〕，頁199－203。

❿　關於子孫廟的討論，可參閱 Holmes Welch著，包可華、阿含譯：《近
　　　代中國的佛教制度》〔臺北：華宇出版社，1988年〕，第五章，頁181－
　　　203。

⓫　《全2》，〈復沈授人居士書〉，頁958－59。

像所及，故印光說「靈巖念佛，於江浙可算第一」，應非虛語。
另外附帶一提的是，據現在靈巖山寺的學僧說，靈巖山寺還
有一條芳規，凡是信徒送給方丈、當家、知客等執事師的香
敬，仍照印光的規定，一律交給庫房，不入私囊，到過年時
提出部分分給執事、行單，作為犒勞。⓮這充分表現出「利
和同均」的精神。

陸、關中示疾與坐化生西（1940）

民國廿八年（1939）十二月，印光寫兩通信函給德森，
說：

> 凡上海所有之款，通歸印《文鈔》，不必一一報明。光
> 大約不久了，故將已了者了之，不能了者亦了之。光
> 死，決不與現在僧相同，瞎張羅送訃文、開弔、求題
> 跋，欲些大糞堆在頭上以為榮。……師幫光十九年辛
> 苦，不勝感謝。……光死，亦不必來山，以免寒涼。
> 又及。⓰

⓬　關於靈巖道場的日課，參閱釋妙真、釋德森編訂，釋印光鑑定：《靈巖
　　山寺念誦儀規》〔香港：香港佛經流通處，1967年，原版者：蘇州靈巖
　　山寺〕。內文收有〈精進佛七儀規〉，頁189—194。

⓭　參閱傳慧：〈今日靈巖山寺〉，載《法音》，總第75期，1990年11月，頁
　　25—26，尤其頁26。

⓮　《全3上》，〈致德森法師書一〉，頁323。此文又收入《全5》，頁2410—
　　11。

此刻似不如清晨之疲怠，諒不至即死。然死固有所不
免，當與熟悉者說，光死，仍照常為自己念佛，不須
為光念。何以故？以尚不與自己念，即為光念，也不
濟事。果真為自己念，不為光念，光反得大利益。是
故無論何人何事，都要將有大利益的事認真做，則一
切空套子，假面具，都成真實功德。**⑭**

　　印光此年七十九歲，此刻他已有一心待死的準備，所以將已
了與不能了的事，全數了之，此後不預一切外事，專心於淨
業，以期往生。印光並囑弟子切勿忘記念佛，此乃一件大利
益之事。其餘如寄訃文通告、開弔、求題跋等事，都不切實
際，只可說是「斂些大糞，堆在頭上」，無有實益。

　　另外，從印光給德森的信函內容，可以感受得出印光修
習淨業的境界，已達到震山撼嶽而不動之地。他勸弟子只要
為自己念佛，而不必為他的往生助念，這意味他安住於第一
義而不動，大異一般常人。

　　印光自移錫靈巖三年來，在關精修，法體素健。自民國
廿九年（1940）十月二十七日始，略示微疾。起因乃該日是
寺中沐浴的日子，印光於清晨七時許，自關房策杖至浴室，
由於步履稍為急促，忽然絆倒，從而略感不適。**⑭**

　《全3上》，〈致德森法師書二〉，頁324。此文又收入《全5》，頁2411—
　　12。

⑭　參閱〈J文〉，頁2382。

　　隔日早起，精神如常。中午亦有進些飲食。午後一時，
印光即命召集班首執事，了然、亮普、敬人、惟性諸師等二
十餘人，及在寺的諸位護法，吳谷宜、彭孟庵、吳南浦、沈
祥麟、楊欣蓮、張德林、薛明念、朱石僧諸人，齊至關房，
對他們開示靈巖山寺的沿革，並囑咐他們說，「靈巖住持，未
可久懸。」即命現為監院且兼代住持的妙真和尚，真除為主席。
當眾全體咸表贊同，乃詹訂於十一月初九日，為昇座之期。
但印光認為太遲。大眾商議之後，改訂為十一月初四日，但
印光仍認為遲了些。最後擇訂於初一，印光即點首，曰：「可
矣。」議定之後，進晚餐，隨即休息。但至後半夜，抽解六次，
皆是溏瀉。**⑭**

　　二十九日晨，印光精神稍現疲憊，至午間即恢復，行動
一如往常。晚間進食稀粥一碗，並準備翌日親自為妙真師送
座。**⑭**

　　十一月初一日，早起時精神甚佳，並討論有關接座儀式，
頗為詳細。本來印光想親自為妙真送座，但因真達老和尚由
上海趕到，「送座」事乃由真老代行。此時印光仍未出關，而
有來賓叩關問疾者，仍能與之一一周旋，沒有絲毫病態。**⑭**

⑭　參閱〈A文〉，頁2366；〈B文〉，頁2283；〈G文〉，頁2634；〈H文〉，頁
　　2774；〈J文〉，頁2382；〈K文〉，頁141—42；朱石僧記：〈最後訓示〉，
　　載《全5》，頁2412—15。

⑭　參閱〈G文〉，頁2634；〈J文〉，頁2382。

⑭　參閱〈B文〉，頁2283—84；〈G文〉，頁2634；〈H文〉，頁2774；〈J文〉，
　　頁2382。

　　初二日早起，但精神、體力皆感不適。護關者延請醫生開一藥方，服用後，入睡休息了兩三個小時。直到晚間，有弟子來為他助念，安臥入睡。❿

　　初三日，早上及午間，印光的狀況良好，尚能自己行動，至解房大小淨，便後洗手，而且還至佛前禮佛，以及在室外稍為曬日兩次。晚間，進粥一碗多些。食畢，即對真達老和尚及在旁的護侍者，說：

> 淨土法門別無奇特，但要懇切至誠，無不蒙佛接引，帶業往生。⓯

說畢，過了一會兒，到解房一次，此時尚不須他人扶持。之後，精神便逐漸現出疲憊的樣子。十時後，脈搏微弱，體溫降低。⓲

　　十一月初四日，凌晨一時半，印光在床上坐起，云：「念佛見佛，決定生西！」說完，即大聲念佛。二時十五分，向侍者索水洗手，洗完後旋即起立，云：「蒙阿彌陀佛接引，我要去了。大家要念佛，要發願，要生西方。」說畢，即坐上椅子。侍者云：「未坐端正。」印光再次起立，端身正坐而下。此時，

❿　參閱〈G文〉，頁2634；〈J文〉，頁2382。

⓯　〈A文〉，頁2366；〈B文〉，頁2284；〈G文〉，頁2634；〈H文〉，頁2774；〈J文〉，頁2383；〈K文〉，頁142。

⓲　參閱〈A文〉，頁2366；〈G文〉，頁2634；〈J文〉，頁2383。

口唇微動念佛。直到三時許，妙真和尚到關房，印光囑咐他說：「你要維持道場，你要弘揚淨土，不要學大派頭。」從此之後，即不再說話，只唇動念佛而已。直至五時，在大眾念佛聲中，安詳生西。其態如入禪定，笑容宛然。❸

　　印光生於清咸豐十一年辛酉十二月十二日辰時，寂於民國二十九年庚辰十一月初四日卯時，世壽八十，僧臘六十。民國三十年（1941）二月十五日，印光西逝百日，舉行荼毗，由真達和尚舉火。❸當時煙白如雪，現出五色光燄。翌日晚，靈巖住持妙真和尚偕眾赴荼毗所，檢骨時，發現：一、頂骨裂成五瓣，如蓮花狀；二、三十二顆牙齒，完整無損；三、舍利子無數（另說一千餘粒）；四、舍利子有珠粒、花瓣式、塊狀等多種形狀，其顏色有紅、白、碧綠、五彩。均經攝影留念。❸

柒、平時行誼

　　印光一向刻苦儉樸，灑掃洗滌，躬自操作，粒粟寸紙，珍若拱璧。與人書牘，一向以國產的毛太紙為箋，某年寫給明道的信，竟用人供養之水蜜桃所包的外皮紙。❸朱石僧在

---

❸　以上俱參〈A文〉，頁2366—67；〈B文〉，頁2284；〈G文〉，頁2634；〈H文〉，頁2774—75；〈J文〉，頁2383；〈K文〉，頁142。

❸　釋真達：〈舉火法語〉，載《全5》，頁2421。

❸　參閱胡松年：〈印光大師荼毗記〉，載《全5》，頁2384—85；范古農：〈印光大師舍利記〉，載《全5》，頁2385—86、2260。印光舍利子的照片，收在《全5》，頁2259。

〈紀念大師美德〉一文，以平實的文字形容印光的盛德，云：

> 大師每餐，只限一菜一飯。菜飯同大眾一樣，就是有
> 弟子送來精美食物，決不自食，必以供眾。送來香敬，
> 則印書或作善舉，不願蓄積。大師西去後，所留餘款，
> 不過三十餘圓，還有半數是郵票。……用飯後，將開
> 水洗飯盌，嚥入腹中，以免糟蹋盌中剩飯。現在靈巖
> 寺中，無論僧俗，奉行此法。……大師所穿衣服，也
> 是多年舊衣。臥不解衣，用被和衣而睡。臥房不放便
> 桶、便壺，大小便必赴廁所，就是病時，亦復如是。
> 備有水盆二：一清水，二濁水（用過之水），大便後，
> 先用濁水洗，再用清水洗。逐日掃地，清潔佛堂。置
> 放物件，親自動手，決不假手他人。雞毛箒有二把，
> 一專為供佛龕和佛臺供桌用，即放在佛座旁邊；一專
> 為普通用，即放在寫字桌子旁邊。各有各用，並不錯
> 用，亦決不錯放。所用之捆行李繩，已經有五十年矣。
> 還有自北方來時帶來一個小木凳，臥時作枕頭，亦是
> 五十多年矣。有字的紙，決不撕碎，必折好，放在旁
> 邊。寫剩的紙，餘有空白，則裁下有字處，無字的裁
> 下作別用。收到信封，每翻過來黏好再用。寫信用普
> 通白紙。都是示人惜物處。……（大師）一生美德不
> 可限量，斷非筆墨所能盡述。余僅將所知者錄出。㊐

㊏　參閱〈F文〉，頁2379。

誠如朱石僧所言，印光的美德不可限量，亦非筆墨所能盡述。
他平日的飲食極其簡單，一菜一飯，與大眾相同，沒有因身
分不同而給自己不同的待遇。凡遇弟子供養精美食物，必定
交給庫房供眾；凡有供養金錢（香敬）的，必供靈巖常住使
用，或是供印經及救濟之用。❸他不蓄積金錢，往生時僅留
下三十二圓，其中包括郵票十六圓。一般人以為弘化社是印
光主辦，應有贈書的主權，實則所贈之書已由印光代付書款，
且郵資亦由印光支付，故印光往生時留下的金錢竟有一半是
郵票。❺

　　印光平時飯後，必用開水將碗中剩下的殘汁洗過喝下，
連這麼小的細節都不放過，可見他珍惜福報如此。據另一居
士寶存我說：「大師自奉極簡，每飯只粗菜一碗，吃完以饅首
（頭）將菜碗擦淨食之。」❻印光以饅頭揩淨湯汁，雖是一個
小小的動作，但朱石僧上文言「現在靈巖寺中，無論僧俗，
奉行此法」，不但當時靈巖寺如此，現今臺灣很多叢林也都依
照此法。印光珍惜食物的教化，影響無遠弗屆。在報國寺時，
明道曾因用稍好的醬油而被呵斥，印光責其「虛消信施」，自
認「我等道力微薄，不足利人，施主一粒米，亦無法消受，
哪可更吃好」。❻又有一次，一弟子送來四個饅頭，被侍者忘

❺　朱石僧：〈紀念大師美德〉，載《全5》，頁2658—59。

❸　另可參閱李張智薰：〈師尊報國寺之耳提面命〉，載《全5》，頁2750。

❺　參閱通亮：〈記大師之廉德〉，載《全5》，頁2649。

❻　寶存我：〈聞印光大師生西僭述鄙懷〉，載《全5》，頁2502。

掉，隔兩日才想起，但已經壞了。侍者大為悔恨，想自己吃
掉它，而被印光阻止，說：「你吃是要壞肚子的，我吃還不要
緊。不過以後小心，不要糟蹋施主的東西呀！」印光說完，便
拿來吃，寶存我說他在旁看得感動流淚。⓲足見印光自律之
嚴，自奉之儉，令驕奢我慢的俗人折服。寶存我亦述說了自
己的經驗，他曾將喝剩的半杯水倒進痰盂裏，受到印光非常
嚴厲的喝斥。他說：「我從那次被喝斥後，纔似見到佛菩薩超
情離見之境界，纔領解了佛法的真意，纔覺得平日昏肆的罪
惡。那一次的呵斥，是與我以大利益，終身不忘的。」⓳不論
寶存我所謂見到佛菩薩超情離見之境界，是否誇大，他拜服
於印光虛己慈懷的心情，則是事實。

　　印光所穿的衣服都是舊衣。曾有一信徒述及供養衣物的
事，云：「（大師）盛夏亦衣粗布，……蘇籍某弟子帶回高級
衣料及成衣工人，請師准予裁製，以盡供養之忱，乃為所拒。
智源（信徒名字）供奉之南通土布，反承嘉納。」⓴連衣料和
裁縫師都帶到印光面前請求准予裁製供養，還是不被允許，
理由很簡單，如此大費周章地帶人來，又如此華美的衣料，
是不可能被印光接受的。反而土布能得到印光的青睞。

　　印光臥房不放便桶，置放之清水、濁水，皆有固定使用；

⓱　寶存我：〈聞印光大師生西僧述鄙懷〉，載《全5》，頁2502。

⓲　參閱寶存我：〈聞印光大師生西僧述鄙懷〉，載《全5》，頁2502。

⓳　寶存我：〈聞印光大師生西僧述鄙懷〉，載《全5》，頁2502。

⓴　李張智薰：〈師尊報國寺之耳提面命〉，載《全5》，頁2750。

每日清潔佛堂，雞毛箒二把，絕不混用，亦不會放錯位置。
這些作法，可看出印光行事不苟，有條不紊的個性，而且此
個性的最大特點是，他凡事親自動手，從不高高在上地指使
他人為他做事，這點很難能可貴，所謂「大師」的風範於此
盡露無遺。據關絅之說，他有一次到上海太平寺拜訪印光時，
樓上樓下找尋數次，都不見人影，最後從樓上的天井往下看，
原來印光在那兒搓洗衣服。⑯這樣的作略，不是有些被譽為
「大師」的，所能比擬。印光這方面的事蹟很多，舉要言之，
如：民國十五年（66歲，1926），印光前往姑蘇，住在道前街
的自造寺，某一居士昏夜晉謁，當時氣候甚熱，見印光在園
中納涼，親自汲井水洗臉，此居士見此而請代為汲水，印光
拒絕說：「予居南海數十年，事事躬親。出家而呼童喚僕，效
世俗做官模樣，予素不為也。」⑯印光此說，真是一棒打殺那
些「呼童喚僕」的「大師」們。印光往生的前一夜，茶房送
來稀粥，菜餚有一道是花生，印光將花生放進粥裏，連花生
薄膜一齊吃下，真達和尚在旁勸止，認為病中不宜如此，印
光領首應允，才捻去花生薄膜。餐後片刻，印光自持手杖往
解房（廁所），真達和尚等人欲隨侍，被印光峻拒。令茶房扶
持，亦不允許。⑯印光病重如此，仍態度雍容，躬自親為，
其平時作風可想而知。民國七年（58歲，1918），印光為印行

---

⑯　參閱〈F文〉，頁2380。

⑯　諸慧心：〈致陳无我居士書〉，載《全5》，頁2600。

⑯　參閱袁德常：〈回憶師尊生西之前夜〉，載《全5》，頁299。

《安士全書》而到上海，跟丁福保（1874—1952）洽談印刷事誼，議畢，向丁福保借二元，作為返普陀之資。丁福保願供養五元，並請印光不必歸還。印光堅持不可，只接受二元，且言定返法雨寺後即設法匯還。後來丁福保另有他事欲與印光面商，乃前往印光所乘之輪船，但遍尋全船，未見其人。最後在爐子間附近找到印光，丁福保發現那個地方極其狹隘，空氣又非常燥熱，他人皆望而畏之，但印光為了價廉，寧可侷處其間，且怡然自得。印光返普陀後數日，丁福保接到印光來函，並匯還所借之款。❽印光不苟小節，一至於此。又其身無分文，亦無隨侍，獨自侷促在簡陋的爐子附近，此種作風，除弘一律師（1880—1942）可與之相彷彿外，渺難再見。民國七年，印光初次離開普陀山到揚州刻經，因人地生疏而約高鶴年同往。到達上海時，高鶴年打算到海潮寺或玉佛寺掛單，但印光堅持不答應，說：「你的熟人太多，人家要客氣辦齋，你我是苦人，何必苦中求樂。又要化費錢文，消耗光陰。」於是再三思維，找到天台中方廣下院這處冷落的小地方。兩人住四日，只費伙食二元。❾印光類似的儉約行持甚多。

　　印光從北方帶來的捆行李繩及小木凳，一用便是五十年；寫剩的紙張，留下空白的絕不浪費，裁下另作別用；他人寄

---

❽　參閱羅鴻濤：〈記丁居士談印公法師瑣事〉，載《全7》，頁32—33。

❾　參閱〈E文〉，頁2375。高鶴年自注云：「中方廣下院是照禪上人所開，乃興慈法師（1881—1950）之師。」

來的信封，翻過面再用，這些都是生活裏的小細節，但能如此細心觀照行持的人，恐不多見。足見印光從日常生活中提煉出莊嚴的福慧，勤於實踐，不尚空談，受其感化者多如過江之鯽。

第五節　結　語

　　印光生性孤高，自幼即養成一絲不苟的生活態度。出家後，此個性促使他於難忍處能忍，難行處能行。[170]他一向老實且虔誠，生活態度嚴謹，不為名聞利養所動，「戒律精嚴，淨修苦行，六十年如一日。道德文章，行解相應，真是一塵不染。」[171]弘一說：「大德如印光法師者，三百年來一人而已。蓋自雲棲後，法化之廣，未有如大師者。」[172]備受敬愛，與弟子間有著一種「聖潔而感情深厚的關係」。[173]

　　印光自言「出家時，即發願不作寺廟主人，不剃度徒弟，不募緣」。[174]他「一生不喜張羅，所以一生不作主人，不收徒弟。但只在人家寺裏作挂單僧」，[175]直到晚年仍不改初衷。印

[170]　參閱釋道源：〈我所見聞的印公大師〉，載《全5》，頁2737。
[171]　〈E文〉，頁2378。
[172]　引自〈D文〉，頁2371。
[173]　引自陳榮捷著，廖世德譯：《現代中國的宗教趨勢》〔臺北：文殊出版社，1987年〕，頁84。
[174]　《全2》，〈復宋慧湛居士書〉，頁1116。

光一生弘揚淨土法門，廣度群倫，不遺餘力。當化緣圓滿時，示現各種瑞相，以勸信淨土行者。有曰：「妙真和尚升座之期，詹日兩次，印光均以為遲了。是乃預知時至，特不明言耳。捨報之前，易榻而椅，整身端坐，從容念佛，泊然而化。大師之上登安養，瑞相已昭然矣。」❻其悲願之廣，度化之眾，永式遺型，實無異言。

❻　《全2》，〈復海門蔡錫鼎居士書三〉，頁998。

❻　〈J文〉按語，頁2383。另參閱〈A文〉，頁2367；〈G文〉，頁2635—36；范古農：〈印光大師舍利記〉按語，載《全5》，頁2386；袁德常：〈印光大師舍利靈變記〉，載《全5》，頁2387—88；釋圓瑛：〈印光大師生西事實〉，載《全5》，頁2431—32；釋南亭：〈我與印光大師的一段因緣和感想〉，載《全5》，頁2637。

第二章

印光時代的佛教界問題

今出家受戒者，亦先三皈，

次五戒，次十戒，次具戒，次菩薩戒。

但古之受戒者，是發心為了生死；

今之受戒者，多是為充大僧而圖體面。

　　佛教傳至中國已近兩千年的歷史，窮鄉僻野雖都有民眾仰信，但對於佛教的真相存有許多錯誤觀念。普羅大眾對佛教的瞭解大都來自戲劇和小說，而戲劇和小說中的佛教常被形容成奸邪、盜騙、隱閟，或是帶有神異的神祕宗教；知識分子則因儒家固有傳統思想影響，視佛教為滅倫逃世，消極隱遁。又因中國佛教自明清以來，變成所謂「死人的佛教」、「超度的佛教」，故知識分子每視佛教為一消極、悲觀、逃避現實、不事生產之宗教，其反宗教、反迷信的情緒時有所起。❶本章擬對上述情況，以僧伽素質滑落、佛教徒混淆民間信仰、及知識分子提出「廟產興學」等問題作出探討，其中以印光的意見為主要線索，並參及各家意見，以見當時佛教界的情況及淨土行者的修學心態。

第一節　僧伽的問題

　　僧伽略稱為僧，意譯為和、眾，乃和合之意，故又稱和合眾、和合僧。常途每以僧伽為出家僧眾，然而廣義而言，只要信受佛法，修行佛道，便可稱為僧伽，其中包含在家眾

---

❶　參閱李玉燁：《當代「人間佛教」思想的探討——兼論原始佛教的人間性格》〔香港：能仁學院哲學研究所碩士論文，1994年〕，頁1—2、40；洪金蓮：《太虛大師佛教現代化之研究》〔臺北：東初出版社，1995年〕，頁3。

之佛教教團全體。本書對「僧伽」一詞的使用，是依一般常言，以出家眾為主。

壹、僧伽素質滑落

　　晚清以來佛教呈現衰頹，僧人質素日益下降。印光慨歎當時僧人的作風，簡直跟「敗類」、「無賴之徒」無異，懶惰偷安，不能荷擔如來家業，他說：「現今……僧多敗類，只知著一件大領，即名為僧。僧之名義事業，多多了無所知。」❷又說：「今之為僧者，多皆鄙敗無賴之徒，求其悠悠泛泛。持齋念佛者尚不多得，況能荷家業而續慧命乎！」❸「出家一事，今人多以為避懶偷安計，其下焉者，則無有生路，作偷生計。故今之出家者，多皆無賴之徒，致法道掃地而盡。」❹晚清以來僧人腐敗，不是印光個人的感受而已，時人亦多持相同的看法，例如歐陽漸(1871—1943)即云：「中國內地僧尼，約略總在百萬之數。其能知大法、辨悲智、堪住持、稱比丘不愧者，誠寡若晨星。其大多數皆游手好閒，晨夕坐食，誠國家一大蠹蟲。但有無窮之害，而無一毫之利者。」❺近代學者陳榮捷研究中國現代宗教趨勢，亦指出：「依據可靠的說法，在

---

❷　《全1》，〈與四明觀宗寺根祺師書〉，頁32。

❸　《全1》，〈復泰順謝融脫居士書二〉，頁45。

❹　《全1》，〈復永嘉某居士書二〉，頁226。

❺　歐陽漸：《歐陽大師遺集》〔臺北：新文豐出版公司，1976年〕，第二冊，〈辨方便與僧制〉，頁1488。

五十萬和尚與十萬尼姑之中，或者說，在每兩個寺廟五名僧
眾之間，大部分對他們自身的宗教都沒有正確的認識。他們
的『剃髮』很少是因為信仰。他們『遁入空門』，為的只是貧
窮、疾病、父母的奉獻，或者在祈求病癒或消災祈福時承諾
將孩子送入寺廟，家庭破碎等，有的甚至因為犯罪。」❻可見，
晚清以來佛教極端衰微，僧人腐化無知，是一歷史事實。但
問題癥結在哪？印光認為與清世宗（雍正，1723—1735在位）
廢除「度牒」有關，❼他在一篇名為〈論現在僧伽制度〉的
文章，從歷史情況指出清世宗的作法導致佛法式微：

> 刻論佛法式微，實不在於明末。明季垂中，諸宗悉衰，
> 萬曆以來，勃然蔚興，賢首則蓮池、雪浪，大振圓宗。
> 天台則幽溪、蕅益，力宏觀道。禪宗幻有下四人，而
> 天童、磬山，法徧天下。洞下則壽昌、博山，代有高
> 人。律宗則慧雲中興，實為優波；見月繼踵，原是迦
> 葉。而妙峰、紫柏、蓮池、憨山、蕅益，尤為出類拔
> 萃，末法所不多見。雖不及唐宋盛時，亦可謂佛日重
> 輝矣。及至有清啟運，崇重尤隆，林泉隱逸，多蒙禮

---

❻　陳榮捷著，廖世德譯：《現代中國的宗教趨勢》〔臺北：文殊出版社，
　　1987年〕，頁104。

❼　所謂度牒指試經度僧，僧人欲出家前須經過讀經或解釋經論的考試，
　　試經合格者即頒予「度牒」，以資證明。僧侶行腳之際，須隨身攜度牒，
　　掛搭時出示給維那，以證其為公度之僧。

敬，如玉琳、憨樸、木陳等。世祖（按：應是世宗）
遂仰遵佛制，大開方便，罷除試僧，令其隨意出家。
因傳皇戒，製護戒牒，從茲永免度牒矣。佛法之衰，
實基於此。在當時高人林立，似乎有益，……迨至高
廟以後，哲人日希，愚夫日多，加以頻經兵燹，鄙敗
無賴之徒，皆混入法門，自既不知佛法，何能教徒修
行。從茲日趨日下，一代不如一代，至今僧雖不少，
識字者十不得一，安望其宏揚大教，共利群生耶！由
是高尚之士，除夙有大根者，但見其僧而不知其道，
厭而惡之，不入其中矣。**❽**

　　印光認為佛法在明末，尤其萬曆(1573—1619)年間有復
甦景象，華嚴宗有蓮池袾宏(1532—1612)**❾**、雪浪洪恩（？—
1608），天台宗有幽溪傳燈（號無盡，生卒年不詳）、蕅益智
旭(1599—1655)**❿**。禪宗方面，臨濟宗的幻有正傳(1549—

---

❽　《全3下》，〈論現在僧伽制度〉，頁83—84。

❾　這裏須指出的是，印光認為蓮池為華嚴學者，實有待商榷。印光可能
　　以蓮池的《彌陀疏鈔》大量採用華嚴思想，而作如是說。再者，印光
　　曾撰有〈念佛三昧摸象記〉（《全1》，頁816—17）一文，內容受《彌陀
　　疏鈔》影響甚鉅。參閱拙著：〈印光論念佛三昧〉，收入拙著：《印光研
　　究》〔香港：香港大學中文系博士論文，1999年〕，附論一，頁156—164。

❿　這裏亦須指出的是，蕅益未自認為天台學者，故未必可歸入天台宗。
　　參閱釋聖嚴著，關世謙譯：《明末中國佛教之研究》〔臺北：臺灣學生
　　書局，1988年〕，〈自序〉。

1614)門下出現四大高徒，其中（住持天童寺的）密雲圓悟
(1566—1642)、磬山圓修(1575—1635)二人法徧天下；而曹洞
宗則有（壽昌寺的）無明慧經(1548—1618)、大艤元來（1575
—1630，世稱博山禪師）。律宗方面有古心如馨(1541—1615，
萬曆神宗賜「慧雲律師」法號)、❶見月讀體(1601—1679)。❷
此中，如妙峰福登（？—1612)、紫柏真可(1543—1603)、蓮
池袾宏、憨山德清(1546—1623)、蕅益智旭等人，更是出類拔
萃。因此，明末佛法之盛況雖不及唐宋，但也算是佛輝顯耀
之另一高潮，而此高潮延續到清朝開國之初。對清初的佛教，

❶ 印光這裏說慧雲（古心如馨）「實為優波」，乃因古心如馨於萬曆十年
(1582)，依止攝山棲霞寺之素安出家。後讀《華嚴經・菩薩住處品》，
便發誓要從文殊菩薩受戒，遂赴五臺山，夙夜虔勤想求。一日恍惚之
間，從一老嫗受僧伽黎衣，觀見菩薩，頓悟五篇、三聚心地法門，視
大小乘律如從胸中流出。歸鄉途中，經南京，遇長干寺（報恩寺）修
治塔廟，因安置眾人所不能舉之塔頂，故得「優波離」再來之稱號（參
閱《武林大昭慶律寺志》，載《中國佛寺志第一輯》，第16冊〔臺北：
明文書局，1980年〕，卷8，頁285—87；釋印光監修：《清涼山志》，卷
3，頁140—41；喻謙：《新續高僧傳》〔臺北：新文豐出版公司，1974
年〕，卷28，頁910—13）。

❷ 印光這裏說見月讀體「原是迦葉」，乃因明清之際，戒法淪喪，綱紀蕩
然，見月讀體力挽狂瀾，以身示範，頹墮之風，終為所革。由於見月
讀體身形高大，頂有肉髻，聲如洪鐘，貌似古佛，並曾自謂從南雞足
山來，故世稱為迦葉尊者之化身，其一生中的靈奇事蹟頗多（參閱喻
謙：《新續高僧傳》，卷29，頁940—44；見月讀體著，釋弘一眉註：《一
夢漫言》〔臺北：佛教出版社，1986年〕，卷下，頁42—80；陳垣：《明
季滇黔佛教考》〔臺北：彙文堂出版社，1987年〕，卷1，頁20—24）。

印光指出因政府鼓勵（崇重尤隆），即使僧人於林泉邊下過著隱逸的修持生活，亦常蒙受當局禮敬，例如玉琳通琇(1614—1675)、慈樸（璞）性聰(1610—1666)、木陳道忞(1596—1674)等人即是。換言之，佛教的發展還處於平和的情況，受到干擾不大。但到了清世宗，為了表示尊重佛教，「仰遵佛制」，大開方便，廢除試經度僧的制度，准許人自由出家，又傳諭創制「護戒牒」。從此之後，僧人便永免「度牒」，素質滑落不堪，一代不如一代。近代佛法之所以衰敗，原因實基於此。

　　我國在北魏時代即有由官方頒發度牒（出家得度之證明書）的制度，逮至唐玄宗開元十七年(729)首次下詔，令天下僧尼每三年造籍冊一次，以便統一管理。玄宗天寶六年(747)又令天下僧尼隸屬於兩街功德使，並由尚書省祠部司出具度牒，故度牒又稱「祠部牒」。此後，僧尼以度牒為身分憑證，可免徭役。然而免徭役的作法導致趨附特恩及納金（繳納香水錢以購度牒之事）等情況。例如唐肅宗至德元年(756)九月為獲得軍資，採用宰相裴冕（？—769）之奏議，只要納錢一百緡便准予剃髮，發給度牒，此為鬻度牒之始。**⑬**至宋神宗熙寧元年(1068)七月（一說英宗治平四年〔1067〕十月），因

---

⑬　見《冊府元龜》，卷509，〈鬻爵贖罪〉條，轉見於陶希聖：《唐代寺院經濟》〔臺北：食貨出版社，1974年〕，〈三六·鬻度牒〉條，頁98。關於唐代鬻度牒的情形，可參閱袁震：〈兩宋度牒考〉，載張曼濤主編：《宋遼金元篇——中國佛教史專集（三）》，《現代佛教學術叢刊7》〔臺北：大乘文化出版社，1977年〕，頁141—372，尤其頁147—150。

歲饑河決，用司諫錢公輔(889—1074)之言，再行鬻度牒。此後其風不絕，且偽造者甚多，故南宋高宗紹興三年(1133)八月，採朱異之議，使用綾牒，以防止偽造。❹南宋亦有濫售度牒之例，史稱免丁錢或清閒錢。❺

而「戒牒」乃受戒者的證明書，於唐宣宗大中十年(856)開始授予。❻蓋唐、宋時代僧尼出家時即領取度牒，受戒後再領取戒牒，皆由官方頒發。明代洪武至永樂年間(1368—1424)，三度敕令僧俗受戒者抄白牒文隨身攜帶，以為執照，凡遇到關津把隘之處，驗實後才准予放行。戒牒之作用遂成為僧尼旅行護照。清世宗廢止度牒，僧尼出家漫無限制，各地亦傳戒頻繁，戒牒則改由傳戒寺院發給。至民國以後已無度牒之頒予，而僅存戒牒之制，係由中國佛教會統一簽發。❼

關於清世宗廢度牒，又頒行戒牒，是否導致佛教衰敗，歷來意見不一。例如印光甚為推崇的楊仁山(1837—1911)認為：「自試經之例停，傳戒之禁弛，以致釋氏之徒，無論賢愚，

---

❹　關於度牒印製材料的改用經過，參閱黃敏枝：《宋代佛教社會經濟史論集》〔臺北：臺灣學生書局，1989年〕，第9章第4節，〈宋代的度牒〉，頁384—85；袁震：前引文，頁163—69。

❺　釋志磐：《佛祖統紀》，卷47，〈紹興十五年〉條下記載：「敕天下僧道，始令納丁錢，自十千至一千三百，凡九等，謂之清閒錢。年六十已上及殘疾者，聽免納。」《大正藏》，第49冊，頁425下)

❻　參閱元·釋覺岸：《釋氏稽古略》，卷3，《大正藏》，第49冊，頁840上。

❼　參閱釋慈怡主編：《佛光大辭典》，〈度牒〉條，頁3779；〈戒牒〉條，頁2914。

概得度牒。於經論毫無所知，居然作方丈開期傳戒，與之談論，庸俗不堪，士大夫從而鄙之，西來的旨，無處問津矣。」⓲深感世宗廢度牒影響僧人素質，印光的見解與之相同，可能受其影響而有。但印順導師則表示佛教衰微跟世宗廢度牒無關：「清世宗廢度牒制，代以戒牒（其實高宗時又曾用度牒），近人頗多指責，甚有謂其意在毀佛者，非也。佛子出家，何預國王事！學道貴有內心之自覺，重在身行。經教雖是所重，然何能據文義以為出家標準？編僧籍如編氓，立僧統如立守，古人每拒斥之，檢大乘經及南北朝僧史可知。世宗雖梟桀，然信佛甚真。廢試經度僧之制，蓋有見於佛教本義，崇佛非毀佛也。至近代之僧流猥雜，非一朝一夕之故。唐、宋禪興而義學衰，元代蕃僧至而僧格墮；明、清以來，政治壓迫，久已奄奄無生氣。承國族衰弱之會，受歐風美雨之侵蝕，乃日以不支耳。」⓳印順認為學佛貴於內心之自覺，政府編製僧籍無益個人的修道。僧流猥雜是長期積累的結果，原因有多端，例如禪興而義學衰、蕃僧至而僧格墮、政治迫害、歐風美雨之侵蝕等。

　　平心而論，印順的見解主要在強調僧人「貴內心之自覺，重在身行」，不應以外在制度為依歸，而且「廢試經度僧之制，

⓲　楊仁山：《楊仁山居士遺著》〔臺南：和裕出版社，1986年〕，《等不等觀雜錄》，卷1，〈釋氏學堂內班課程芻議〉，頁17下—18上。

⓳　釋印順：《華雨香雲》，《妙雲集（下編之十）》〔臺北：正聞出版社，1992年〕，頁188。

蓋有見於佛教本義，崇佛非毀佛」，所謂「佛教本義」是指釋
迦牟尼佛在當時未有試經度僧之制，因此近人指責廢度牒制
即是「毀佛」的見解不甚妥當。如此看來，楊仁山及印光等
人的看法，僅觸及一端，有違史實。不過，從印光等人的看
法，亦可析理出一條中國佛教（有別於印度佛教）因廢度牒
而導致近代佛教衰頹的線索，尤其在兵燹戰禍頻仍之世，流
弊更加顯明。咸豐(1851—1860)、同治(1861—1874)年間便是
如此：「咸、同閒（間），以兵燹迭遭，哲人日稀。國家不暇
提倡（佛法），庸人濫收徒眾，多有無賴惡人，混入法門，遂
致一敗塗地。凡未閱佛經，未遇（善）知識之人，見此遊行
人間，造種種業之僧，便謂僧皆如是。從茲一唱百和，以為
佛法無益于國，有害于世，莫不以逐僧占產，改廟為學是
務。」❷⓪咸、同之際，由於戎馬四起，干戈不斷，哲人受迫害
而日漸稀少，❷①故缺乏優秀之士來住持法道；再加上政府處
於內憂外患之際，無暇提倡佛法，以致教界紀律鬆弛，一般
庸俗的師父濫收弟子，❷②無賴之徒藉機混入佛門，佛法由此
而一敗塗地。有些未曾閱讀過佛經，或未曾遇過佛門善知識
的儒士，因對佛法認識不夠，終至以偏概全，認為所有僧人
都是如此。❷③佛教至此田地，全然被誤解為一種無益於國家、

---

❷⓪　《全1》，〈修正管理寺廟條例并護教文稿序〉，頁518。

❷①　參閱《全1》，〈潮陽佛教分會演說（代了清師作)〉，頁705。

❷②　參閱《全2》，〈復念佛居士書〉，頁1100。

❷③　參閱《全1》，〈廣東高州佛學研究會緣起（代何劍菁作)〉，頁757—58。

社會的迷信，因而興起驅逐僧侶，沒收僧產辦教育的口號。這即是近代打擊佛教至為深重的「廟產興學」事件。❷

　　依印光目睹當時情況，僧人行徑敗壞伏下滅法之禍，跟清世宗一面廢度牒，又一面頒戒牒有密切關係。印光曾就僧人受戒情況，強烈批評：「今出家受戒者，亦先三皈，次五戒，次十戒，次具戒，次菩薩戒。但古之受戒者，是發心為了生死；今之受戒者，多是為充大僧而圖體面。得戒之言，從未措懷，故外方之蟒流子、下流坯，無不皆是受過三壇大戒之僧。此其弊由於清世宗罷試僧，免度牒，與近世之為師者貪名利、喜眷屬之所致也。」❷照理來講，清世宗頒令戒牒以代替度牒，戒牒應對僧人持戒發起規範作用，但事實不然。印光指出受過三壇大戒的那批「蟒流子」、「下流坯」，無論什麼戒，對他們來說都只是充場面的工具而已。其實，這是一種惡性循環，從世宗罷除試僧，庸人得以出家為僧伊始，便伏下滅法之因。這些庸人日後成為「大法師」，貪得名聞利養在所難免，哪還有智慧揀別徒弟？況且「照單全收」，又可壯大自己聲勢，何樂而不為呢！

貳、僧伽教育方式及留學問題

　　近代佛教因受到「廟產興學」危機的影響，各大寺院紛

❷　有關「廟產興學」事件的形成，詳見下文。

❷　《全1》，〈與謝融脫居士書〉，頁267—68；又見《全3下》，〈遺教論戒〉，頁100。

紛依照滿清政府的指令，於各省縣成立僧伽教育會，並設立普通僧學堂。他們辦學的動機在於保護寺產，並無意興辦教育，造就僧才。換言之，近代佛教早期以興辦僧伽教育，作為保護寺產的手段。❷❻直到清光緒三十三年(1907)，楊仁山(1837—1911)在南京金陵刻經處內設立祇洹精舍，翌年招集緇素青年十餘人（有梅光羲、歐陽竟無、釋仁山、釋太虛、釋智光等），研究佛學，並授以英文，作為修梵文及巴利文之根基，這才算是近代僧人受正式佛教教育之開始。此後南京僧師範學堂於宣統元年(1909)開辦，聘請月霞(1858—1917)、諦閑(1858—1932)相繼主持教務，直至歐陽竟無(1871—1943)的「支那內學院」，及太虛「武昌佛學院」的開辦，佛教教育的教學及組織更趨完備，蔚為風氣。❷❼

　　僧伽教育對提高僧伽素質，具有重要意義。印光對僧伽教育的意見，可從他評述月霞所辦的華嚴大學，❷❽知其一斑。月霞曾去信印光，詢問普陀當地有否適當的學生來就讀華嚴

---

❷❻　參閱釋東初：《中國佛教近代史（上）》〔臺北：東初出版社，1992年〕，頁78—79。

❷❼　參閱釋東初：前引書，頁80；高振農：《佛教文化與近代中國》〔上海：上海社會科學院出版社，1992年〕，頁17—20、47—54、62—80；于凌波：《中國近代佛門人物誌（一）》〔臺北：慧炬出版社，1993年〕，頁36—45、82—92、196—203；于凌波：《中國近代佛門人物誌（二）》〔臺北：慧炬出版社，1993年〕，頁294—320。

❷❽　按，月霞曾於民國二年(1913)到上海哈同花園講經，翌年，在哈同花園開辦華嚴大學，後輾轉遷移杭州海潮寺、常熟興福寺。

大學，並在信中談及他延請一位老儒士教習國文，及一位老
師教習文字訓詁方面的常識。印光認為這樣的教學方式本末
倒置，因為文字學習及國學常識的訓練，費時費力。況且，
在閱讀經論的過程中，已在認識文字、學習作文，不必特聘
專人教導。❷他說：「一切經，一切書，都是文。心地若開，
何愁不會作文。心地不開，縱學也無大成就。」❸印光的教學
屬較保守，而且以佛教本位為主，強調佛法教學跟一般學堂
不同，一般學堂以國學國文為主要課程，訓練學生成為寫作
能手，這對修持佛法以趨向解脫，沒有重大幫助。

　　就上述印光的教學法看來，跟太虛等人所提倡的僧伽留
學相較，實過於保守，且對中國近代佛教的衰敗，無法全面
振興。僧伽留學是受外來文化思想影響所致，尤其海外佛學
研究成果斐然，遠遠超過中國，為了促進佛學進步，於是效
法六朝、唐代之法顯(399—416)、玄奘(602—664)、義淨(635
—713)等高僧的精神，出國留學考察和學習各國佛學。

　　太虛在民國四年(1915)作〈整理僧伽制度論〉，即主張派
留學僧到日本、西藏學習密法，因而有大勇 (1893?—1929)、
持松（生卒年不詳，1915年入上海哈同花園之華嚴大學）等
人，於1922年連袂前往日本高野山參學密法，引起佛教界的
普遍注意。❸但印光不贊成僧伽留學，據大醒(1900—1952)拜

❷　參閱《全3上》，〈復張汝釗居士書〉，頁154。

❸　《全2》，〈與黃周福純女士書〉，頁1104。

❸　參閱釋東初：《中國佛教近代史》，頁410—16；于凌波：《中國近代佛

訪印光的回憶所言：「大師開始就批評大勇、顯蔭二師不應修
習密宗。……他說中國現有的禪宗、淨土宗以及研究教義的
天台、賢首等等法門，何一而不可以學習，偏要到日本去學
密法。……一方（面）聽說日本僧侶是所謂帶妻食肉的，（一
方面）因為他老愛惜的顯蔭又恰恰死在高野山。」㉜大勇是太
虛的高徒，顯蔭（1902—1925，於1923年東渡日本）是諦閑
的高徒，㉝二人皆赴日學密，又恰巧都英年早逝。印光本來
對顯蔭非常欣賞，但認為顯蔭自日本學密回來後，便高傲非
常，學的密法不但無助於了生脫死，反令自己早死。㉞基於
這個原因，印光覺得中國的禪宗、淨土宗、天台宗、華嚴宗
等已令人學習不盡，不須再去學什麼密法。而且在印光的想
法裏，習密法也不是真的能夠即身成佛（詳下文），故他反對
僧人留學是件自然的事。

　　須特別指出的是，印光的反對意見僅及於留日學習密法。
當時的留學僧以前往日本居多，這是受風氣影響所致，因為
滿清政府在「百日維新」（清光緒廿四年，1898）失敗後，清
廷獎勵興學之餘，紛紛派遣留學生接受外國新知，其中以日

　　門人物誌（三）》〔臺北：慧炬出版社，1994年〕，頁105—114、129—
　　134。

㉜　釋大醒：〈拜識印光大師的因緣及其印象〉，載《全5》，頁2438。

㉝　參閱釋東初，前引書，頁416—25；于凌波，前引書，頁365—73。

㉞　參閱《全1》，〈復黃智海居士書〉，頁196—97；《全2》，〈復閔宗經居士
　　書〉，頁911；《全2》，〈復王曉曦居士書〉，頁910；《全2》，〈復游有維
　　居士書〉，頁984—65。

本留學生最多。接著辛亥革命（清宣統三年，1911）成功後，
很多有功人士的弟子被派往日本留學，　光是黃興(1872—
1916)部下的留學生就有六百名；又袁世凱(1859—1916)為大
總統時，暗殺宋教仁(1882—1913)，及私自引入外資等事，激
發國民黨二次革命，於1913年7月起義，但不到一個月便被袁
世凱擊敗，其領導人很多逃到日本，陳其美(1874—1916)等於
1914年組織中華革命黨，大批亡命客和留學生追隨而至。總
之，於1913年至1914年間，日本留學生人數最少在五、六千
人之間，這比起留歐、美者，多出很多，❸故教界之留學僧
亦以留日為多。但日本佛教僧人公開娶妻吃肉，行同俗化，❸
與中國佛教傳統制度背道而馳，形成印光反對留學的主要原
因。

　　據上述得知，近代中國佛教僧人有股留學之風，並陸續
培養出優秀人才，為佛教改革貢獻良多，例如到日本留學的
除了上述幾位外，還有墨禪、談玄、天慧、仁性等人，其中
談玄攜回不少中國早已亡失的密教經籍和法物；到印度留學
的則有體參、岫廬、法舫、白慧等人，其中法舫從事梵文、
巴利文、英文及小乘教理的研究，其所譯的《阿毗達磨攝義

❸　參閱實藤惠秀著，潭汝謙、林啟彥譯：《中國人留學日本史》〔香港：
　　香港中文大學出版社，1982年〕，頁52—53。

❸　日本早在平安時代(794—1192)，已有部分僧侶娶妻食肉，及至淨土真
　　宗開祖親鸞(1173—1262)捨棄出家傳統，採取在家生活，形成「肉食妻
　　帶」之宗風。明治(1868—1911)以後，日本其他宗派亦允許肉食妻帶。

論》，深受英、法等國的東方學者稱許；到錫蘭（今斯里蘭卡）留學的有惟幻、法周、慧松、唯實、了參等，其中了參譯出的南傳小乘經典《法句經》，備受矚目。這些僧人介紹留學地區的佛學研究情況、翻譯佛學著作及傳授修持方法等，從不同方面作出貢獻，使近代中國佛教邁入另一個里程碑。

第二節　「廟產興學」的問題

壹、何謂「廟產興學」

所謂「廟產」，指寺廟之財產，包括寺田、寺屋及附屬法物等。而提倡以「廟產」作為辦學資具的運動，名為「廟產興學」。

「廟產興學」的起因可追溯到清光緒廿四年(1898)的「戊戌變法」（即「百日維新」），當時因教育經費無著落，湖廣總督張之洞(1837—1909)作〈勸學篇〉，❸而開風氣之先。〈勸學篇〉得德宗（1875—1908在位）批准，❸遂於百日維新期間

---

❸　〈勸學篇〉由「內篇」、「外篇」構成，衝擊佛教界的廟產興學主張，即出自「外篇·設學第三」，參閱張之洞：《張文襄公全集》〔臺北：文海出版社，1971年〕，頁819。

❸　德宗詔文曰：「將各省府廳州縣現有之大小書院，一律改為兼習中學西學之學堂。地方捐辦之義學、社會等，亦令一律中西兼習，以廣造就。至於民間祠廟其有不在祀典者，即著地方官曉諭民間一律改為學堂，

施行廟產興學。雖然維新失敗後，慈禧太后(1835—1908)下令
終止，但寺院所受威脅未除，各省土豪劣紳相率藉興學之名
兼併寺田，地方軍隊、警察及各機關團體占據寺院的事件亦
層出不窮。❸⑨

　　當時佛教界素質普遍低落，社會地位一落千丈，無法維
護自身權益。唯佛教與中國傳統文化關係密切，於是引起名
流、學者注意，例如章炳麟（字太炎，1868—1936）於光緒
三十一年(1905)發表〈告佛子書〉，一方面勸諭僧眾認清時代
潮流，自辦學校迎頭趕上；另方面忠告士人不應對佛教行此
不公平之舉。❹⓿同時，日本淨土真宗陸續於上海、南京、杭
州、蘇州等地設立本願寺，被派遣來華的日僧水野梅曉，乘
機引誘杭州三十多所寺廟投歸，成為本願寺的下院，從而可
得日本領事保護。這發展引起中日交涉，真宗最後取消對我
國寺院之保護，改由清政府下令管轄，而佛教界亦在各縣市

　　以節糜費，而隆教育。」(轉引自釋明復：〈中國近代佛教法難的瞻顧〉，
　　載《獅子吼》，第16卷8期，1977年8月，頁19)

❸⑨　參閱牧田諦亮：《中國佛教史研究 (二)》〔東京：大東出版社，1985年〕，
　　第十四章，〈清末以後に於ける廟產興學〉，頁290—318，尤其頁292—
　　97；釋東初：《中國佛教近代史》，第五章，頁73—75；黃運喜：〈清末
　　民初廟產興學運動對近代佛教的影響〉，載《國際佛學研究創刊號》，
　　1991年12月，頁293—303，尤其頁293—95；蘇雲峰：〈張之洞的教育
　　思想〉，載周陽山、楊肅獻編：《近代中國思想人物論——晚清思想》
　　〔臺北：時報文化出版公司，1980年〕，頁389—411，尤其頁402—03。
❹⓿　參閱釋東初：前引書，頁76—77。

成立僧伽教育會，僧眾自動興學以自保寺產。❹

　　辛亥革命之際，寄禪（敬安，號八指頭陀，1851—1912）糾合江蘇、浙江有志之士，在上海組織「中華佛教總會」，以期統一僧界。民國元年(1912)四月，寄禪請求南京臨時政府保護寺產。不久，政權北移，寄禪遂北上向北京政府請願，但與官員發生衝突，憤極而客死北京法源寺。透過寄禪的努力，「中華佛教總會」之章程終獲得國務院承認。❷

　　民國四年(1915)，袁世凱(1859—1916)頒布「管理寺廟條例」三十一條，代替「中華佛教總會」章程，意欲把全國佛教寺產，納入公益事業，再次引發全國僧尼惶恐不安。章嘉呼圖克圖(1891—1957)、覺先（生卒年不詳）等聯名上書北京政府，並向眾議院陳情，請求取銷「管理寺廟條例」。後來雖經眾議院通過請願案，但民國六年(1917)六月國會解散，努力成果遂成泡影。❸

　　民國十年(1921)，經程德全（字雪樓，武昌起義時為江蘇巡撫，生卒年不詳）面請徐世昌總統(1855—1939)，將「管理寺廟條例」三十一條修改為廿四條，然僅刪除微末細則，重要條文仍保存如故。民國十六年(1927)馮玉祥(1882—1947)又以打倒迷信為由，在河南境內沒收白馬寺、少林寺、相國寺，同時驅逐僧尼三十萬眾，勒令還俗。江浙、兩湖等地相繼效

---

❹　參閱釋東初：前引書，頁77—80；黃運喜：前引文，頁298—300。

❷　參閱釋東初：前引書，頁102—04。

❸　參閱釋東初：前引書，頁105—06；牧田諦亮：前引文，頁299。

尤。民國十七年(1928)北伐成功後，內政部長薛篤弼（原為馮
玉祥駐紮河南時的部屬）建議「改僧寺為學校」，並於民國十
八年訂立「寺廟管理條令」廿一條。當時由美國修學教育返
國的南京中央大學教授邰爽秋（1897—?），亦極力倡議廟產
興學方案。後經常惺(1896—1939)、圓瑛(1878—1953)、印光、
太虛(1889—1947)、仁山(1887—1951)等法師，及社會名流程
德全、關絅之(1865—1945)、王一亭(1867—1938)等，向中央
政府陳情，情勢得以稍緩，並於民國十八年(1929)五月二十五
日經立法院會議通過，將寺廟管理條令廢止，重新公布「監
督寺廟條令」十三條。然而這並未能遏止掠奪廟產之風潮，
各省仍假借該「監督寺廟條令」十三條，積極進行沒收寺產。
九一八事變後，邰爽秋轉任貴陽大夏大學教授，同時兼任中
國民生教育學會代表，於民國二十年(1931)，作「廟產興學促
進會宣言」發動第二次廟產興學運動，主張「打倒僧閥，解
散僧眾，劃撥廟產，振興教育」。當時佛教界領袖如王一亭、
鍾康候(曾任杭州佛教會主席，生卒年不詳)、明道(?—1932)、
大悲等人，咸認邰爽秋的建議，比十七年內政部提出的還要
嚴重，紛紛提出駁斥；❹另外全國佛教徒於上海召開第三次
全國代表大會，由太虛撰〈上國民會議代表諸公意見書〉，大
力反對，因而得以平息此次運動。但往後民國二十二年(1933)

---

❹　參閱釋東初：前引書，頁131—32、134、141—46、154—57、345—46、
　　506、508—09；牧田諦亮：前引文，頁301—09；《全1》，〈大總統教令
　　「管理寺廟條例」跋〉，頁625。

湖北省教育行政會議又提出廟產興學案，民國二十四年
(1935)江蘇、山東、安徽、浙江、湖南、河南等七省的教育廳
長紛紛效尤。❹他們援引「監督寺廟條令」十三條，發動廟
產興學，造成佛教的重大傷害。後來各地廟產興學的舉措層
出不窮，可說罄竹難書。

貳、形成危機的主因及化解辦法

　　前人論及「廟產興學」運動的形成，通常將責任歸咎給
政府，指責政府不能照約法精神，讓人民擁有財產及信仰自
由，一再以廟產作為興學的經濟來源；尤其地方政府用政治
力量強占（或是強奪）寺產，不是對佛教有所偏見，便是想
中飽私囊。太虛的高徒法舫(1904—1951)便指出：「中國寺廟
財產，為全國僧尼法團所公有，一不是國家所有的國產；二
不是地方國民所有的公產。舉個比例，佛教寺產為佛教僧尼
所有，等於各地耶教回教教產，為耶教回教徒所有，是一樣
的。如是，為什麼各省推行義務教育，要強占寺廟？不去占
一所耶教禮拜堂？不去占一處回教清真寺呢？」❹於是接著而
來的問題是，為何政府會特別歧視佛教，厚此薄彼？有認為
當時政府（或言掌管教育的官員）無能，怕得罪外教；❹亦

❹　參閱釋東初：前引書，頁175—77；牧田諦亮：前引文，頁312—14。

❹　釋法舫：〈實行廟產興學〉，載氏著：《法舫法師文集》〔臺北：大乘文
　　化出版社，1980年〕，頁235—38，尤其頁236—37。

❹　參閱釋東初：前引書，頁177—78；牧田諦亮：前引文，頁316。

有認為不是政府偏私，而是考慮到寺廟擁有龐大莊園，令人有坐享其成的印象。❹印光則從佛教本身尋找問題根源，他說：「咸、同閒（間），以兵歉迭遭，哲人日稀。國家不暇提倡（佛法），庸人濫收徒眾，多有無賴惡人，混入法門，遂致一敗塗地。凡未閱佛經，未遇（善）知識之人，見此遊行人間，造種種業之僧，便謂僧皆如是。從茲一唱百和，以為佛法無益于國，有害于世，莫不以逐僧占產，改廟為學是務。倡此事者，雖未必全昧心理，由不知佛法之所以然，但以己見妄測，致令一班假公濟私者，視為奇禍，欲飽己囊，彼此效尤，勢如燎原。」❹中國佛教在北方經歷嘉慶年間(1796—1820)的白蓮教之亂，在南方經歷太平天國(1851—1868)之亂，早已現出衰象。及至咸豐(1851—1860)、同治(1861—1874)年間又頻遇兵燹戰禍，哲人日稀，❺清淨佛門為無賴惡人所把持，僧人不能自力奮發，以致受盡外界歧視。在此情形下，強占寺產之事遂層出不窮。印光認為提倡廟產興學的人未必昧著良心行事，可能礙於未深究佛法，而提出如此建議。但他們萬萬想不到這種倡議會被假公濟私的人所利用，土豪劣紳處處趁火打劫，公然併吞廟產以飽私囊，其勢有如燎原，一發不可收拾。印光的見解如果不能說是當時佛教界獨一無二的，至少也可感受到他對當時僧人的針砭已相當嚴厲，可

---

❹　　參閱釋法舫：前引文，頁238。

❹　　《全1》，〈修正管理寺廟條例并護教文稿序〉，頁518。

❺　　參閱《全1》，〈潮陽佛教分會演說（代了清師作）〉，頁705。

見當時僧人質素低落，是釀成「廟產興學」危機的最主要原因。

　　外人既有覬覦寺產之心，當前急務自然是挺身保護，印光說：「醫家治病，緩則培本，急則治標。外界侵奪，乃法門標病。以其急故，因以保護僧產為首。」❺不過這只治標而不治本，正本清源之道唯有自立自強，因此印光說：「若論正本清源之道，我同衣果能人人恪守清規，篤修淨業，道行若立乎己身，德化自感於同人。彼常謀侵奪排斥者，將反而恭敬供養之不暇矣，何用乎保護為。……凡我同衣，各宜勉旃。內護得法，則外侮自息矣。」❺印光的說法真是語重心長。就保護寺產文物方面，印光特別提到內護跟外護相配合的重要性，他說：「流通之人，須真修實踐之僧，及有勢力財力之王臣紳商。一名內護，一曰外護。內護則嚴持禁戒，篤修淨業，于禪教律密淨土，或專主一門，或兼修各宗，必使自他得益，幽顯蒙庥，陰翼治道，潛淑民情而後已；外護則不惜資財，廣種福田，普令同人，發起信心。內外相資，法遂流通。若無有道德之內護，則師表未立，人將安仰。若無有勢力之外護，則資斧無出，外侮莫禦。」❺如是內外相資，一定能抵禦外侮。❺印光對出家眾和在家眾均期盼甚高，時時以上述的

---

❺　《全1》，〈潮陽佛教分會演說二〉，頁708。

❺　同上註，頁708。

❺　《全1》，〈修正管理寺廟條例并護教文稿序〉，頁517-18。

❺　依《北本涅槃經》卷32指出，「佛正法中有二種護，一者內，二者外。

標準衡量其素質。依他觀察，當時出家眾的表現比在家眾遜色，僧人的頹敗導致「廟產興學」的呼聲迭起不絕，反而有財勢的在家眾能發揮解救危機的力量。

參、印光的營救事例

「廟產興學」為佛教界帶來沉重打擊，有心者莫不盡力予以營救。印光的主要營救行動計有：

1. 民國十一年(1922)，江蘇省「義務教育期成會」呈准省府，借寺廟作為校舍。定海縣知事陶在東（陶鏞，生卒年不詳）得知此事，即函告印光，希望他出面挽救。印光旋函請王幼農（曾任陝西民政廳長、中國賑災會主席，生卒年不詳）、魏梅蓀（名家驊，前清翰林，生卒年不詳）、莊思緘、蔣竹莊（維喬，1873－1958）等人設法營救，並指示妙蓮奔走交涉，遂蒙當局明令保護。**⑤**

內護者所謂戒禁，外護者族親眷屬。」（《大正藏》，第12冊，頁559下）僧徒依佛所制之戒法，護己身心，使離身口意三業之非，稱為內護；族親檀越供給衣服飲食等，稱為外護。印光對內、外護的解釋，相較於《涅槃經》，內涵擴大了許多。

⑤ 參閱釋真達等：〈中興淨宗印光大師行業記〉，載《全5》，頁2361；《全1》，〈修正管理寺廟條例并護教文稿序〉，頁518－19；《全2》，〈與魏梅蓀居士書四〉，頁1038－39；《全2》，〈與魏梅蓀居士書五〉，頁1039－40；《全2》，〈與魏梅蓀居士書六〉，頁1040；《全2》，〈與魏梅蓀居士書七〉，頁1040－41；《全2》，〈與魏梅蓀居士書八〉，頁1041；《全3上》，〈最後訓示〉，頁137－38。

2. 民國十七年(1928)，內政部長薛篤弼以提撥廟產興學之議，引致全國緇素驚惶無措，當時印光正好在上海，便集合熱心的護法居士焦易堂等人計議，順利修正條例，使僧侶得以苟安。❺❻

3. 民國二十二年(1933)至二十三年(1934)間，安徽阜陽古剎資福寺被占據為學校，及山西五臺碧山寺之下院廣濟茅蓬，因廟產興學問題而涉入官司，當政者偏聽一面之辭，二寺幾乎廢滅。經印光出函營救，頓轉視聽，得以保全。❺❼

4. 民國二十四年(1935)，江蘇省教育廳長周佛海於全國教育會議中提議沒收全國寺產作為教育基金，改全國寺廟為學校。議決之後，呈請內政部大學院備案。報紙揭載之時，震驚教界。當時佛教會理事圓瑛及常務理事大悲、明道諸位法師，及關絅之、黃涵之(1875—1961)、屈文六（映光，1881—1973）等居士，同至報國寺叩關請示印光（當時在報國寺閉關），印光除了以衛教相勉外，還示以解決辦法。❺❽

5. 民國廿二年(1933)至廿五年(1936)間，江西省發生過三次廟產興學的大風波，寺產幾乎滅盡無遺。其間雖經印光弟子德森(1883—1962)及中國佛教會多方設法營救，還是沒有結果。最後印光出面號召，感動諸大護法居士群起營救，間

❺❻　參閱釋真達等：前引文，頁2361—62；《全2》，〈與魏梅蓀居士書十六〉，頁1045。

❺❼　參閱釋真達等：前引文，頁2362。

❺❽　參閱釋真達等：前引文，頁2362。

題得到圓滿解決。�59

　　上舉五件事例，有一共同特點是，印光參與營救的過程
裏都未曾直接出面。他或函囑有力居士護法，或指示晚輩緇
眾交涉，自己則在背後運籌帷幄，指示策略。因此，近人討
論廟產興學運動的相關論文中，幾乎都未提及印光的貢獻。

　　印光曾被誤會指使真達和尚強占他人寺宇，故他臨終前
特意交代民國十一年營救江蘇省寺產的經過，藉以說明自己
的清白：

　　　　民國十一年間，光在普陀之時，有定海縣知事陶在東
　　　　居士寄來報紙一張，內載袁某具呈江蘇省長，請以全
　　　　省寺廟財產興辦教育，經省長王鐵珊核准，其批示中
　　　　有「無戾於法，實衷諸情，審慎周妥，良堪欽佩。著
　　　　教育廳令行各縣，遵照辦理」等語。陶居士函云：「此
　　　　隔江風雨，頃刻即至。師若不設法救濟，一省如是，
　　　　他省效尤，佛法前途，不堪設想。」光乃致函南京魏梅
　　　　蓀、王幼農諸居士，請向省府疏通，收回成命。時省
　　　　長已易韓公紫石。韓云：「省方既已通令辦理，未易取
　　　　銷。若欲挽回，須由彼等（指諸方長老而言）具陳理
　　　　由，請求省方再予核辦。」時妙蓮和尚因魏、王之囑，
　　　　念光遠居普陀，為江蘇寺廟，不避忌諱，謁力營救。
　　　　故對具呈省方事，奔走諸方，勸請列名，幾經波折，

_____
�59　參閱釋真達等：前引文，頁2362。

不辭艱阻，奔走跋涉，加以其時泰縣有數處小廟，已為官廳沒收，將及於光孝寺，故僧眾群起恐慌，乃由光孝和尚邀同寂山和尚等三十餘人，集省請願，始與妙蓮和尚合作辦理，並淨老和尚領銜，具呈省署。幸蒙批准。其事始寢。事實具在。俱可復按。若當年沒收寺產，見諸實行，則江蘇寺廟恐無一存。蘇州諸山，於光之保存寺廟一段事實，既未詳悉。❻⓿

　　整個營救經過，印光敘述的非常詳細（情況如前面第1項所述），這段史實是民國佛教歷史的寶貴資料之一，對認識廟產興學危機，有一定的重要性，故在此特為表出。

第三節　民間信仰的問題

　　一般而言，民間信仰指通俗信仰，乃民眾自古以來相互傳襲而又受到儒家、佛教和道教影響的一種宗教信仰形態。民間信仰是一種擴散性及功利性很強的宗教。就擴散性而言，它滲入到人們生活的每一個層面，在民眾的日常生活中，幾乎很難排除它的影響，因它多注重於幫助人們去適應現實的生活狀況；就功利性而言，民間信仰比較強調賺錢、職業與

---

❻⓿　《全3上》，〈最後訓示〉，頁137—38。又見《全5》，《永思集》，頁2414—15。

成就，乃至乩童治病，人們到寺廟、乩壇求香灰、求籤等，是為了獲得這些神靈的力量，以幫助實際生活上的適應，而不是誠心地追求救贖、解脫或涅槃。換言之，有求於神靈的人都是為了自己的生理、心理及物質需要的滿足而來，要求的都是特定問題的解決而不是靈性的追尋。❻❶

　　民初許多佛教徒心中夾雜著民間信仰的成分，即使高級知識分子及出家眾也是如此，嚴重地衝擊著正信佛教的教義，使得一般佛教徒的信心受到動搖。印光跟信徒魚雁往返時便因而常提出警告，其中提到煉丹運氣及扶乩的問題最多，可知印光對民間信仰的關心較著重在這兩方面。以下依印光的關心範圍為主軸，來探討當時佛教界有關民間信仰所產生的問題。

壹、煉丹運氣

　　印光告誡信徒說：「現今各地外道甚多，彼均以煉丹運氣求成仙生天為極則事。既皈依佛法，切不可又兼修彼法，邪正夾雜，正亦成邪。」❻❷可見印光認為「煉丹運氣」是外道，❻❸

---

❻❶　參閱瞿海源：〈中國人的宗教信仰〉，收入文崇一、蕭新煌主編：《中國人：觀念與行為》〔臺北：巨流圖書公司，1990年〕，頁185—208。

❻❷　《全2》，〈復雲南王德周居士書二〉，頁875。

❻❸　「外道」指佛教以外的一切宗教，佛教自稱內道，稱佛教經典為內典，稱佛教以外之經典為外典。嘉祥吉藏《三論玄義》卷上載：「至妙虛通，目之為道。心遊道外，故名外道。」（《大正藏》，第45冊，頁1中）意指佛法講求心法，如心外求法（道），即名外道。

佛教徒煉丹運氣會導致「邪正夾雜」，壞亂佛法的正統性。印
光又說：「凡外道之煉丹運氣等法，當屏棄之。……煉丹運氣
非無好處，乃養身之法耳。彼等謂此為佛法真傳，反謂佛法
不如彼法，是以無知之人便認外道煉丹運氣為佛法，誤人之
罪實超過養身之好處百千萬倍，故不得不為說破。」❻❹印光承
認煉丹運氣有養身之益，❻❺唯傳該法的人強說這是佛法真傳，
甚至說佛法不如彼法，誤導無知之人。這種擾亂視聽的手段
不為印光所容，故而為之說破。印光曾以《慧命經》及《仙
佛合宗》二書為例，❻❻批評外道附會佛經以作煉丹之證。❻❼其
實引用佛經說理並非不可以，但不能「引人之言而不依人之
義」，二書任意刪改佛經字句，以私意妄加附會，❻❽此乃印光
最為不滿之處。印光又舉舍利子的例子說明外道誣妄之談：
「所云『阿彌陀佛』四字易念，只要念念相續一心不亂，才
能一氣循環，精氣神凝聚一處。久之成舍利子，再久之結為
菩提珠，而成佛矣。此語乃以念佛法，作煉丹法。……諸多

---

❻❹　《全3上》，〈復羅鏗端居士書〉，頁139。

❻❺　參閱《全3上》，〈復四居士書〉，頁229。

❻❻　關於印光談及《慧命經》的文獻，可參閱《全1》，〈與廣東許豁然居士
書（代康澤師作）〉，頁135—36；《全3上》，〈復丁福保居士書〉，頁94
—95。關於《仙佛合宗》，印光雖曾為該書作題詞，但目的在導引正信，
見《全1》，頁796—97。

❻❼　參閱《全1》，〈復酈隱叟書〉，頁175。

❻❽　印光給丁福保的信中，亦提到《慧命經》引佛經祖語作為煉丹之證，
有不合處便竄改。參閱《三編》，頁90—91。

此類,《慧命經》、《仙佛合宗》乃其甚者。……舍利者,係梵語,此云身體,亦云靈骨,乃修行人戒定慧力所成,非煉精氣神所成。此殆心與道合,心與佛合者之表相耳。……丹家不知所以,妄億(臆)是精氣神之所煉耳。以丹家見佛法中名相,不究本而著跡,故以己丹家之事,妄為附會耳。得菩提道則成佛,未聞煉精氣神,先為舍利子,後為菩提珠而成佛也。丹家保固色身,謂其保之及極,則可成佛。此其一證。明眼人見之,不值一笑。」❻❾丹家以念佛法作煉丹法,講求一氣循環,達到精氣神凝聚一處,此與佛家念佛講求信願,達到一心不亂的立意非常不同。丹家又認為通過精氣凝聚,可令體內產生舍利子,甚至菩提珠,印光深覺此說不值一笑。依佛教言, 舍利子是修行者成就戒定慧三無漏學而自然產生, ❼❿它是心與佛合的表徵, 並非如丹家所言,由精氣神凝聚而成。丹家所言的凝聚精氣神而得道,其實只是識神用事,與了脫生死毫不相干。 ❼❶印光嚴正表明佛教跟他們的不同:「佛令人首先看破此身,彼令人保護此身為真,彼尚以真得佛之正法為詞,可以悉知其謬妄。」❼❷佛教以人身為五蘊假合,不執著人身,方能趣向解脫;而外道卻講求煉氣,以保固其

---

❻❾　《全1》,〈復酈隱叟書〉,頁173—74。

❼❿　舍利堅固者稱為舍利子,有關舍利的形成,《金光明經》卷4,〈捨身品〉云:「舍利者,是戒定慧之所熏修,甚難可得,最上福田。」(《大正藏》,第16冊, 頁354上)

❼❶　參閱《全2》,〈與泉州莊慧炬居士書〉,頁1021。

❼❷　《全3上》,〈復四居士書〉,頁229。

身，兩者可謂南轅北轍。

　　印光又曾舉佛教的四念處觀，作為比較：「佛教教人，最初先修四念處觀。觀身不淨，觀受是苦，觀心無常，觀法無我。既知身受心法，全屬幻妄，苦空無常無我不淨，則真如妙性自可顯現矣。……佛教……于煉丹運氣等，絕無一字言及，而且深以為戒。以一則令人知身心為幻妄，一則令人保身心為真實耳。」 ❼❸從佛教教人修四念處觀的基本教法得知，❼❹觀空、苦、無常、無我跟外道教人煉丹運氣來保身的宗旨完全不同：前者令人確知身心幻妄、不可執取，後者卻令人執取身心。況且佛教經典絕無一字言及煉丹運氣，印光強調說：「佛法唯教人止惡修善，明心見性，斷惑證真，了生脫死。一《大藏經》絕無一字教人運氣煉丹、求成仙升天、長生不老。」❼❺既然佛教經典隻字未提運氣煉丹，便足以表明佛教立場跟外道不同。

　　除竊取佛經任意刪改外，外道的傳法方式也受到印光質疑，印光曾歸結出兩點外道的傳法方式：一是祕傳，一是嚴示禁令。祕傳指傳法時一對一地祕密進行，慎防外人知道；嚴示禁令指受法前須先發咒誓，即使至親如父子、夫妻都不

---

❼❸　《全1》，〈復酈隱叟書〉，頁172。

❼❹　有關四念處觀，參閱釋印順編：《雜阿含經論會編（中冊）》〔臺北：正聞出版社，1989年〕，頁263；《雜阿含經》，《大正藏》，第2冊，頁176上。

❼❺　《全1》，〈與廣東許豁然居士書（代康澤師作）〉，頁135—36。

可洩漏，否則願受天譴。印光反對這種私下傳法的方式，表
示傳授正法應公開，不應躲躲藏藏，見不得人似的。他諷刺
地說外道如果將傳法過程公開，不叫人發咒，就沒幾人會入
其教門。⓰

　　印光對外道另一項嚴厲的指控是，外道傳授煉丹運氣法
時，因不公開而可能導致行邪淫：「煉丹運氣之道，不過提腎
水、降心火。彼特神乎其詞，謂為坎離交媾，嬰兒姹女交媾。
由有此種名詞，正人則亦借此以表示其法，妄人難免節外生
枝。而傳道之時，關于密室，外設巡邏，一師一徒，密相告
語。若是心存邪念，為女人傳道，遂指坎離嬰姹交媾，為實
行交媾。其初未必便是淫女，由彼種種做作，以導其欲，又
加誤認與師行淫，乃屬傳道。可憐幾多無知女人，受此汙辱
而猶以為是道，直是罪大惡極耳。」⓱煉丹運氣雖有提腎水、
降心火的好處，但不須誇大其詞，用《易經》坎、離卦等說
來套用。⓲經這麼一套，奸妄的人在傳道時便有名目可假借，
拐騙無知婦女，與之交媾行淫。有些良家婦女因此受盡汙辱，
不但名節敗壞，還無知地認為這種罪大惡極的行徑就是正道。

⓰　參閱《全2》，〈與泉州莊慧炬居士書〉，頁1021—22。

⓱　《全3上》，〈復李慰農居士書〉，頁137。

⓲　照煉丹術的說法是指「取坎填離」，此有三說：一是指煉取下之真氣，
　　上升於腦的「還精補腦」；二是以己為離，以彼（女子）為坎，以彼之
　　坎陽補入我之離陰；三是以我為離陰，以北斗中之真氣為坎陽，採斗
　　中之氣補入我之陰中（參閱何宗旺：《中華煉丹術》〔臺北：文津出版
　　社，1995年〕，頁360）。印光指的是第二種說法。

　　據上所論，印光對煉丹運氣所提出的控告，並非無的放
矢。他們所犯的錯誤的確如此。不過須表明的是，印光對煉
丹運氣具有養身之益，並未全然否定。

貳、扶　乩

　　所謂「扶乩」，指由兩個人扶著一個竹圈，圈上捆繫著一
枝筆，在沙盤或灰土上寫字，而寫出的東西被視為神的指示
或神所降諭的經典。又乩筆往往插在一個箕上，所以扶乩
又稱為「扶箕」。再者，扶乩者認為神仙乘鸞駕鳳，從天而降，
故扶乩又稱為「扶鸞」。[79]印光指出扶乩時，降壇的不可能是
佛菩薩：「扶乩一道，實有真仙降臨，然百無二三次。若盡認
做真仙，則是以平民妄稱帝王矣。所臨壇者，多屬靈鬼。」[80]
「扶乩，乃靈鬼作用，其言某佛、某菩薩、某仙，皆假冒其
名。真仙，或偶爾應機，恐千百不得其一，況佛菩薩乎。」[81]
因此，印光肯定說：「扶乩一事，……至言佛菩薩，則全是假
冒。」[82]

　　既然降壇者不是佛菩薩，印光便認為不可用扶乩來宏揚
佛法，他說：「扶乩一事，多是靈鬼假冒仙佛之名。若本扶乩

---

[79] 參閱鍾肇鵬：〈扶乩與道經〉，載《世界宗教研究》，1988年第4期，頁
　　　9—16，尤其頁9—12。

[80] 《全1》，〈復馬舜卿居士書〉，頁351。

[81] 《全2》，〈復江景春居士書二〉，頁973。

[82] 《全3上》，〈復李慰農居士書〉，頁138。

人有學問，則長篇大文，說世間道理，尚能通泰；若說佛法，則非彼所知。……或剽竊《金剛經》之義，而囫圇說之，無能為人指出了生死路。……以靈鬼多不洞（懂）佛法，則瞎造謠言，壞亂佛法，疑誤眾生。」㉟扶乩弘揚佛法，有弊無利，因為降壇的靈鬼大都不瞭解佛法，所說的話對了脫生死沒有任何幫助。印光雖不否認有些靈鬼是有學識的，但他表示「有學識之靈鬼，其語言頗有可觀，至說佛法，則非己所知，故多謬說」。㉟倘若又來一個「糊塗鬼」，胡說八道，而無知無識的人卻誤認是佛法，那便誤了大事。印光說：「或有通明之靈鬼，尚可不致誤事，若或來一糊塗鬼，必致誤大事矣。人以其乩誤大事，遂謂佛法所誤，則此種提倡，即伏滅法之機。」㉟故印光強調學佛的人不應參預扶乩之事。㉟

　　古來不少佛教徒，包括很多高級知識分子，都從事扶乩。例如清代修持淨土法門的著名居士彭紹升（際清，1740─1796），即相信扶乩。曾有信徒問及此事，印光解釋說：彭紹升是位出色的佛教徒，他以居士身分弘揚淨土法門，成績斐然，並對其《一行居集》的評價很高，視為「淨宗之一大護衛」。但此書也有錯失的地方，最明顯的是收錄了許多乩語。雖然所收乩語跟佛教教義頗吻合，但印光認為「彼一時，此

㉟　《全2》，〈復戰德克居士書二〉，頁1045─46。

㉟　《全1》，〈復馬舜卿居士書〉，頁351。

㉟　《全2》，〈復江景春居士書二〉，頁973。

㉟　參閱《全2》，〈復海門理聽濤書七〉，頁1017。

一時」，不能將彭紹升當時的情況作為共同標準。他收錄乩語有他的時代理由，如今不能因他這麼做，便認為所有乩語都跟佛教教義吻合。而且，也不能因彭紹升名氣大，便認為既然他相信扶乩，我們也應該相信。印光還舉《一行居集》裏一篇介紹《禪宗祕密了義經》的跋文為例，指出跋文肯認該經確為佛說，[87]但印光曾在普陀山法雨寺看過此書，知道它是由《楞嚴》、《華嚴》、《圓覺》、《金剛》等經撮取而成，是一本扶乩的書，於是不客氣地批評彭紹升的差別智未開，不能洞悉詳辨。印光還提到自己在法雨寺時將《禪宗祕密了義經》燒毀，免遭後患；又表示如果將來刻行彭紹升的《一行居集》，應將該跋文抽掉。[88]由印光上述的意見，讓人感覺到他護教心切，辨邪導正的作風極其嚴屬。

　　除居士外，出家眾相信扶乩也不少，印光舉了明印(1841—1928)為例：「若謂明印師到普陀，大士賜示，則為誣衊普陀及與大士。光在普陀已滿三十年，未曾聞有扶乩之事。明印既是高僧，當將佛教中因果報應事理，及修持淨土法則，發揮示人。何得冒大士之名，以造謠言。雖亦有勸人之益，而自己先陷于誑妄罪中。」[89]印光看到明印的乩書，揚言在普陀山扶乩時得到觀音大士指示，非常反感，指出明印作為一

---

[87]　見彭紹升：〈書重刻禪宗祕密修證了義經後〉，《一行居集》〔臺北：佛陀教育基金會，1993年〕，頁98。

[88]　參閱《全1》，〈復永嘉某居士書七〉，頁150。

[89]　《全1》，〈復馬舜卿居士書〉，頁350。

位修行有成的高僧，❾應該以佛教義理教人，讓人受真實益，
不應以乩語惑亂人心，這樣做是犯了誑妄之罪。

除了上舉彭紹升及明印的兩個例子外，印光還提到徐謙。
徐謙為清道光、咸豐年間的翰林學士，著有《海南一勺》一
書。徐謙平素好善信佛，但不明佛理，尤喜扶乩。後來其好
友的弟子扶乩時亂開藥方給巡撫的母親服用致死，好友受到
連累，被判死刑，徐謙才覺悟前非，從此不再扶乩，並誡飭
門徒，永勿扶乩。據說徐謙九十六歲死時天樂鳴空，印光說
他可能生天。❾印光提出此事例，除了要誠勸佛教徒勿扶乩
外，也藉此說明扶乩害人，不可不慎。

此外，印光還提到跟他同時的孫鏘。孫鏘為清末進士，
他在八十歲時沉迷於扶乩，言玉皇大帝已遜位，關帝繼立，
而且已經開科，狀元是金華的朱某人，榜眼是無錫的楊章甫，
探花是印光的弟子許止淨。孫鏘親函朱、楊、許三人，朱氏
聞訊欣喜若極，以八十高齡，特地趕來上海開會。楊氏亦深
信其言，只是不知如何回應。唯許氏屢接乩語，都不加以回
應。孫鏘無法可設，推想是印光的阻難，便致書云：「我屢次
寄書，總不回信。想是聽印光法師話，不信扶乩。我曾問過
呂祖，呂祖云是『海底鐵』耳。君何信彼之話乎！」孫鏘指責
印光為「海底鐵」，意謂他將永沉苦海，無出頭之日的意思。
印光的反應是：「孫乃進士，亦係好善之人，其知見之下，蓋

明印的生平事蹟，參閱釋慈怡主編：《佛光大辭典》，〈明印〉條，頁3276。

參閱《全2》，〈復江景春居士書二〉，頁974。

有不可以理喻者。」❷

　　從彭紹升、明印到徐謙、孫鏸等例子，可見清中葉以來
扶乩流行程度之廣。此外，當時上海一群以王一亭（王震，
1867—1938）為首的居士，常以「濟公活佛」主壇扶乩，濟
公活佛臨壇指名某某捐獻多少，就捐多少，動輒集資數十萬
乃至百萬，用以賑濟南北災民。❸王一亭等人跟印光相善，
常就賑濟事宜請教印光，由此可見當時印光在上海接觸到的
上層社會人士中，相信扶乩的很多。又印光好友諦閑(1858—
1932)亦曾在北京接觸過扶乩。諦閑是天台第四十三代傳人，
當時的講經名師，民國四年(1915)袁世凱任總統時，請諦閑到
北京講《楞嚴經》，隨侍的倓虛(1875—1963)在其《影塵回憶
錄》記載那時北京的乩壇很盛，有一城隍爺降壇說自己每天
都到法會去聽諦閑講經，因有聽不懂的地方，擬請諦閑親自
到壇前一問。起初諦閑還在猶豫，但因仁山(1887—1951)慫
恿，還是去了。城隍在乩壇用乩筆與諦閑談話，自稱每天晚
上率領很多鬼魂去聽他講經，維護道場。不少鬼魂因聞經聽
法，受到度化。不一會兒，關聖帝君也臨壇，尊稱諦閑為先
進，諦閑不敢當，也稱他為先進。隨後關聖帝君談到他在玉
泉山顯聖，和顯神通修廟的事，末了還對諦閑說：「以後不論
在何處講經、辦道場，都要去擁護。」後來徐蔚如(1878—1937)
把這事編成《顯感利冥錄》行世。❹印光亦讀過此書，表示：

---

❷　參閱《全2》，〈復戰德克居士書二〉，頁1046。

❸　參閱釋東初：《中國佛教近代史》，頁508。

「現今時值末法，僧多敗類，只知著一件大領，即名為僧。
……在俗之人有信心者，縱能研究佛法，終皆下視僧侶。其
不信者，見彼游行人間，造種種業之僧，遂謂僧皆如是。佛
法無益於國，有害於世。……關帝護法心切，以京師乃天下
樞機之地，高人名士咸來滬止，遂現身說法，請諦公之開示，
袪彼在家我慢邪見之凡情，振興劣僧無慚無愧之鄙念。」⑨⑤印
光表示當時僧人多敗類，以致「佛法無益於國，有害於世」
之邪見紛起。是次關帝向諦閑現身，是出於護法心切，用意
在袪除俗人邪見，振興劣僧的無慚無愧之心。印光如是看待
諦閑跟關帝這次接觸，沒有正面否定扶乩，可見在面對廣大
群眾的信仰時，印光在不得已的情況下，其態度非常謹慎。
尤其對以下兩個確是菩薩降壇的例子來看，印光的意見更值
得注意。此二例據印光所言是這樣的：「明末，蘇州有扶乩者，
其門徒有七八人。一日，扶乩說佛法，勸人念佛求生西方，
與前之所說絕不相同。此後又來二十多次。末後乃說，『扶乩
乃鬼神作用，吾乃某人，此後不復再來，汝等不得再扶乩。』
此事載《西方確指》中。民國初年，香港有扶乩者，言其仙
為黃赤松大仙，看病極靈。有絕無生理之人，求彼仙示一方
其藥，亦（或）隨便說一種不關緊之東西，即可全（痊）瘉。
……因常開示念佛法門，（黃筱）偉等即欲建念佛道場。（示）

---

⑨④　參閱釋倓虛講，釋大光筆記：《影塵回憶錄》〔高雄：淨宗學會，1992
　　年〕，頁102、122—24。

⑨⑤　《全1》，〈與四明觀宗寺根祺師書〉，頁32—33。

云：『尚須三年後辦。』三年後，彼等四五人來上海請經書，次年來皈依，遂立『哆哆佛學社』，以念佛章程寄來（給我）。（章程內容有）念佛後，觀音、勢至後，加一『哆哆訶菩薩』。光問何得加此名號。彼遂敘其來歷，謂『前所云黃赤松大仙，後教修淨土法門，至末後顯本，謂是哆哆訶菩薩，且誡其永不許扶乩。』……哆哆訶菩薩，光令另為立一殿供養，不可加入念佛儀規中，免致起人閒議。」❾❻

　　印光首先提到明末覺明妙行菩薩在蘇州屢次降壇，教示念佛法門，末後誡扶乩者云：「扶乩乃鬼神作用，吾乃某人，此後不復再來，汝等不得再扶乩。」❾❼繼而提到民國初年香港黃赤松大仙降壇治病，同時還開示念佛法門，最後大仙顯本時謂自己是哆哆訶菩薩，誡飭信眾以後不許再扶乩。據印光之見，兩位菩薩都是想藉扶乩，而禁止扶乩，他說：「明末覺明妙行菩薩以乩開導佛法，臨去令其永斷扶乩。十年前，香港哆哆佛學社，亦然。此二，皆真菩薩，而禁止扶乩。以無甚道力之靈鬼亂說，誤人實深，故菩薩即以扶乩而禁絕扶乩。」❾❽因靈鬼道力不足，說出的東西足以造成誤導，菩薩為防止其弊，便以其法來禁絕其法，所謂以其人之道還治其人。印光這樣的看法是可以成立的。不過，本小節開頭處曾引用

---

❾❻　《全2》，〈復江景春居士書二〉，頁974—95。

❾❼　《西方確指》載有覺明妙行菩薩開示的念佛法語，及顯本經過。參閱覺明菩薩說，釋常攝集：《西方確指》，《續藏經》，第110冊，頁3—23。

❾❽　《全2》，〈復海門理聽濤書七〉，頁1016—17。

過印光的話，說：「扶乩一事，……至言佛菩薩，則全是假冒。」
如此言之，前後矛盾。印光自己可能沒注意到這點。不過印
光對黃大仙（哆哆訶菩薩）的處理方式，還是有防微杜漸的
作用在，即使是菩薩降壇扶乩，他們的身分在佛教裏亦不具
正統性，雖可受到尊敬，及作為學習榜樣，但須另立別殿來
供養，如印光所言「免致起人閒議」。

　　印光對扶乩所採取的態度很謹慎，印光不任意攻擊扶乩，
因扶乩有兩點值得推許的地方：一是以行善為名，比公然為
惡者，勝過一籌；二是肯認有鬼神存在，強調禍福自作自受
的因果事理，令人戒慎恐懼而從善去惡。不過，站在佛教的
立場觀其所言，雖然有些乩語的教訓與佛法吻合，但終竟是
魚目混珠者多，形成弊端。要之，印光認為凡是真正的佛門
弟子，絕不可隨意參加扶乩活動。印光極意劃清外道跟佛教
間的界限，護教立場是非常堅定的。❾❾

　　印光的護教立場雖堅定，但無可奈何的是，在他圓寂後
卻有許多乩壇，冒稱印光臨壇，四處流通降乩之壇訓，擾惑
賢愚，壞亂佛法知見。❿足見外道之為患深矣；而就另一方
面言，民間信仰的勢力的確非常龐大。

❾❾　參閱《全3上》，〈復李慰農居士書〉，頁138。

❿　參閱釋了然：〈大師已西歸應代闢偽〉，載《全7》，頁99─101；釋德森：
　　〈印光法師嘉言錄續編序〉，載《全7》，頁125；蔡惠明：〈復某居士藉
　　以紀念〉，載《全7》，頁367─68。

第四節　修持心態的問題

　　歷來淨宗行者皆認為自力修持屬於難行道，他力修持則
屬於易行道。⑩印光這方面的說法跟前賢沒有多大差別，主
要是環繞「末法時期」、「魔強法弱」、「眾生根鈍」等觀念，
說明自力法門不堪勝任。印光曾說：「學佛之人，當具擇法眼。
佛法，法法都好，然須知有自力、佛力之不同。禪、教、密
等各宗，皆須斷惑證真，方可了生脫死。斷惑證真，豈易言
哉！」⑩在印光心中，禪、教、密諸宗皆好，然而它們皆屬自

---

⑩　曇鸞(475—542)《往生論註》根據龍樹《十住毘婆沙論》卷5（參閱《大
　　正藏》，第26冊，頁41中），判別難、易兩道，謂難行者乃因「唯是自
　　力，無他力持」，易行者乃因「乘佛願力，便得往生彼清淨土」(《無量
　　壽經優婆提舍願生偈註》，卷上，《大正藏》，第40冊，頁826中)。此後
　　淨土行者即指稱自力為難行道，他力為易行道，並以自力、他力來分
　　判修持方法之不同，例如釋智顗：《淨土十疑論》，《大正藏》，第47冊，
　　頁77下、79上；釋道綽：《安樂集》，《大正藏》，第47冊，頁12中、16
　　下；釋迦才：《淨土論》，《大正藏》，第47冊，頁101上；釋飛錫：《念
　　佛三昧寶王論》，《大正藏》，第47冊，頁138上。另有關自力、他力的
　　研究可參閱望月信亨著，釋印海譯：《淨土教概論》，收入藍吉富主編：
　　《世界佛學名著譯叢52》〔臺北：華宇出版社，1988年〕，頁152—53、
　　156—57；大須賀秀道：〈他力の意義〉，載《佛教研究》，第6卷，第2
　　號，1925年4月，頁175—90；梶原隆淨：〈曇鸞の往生觀考〉，載《佛
　　教大學大學院研究紀要》，第21號，1993年2月，頁1—21。

力法門，藉之了生脫死，實非易事，故認為它們在今時「非契機之法」。⑩

　　當時不少淨土行者，喜歡兼習餘宗之教，印光批評他們「多好立異，不肯做老實工夫」。⑩所謂「立異」乃指「或慕禪宗之玄妙，或慕相宗之精微，或慕密宗之神通」；⑩所謂「不肯做老實工夫」乃指「將仗佛力了生死之法，視之若不濟事者」。⑩的確，屬自力的禪宗、（法）相宗、密宗等法門各有其吸引人之處，對信心不足、定力不夠的淨土行者而言，會分散其修持，導致淨土行者不能老實做工夫。故印光不厭其詳地對他們解釋依自力修持的困難，而在解釋的同時不免會觸及當時修習諸宗的行人，對他們提出批評。

壹、習密宗者

　　印光認為當時佛教徒會修習密宗，第一個原因是妄想「現身成佛」（或云現生成佛、即身成佛），印光說：「密宗雖有現身成佛之義，而現身成者究有幾人？莫道學密之人，不能現身成佛，即傳密宗之活佛，也不是現身成佛之人。」⑩力言密

---

⑩　《全3上》，〈復郝智熹居士書〉，頁218－19。

⑩　《全2》，〈復海門理聽濤書七〉，頁1015。

⑩　《全3上》，〈復張宗善、韓宗明居士書〉，頁26。

⑩　《全2》，〈復閱宗經居士書〉，頁911。

⑩　同上注，頁911。

⑩　《全3上》，〈復張宗善、韓宗明居士書〉，頁26。又見《全3下》，〈遺教論信〉，頁89。另參閱《全3上》，〈復郝智熹居士書〉，頁219，所言意

宗現身成佛並非容易事，非人人可以如此。又說：「密宗即身
成佛的話，縱然聽起來是如此動人，但是事實上並沒有如此
快便。即身成佛的意義是說密宗工夫，修到成功的時候，現
身就可成道。然而者（這）樣成道，不過是了生死而已，勉
強說做成佛，或亦可以。如果是真的當做成了五住究盡，二
死永亡的佛，那就大錯特錯了。」⓲可見「現身成佛」非指成
究竟佛。⓳在娑婆世界僅釋迦牟尼是真正現身成佛，餘者皆

思相同。

⓲　《全4》，〈印老法師由上海回至靈巖開示法語〉，頁2215—16。

⓳　《文鈔》裏對「現身成佛」提出兩種解釋，皆表示「現身成佛」非究
　　竟佛：　一是指了脫生死的解脫者，非指已證究竟菩提大果之福慧圓滿
　　佛（參閱《全3上》，〈復石金華居士書〉，頁273；《全4》，〈上海護國息
　　災法會法語〉，頁2117）；　二是跟禪宗之見性成佛相同，僅是親見自性
　　天真之佛，或可名之為「理即佛」、「名字佛」，非福慧圓滿之究竟佛（參
　　閱《三編》，〈復周志誠居士書一〉，頁260—61）。印光對「見性成佛」
　　及「現身成佛」的判釋，比較時人為低。例如太虛即認為：「禪宗的『即
　　心成佛』（即『見性成佛』）雖通天台之『觀行即佛』乃至『究竟即佛』，
　　而以『觀行即』及『分證即』為多。密宗之三種成佛，『理具成佛』是
　　天台之『理即』、『名字即』，而『理即』為多；『加持成佛』是天台之
　　『觀行即』、『相似即』，而『相似即』為多；『顯德成佛』是天台之『分
　　證即』、『究竟即』而『分證』為多。至於生、佛一如，此在『名字即』
　　已能悟到，握皇玉璽亦『名字即』能得諸佛祕藏義也。」（此段文字附
　　錄於釋談玄：〈禪宗與密宗——禪宗的即心成佛同密宗的即身成佛〉，
　　載張曼濤主編：《佛教各宗比較研究》，《現代佛教學術叢刊70》〔臺北：
　　大乘文化出版社，1979年〕，頁313—327，尤其頁327）。印光判釋的層
　　級較低的理由，乃因智顗曾自稱僅得「觀行即」位（參閱《全1》，〈與

不是，印光說：「我們者（這）箇世界，在釋迦牟尼佛的佛法當中，只有釋迦牟尼佛一人是即身成佛。再要到了彌勒佛下生的時候，才可算又是一尊即身成佛的佛。在者（這）箇釋迦滅後，彌勒未來的中間，要再覓箇即身成佛的，無論如何，亦是不可得的。即使釋尊重來應世，亦無示現即身成佛的道理。」⑩這是佛教徒共有的一般識見，因此印光以為「現身成佛乃理性，非事實。若認做事實，則西藏、東洋之佛，不勝其多」。⑪就理而言，「現身成佛」是實義；但就現今實際情況而言，「現身成佛」是無法成為事實的。即使是傳密宗之活佛也不是現身成佛之人，印光舉當時第九世班禪喇嘛羅桑卻京(1883－1935)為例，說明活佛亦非現身成佛者。⑫

　　印光以為錯認「現身成佛」義，則損失甚大。所謂損失乃配合仗佛力的淨土法門而言，他說：「學密宗者，多多不注重於念佛求生西方，或恐為彼奪其現生往生之志，以期現身成佛耳。現身成佛談何容易，若認做決定實能，則恐佛尚未

　　　泰順林枝芬居士書二〉，頁88；《全1》，〈復永嘉某居士書六〉，頁120－
　　　21）因此印光認為其他人亦難超越。而且，他認為採低判有防微杜漸
　　　的作用，消極方面可免後世學者以凡濫聖，積極方面可激勵行者自覺
　　　不足而勇往奮進。

⑩　　《全4》，〈上海護國息災法會法語〉，頁2217。

⑪　　《全1》，〈復黃智海居士書〉，頁197。

⑫　　印光說：「班禪之心行作為，佛氣尚無，況說成佛乎！以彼于民不聊生
　　　之時，猶然不惜百姓脂膏，任其鋪排耗費，而錢到己手，便當命寶貴，
　　　毫無慈悲喜捨之念故。」（《全1》，〈復黃智海居士書〉，頁197）

成，魔已先成。以凡濫聖，躁妄虛誇之流，多多犯此種病，不可不知。」⑬學密之人往往不注重念佛求生西方，因恐障礙他們現身成佛的修持目的。⑭可是，現身成佛談何容易，決非博地凡夫所能，凡夫若妄生此想，則會著魔發狂。⑮

　　印光認為當時佛教徒習密宗的第二個原因，起自於他們過分重視神通，他說：「密宗道理不可思議，而今之傳密宗、學密宗者，各以神通為事，未免失其本旨。傳者尚無真神通，學者誰得真神通。」⑯的確，當時無論是傳授密宗者或學習密宗者，多以神通為事，即使現今臺灣、大陸、香港等社會，亦是如此。印光認為這有失密宗本旨，例如密宗主張修持三密，⑰通過三密加持的力量去消除煩惱，但演變成只是神通的展現而已。他批評當時情形云：「密宗法門不可思議，而今

----

⑬　《全2》，〈復朱南圍居士書〉，頁923。

⑭　參閱《全4》，〈印老法師由上海回至靈巖開示法語〉，頁2219。

⑮　參閱《全2》，〈復姚維一居士書〉，頁909－10；《全4》，〈上海護國息災法會法語〉，頁2218。

⑯　《全3上》，〈復張、謝、許、余四居士書〉，頁122。

⑰　三密指祕密之三業，即身密、口密（又稱語密）、意密（又稱心密）。依密教解釋，佛之三業屬體、相、用三大之用大（真如之作用），其作用甚深微細，為凡慮所不及，即使等覺菩薩亦不能見聞，故稱三密。三密分有相、無相二種：有相三密指身結手印、口誦真言、意觀本尊；無相三密指眾生所有身、語之行為，及內心所思考者皆為三密。而三密加持乃就有相三密而言。眾生在修行有相三密時，其身口意三業受到佛陀三密之加持，當佛與眾生三密相應，融和無間，則有不可思議之功能產生。此時，有一種超乎人類之力量顯現，此種感應稱為加持。

之傳者、學者，多失其宗。以持咒三密之功，消除煩惑，則
為正義。而傳之者以神通吸動人，學之者無一不以得神通為
事。」⑱印光贊同以三密加持來消除信徒的煩惑，以為此對密
宗而言乃是正義（正途），但使用者須具有相當道力以及使用
得當才可。再從他對三密加持的看法，即可知道當時的混淆
情況，他說：「密宗以三密加持，能令凡夫現生證聖，其功德
力用，不可以心思，不可以言議，故云不思議力用。雖然此
就密宗之本旨說，然須是其人方可。其人謂誰？如金剛智、
善無畏等，苟非其人，道不虛行。今之學密宗者，皆得其皮
毛。全無金剛戒力，菩提道心。不去持咒以斷惑證真，多效
現字現象，以問吉凶禍福、前因後果，則與靈鬼作用相同，
是之謂敗壞密宗。」⑲三密加持力須如善無畏（637—735，首
先將密教傳入中國之人）、金剛智（671？—741，印度密教付
法第五祖，中國密教初祖）等人，才有資格達到現生證聖之
境，非如那些僅得皮毛者般，既無金剛戒力，又無菩提道心，
不但不用心於持咒以斷惑證真，反將持咒搞成字印形像以卜
問吉凶禍福，⑳與靈鬼作用沒啥不同。從三密加持演變成只

---

⑱　《全3上》，〈復石金華居士書〉，頁273。

⑲　《三編》，〈復丁福保居士書十〉，頁971。

⑳　字印形像乃指字法荼羅及種種標幟。其修持方法係以金泥寫上諸尊
　　之種子字或阿字於紺紙上，每字以圓形圍之，或於每字之下畫蓮花。
　　此字曼荼羅雖給資力不足者所修，但因所書寫之梵字含有多種深義，
　　故具有深祕之義。印光言時人「多效現字現象，以問吉凶禍福、前因
　　後果」，即指此種修法已淪落成與一般通俗信仰一樣，僅是為人卜問吉

是神通的展現，必然會導致神通使用不當而敗壞密宗，甚至
影響到整個佛教的存亡。印光批評當時密宗的原因即在於此。
他常舉諦閑(1858－1932)的得意弟子顯蔭(1902－1925)為例，
說明學習密宗並不像常人所言，由灌頂阿闍黎加持即能現身
成佛，得到不可思議能力。㉑

　　學密宗的人欲得神通之念固結於心，究其原委，乃因倡
導的人先以神通來吸動人，故使學之者不能無此想念。㉒無
疑，有些密宗上師展現神通，其用意原是在方便度眾，但這
不免引起無知的群眾以此為實、為究竟，將全副心志用於修
習神通之上。此心倘若非常強烈，必產生許多危險。據《阿
含經》記載，釋迦牟尼佛為了防止弟子貪著名聞利養，不許
他們濫用神通，認為神通的展現須以「持戒離欲」為根，智
慧為幹，導向涅槃為本。㉓因此，教界對神通的使用與否一

─────────
　　凶禍福。

㉑　有關印光對顯蔭的評論，參閱《全1》，〈復黃智海居士書〉，頁196—97；
　　《全2》，〈復王曉曦居士書〉，頁910；《全2》，〈復閔宗經居士書〉，頁
　　911；《全2》，〈復游有維居士書〉，頁984—65。

㉒　參閱《全3上》，〈復陳慧海居士書〉，頁327。又印光說：「密宗每以神
　　通吸動人，師既以此吸引人，弟子不能不志慕神通。倘希望神通之心
　　真切至極，則其危險有不可勝言者。」(《全3上》，〈復郝智熹居士書〉，
　　頁219)

㉓　以上所論，可綜合參閱《長阿含經》，卷16，《大正藏》，第1冊，頁101
　　下；《增一阿含經》，卷38，《大正藏》，第2冊，頁759下；《增一阿含經》，
　　卷9，《大正藏》，第2冊，頁593中；《雜阿含經》，卷37，《大正藏》，第
　　2冊，頁273上；《雜阿含經》，卷43，《大正藏》，第2冊，頁316下，等

向有不同的看法。在中國顯、密二教中，密教常展神通乃不爭之事實，而顯教則不那麼強調神通。❹此處印光以顯教的角度批評當時密教中人喜以神通吸引人，乃可理解之事。

貳、習教相者

印光批評當時習教相學者，也是從今生能否了生脫死的角度出發。他指出對根器不足的人來說，教相的鑽研對他們沒有多大的幫助：「教相亦須擇人而施，天機若淺，則專務教相，或將淨土拋在腦後，致成有因無果之結果。是不可不相機而設法也。今之崇相宗者，其弊亦復如是。彼提倡者，實不為了生死，只為通理性，能講說耳。」❺當時崇尚法相的學者專務教相，只求會通理性，講演時滔滔不絕，犯上不能解脫生死的重大弊病，印光說：「相宗，不破盡我、法二執，則縱明白種種名相，如說食數寶，究有何益！」❻我、法二執豈只講講說說能破得了，無怪乎印光有此感歎。因此，印光說假使此輩人能深知依自力了生死之難，他們斷不會唯教相是務，置淨土於不聞不問之地，甚或加以誹薄。他曾依此而自省地說：「深通性相宗教者，吾誠愛之慕之，而不敢依從。何

處。

❹ 參閱《全1》，〈復龐契貞書〉，頁212；《全1》，〈復袁福球居士書〉，頁217—18；《全4》，〈上海護國息災法會法語〉，頁2176。

❺ 《全1》，〈復周群錚居士書七〉，頁241。

❻ 《全2》，〈復姚維一居士書〉，頁909。

也？以短綆不能汲深，小楮不能包大，故也。非曰一切人皆
須效我所為。若與我同卑劣，又欲學大通家之行為，直欲妙
悟自心，掀翻教海，吾恐大通家不能成，反為愚夫愚婦老實
念佛往生西方者所憐憫。……一言以蔽之，曰『自審其機而
已矣』。」⑫

　　其實印光並非一味反對研習經教，他曾表示「教則以文
顯義，依義修觀，觀成證理，令人由解了而入」，⑱肯認研求
文教對起修證理有幫助。他對深通性相者表示仰慕，但又自
認「不敢依從」，蓋大乘佛法經過長期的充實與深化，已匯聚
成無量無邊的法義，對此要有通盤而整全的掌握與瞭解，實
非易事。⑲因此他自認卑劣，表示在不能成為大通家的情形
下，只好謹守他力救濟的淨土法門。但他又曾表示在習淨土
法門之餘，要是有餘力，亦不妨兼研大乘經論，以開智識，
作為弘揚淨土法門之根據。⑬

　　他反對唯尚經論中的深妙法門，把淨土法門視作愚夫愚
婦之所為，指出：「欲以讀誦大乘助其淨業，非真有深明淨土
之正知見不可。否則便以經教中高深玄妙之法門是尚，於淨
土法門完全視作愚夫愚婦之修持。近來之講華嚴、講法相者，

⑫　《全1》，〈復永嘉某居士書九〉，頁152—53。
⑱　《全1》，〈宗教不宜混濫論〉，頁376。
⑲　參閱《全1》，〈宗教不宜混濫論〉，頁378。另外，印光還說：「佛法淵
　　深，大聰明人盡平生心力，當研究不得到詳悉處。」（《全1》，〈復馬舜
　　卿居士書〉，頁353）
⑬　參閱《全1》，〈復袁福球居士書〉，頁216。

多破淨土。……往年一法師以念佛為賣五香豆，以講經為開銀行。又以念佛為飯裏摻沙，將何以喫！」[131]研究經教須先對淨土法門之義理了然於胸次，在不被其他勝說所轉之時才適合著手進行。[132]他舉出當時有一法師以念佛為賣五香豆，[133]講經為開銀行，從而使學者輕視淨土為例，表明先備淨土之正知正見，乃非常重要之事。

印光因強調因機施教的重要，遂給人一種廢研經教的感覺。當時研究法相、唯識的名僧侶法舫(1904—1951)即對印光有如下之評：「印師雖有《文鈔》行世，皆勸人做人念佛，重在實行，對於淨土之學理發揮，未及明清之高賢。印師以度人心切，所以一味勸人念佛，不教人學教理，這是很可惜的事！以印師之學德，倘提倡研究淨土教學，其助於佛教的發展，當更有宏效。」[134]的確，印光的教化不太注重於學理的探索，他宏揚佛法的取向與清末民初之佛教革新風潮，頗不相契。法舫因配合當時潮流而著重於義理重整，所以對印光提

---

[131]　《全2》，〈復殷德增居士書〉，頁1003─04。

[132]　參閱《全1》，〈復戚智周居士書二〉，頁179─80。

[133]　此法師是當時在上海弘揚華嚴思想的華嚴座主應慈(1873—1965)，印光曾不客氣地對信徒說：「應（慈）師所說乃大乘法。光（自稱）所說者乃非大非小、即大即小，上至等覺菩薩，下至博地凡夫，同修共證之法。……倘泛泛然與一切大乘法平看，則了生脫死或在驢年。」(《全2》，〈復吳滄洲居士書三〉，頁903)

[134]　釋法舫：《唯識史觀及其哲學》〔臺北：正聞出版社，1993年〕，頁3─4。

出這樣的評述，是可以理解的。印光對類似這種批評的答辯
是：「有謂光禁錮人讀誦、研究大乘經論者。不知凡來光處求
教者，或身羈俗網，或年時已過，對此事務繁冗，來日無多
之人，倘泛泛然令其徧讀研究，而不先將淨土法門之所以，
令其徹底明了，其于種著根明教理則或有之，于即生了生脫
死，或恐無有希望。以注重于讀誦研究，以期開悟而自證，
不復以信願念佛，求生西方為事也。不知凡夫具足惑業，欲
仗自力于現生中了生脫死，其難甚于登天。」❶❸❺可見，印光反
對徧讀、研究大乘經論是視乎教學對象而論，尤其對為了營
生而羈絆於俗網的人，以及年歲已大的人，與其讓他們漫無
邊際地沉浮在教理探索之中，無寧讓他們瞭解淨土法門之所
以，依信願念佛求生西方，要為實際一些。印光總是以當生
了脫生死為第一要務，以為對具足煩惑的凡夫來說，通宗通
教非該用心之務。印光曾對一信徒言：「汝于此荒亂之世，而
年近半百，尚不肯死心念佛，以看書有不知者，即欲學教。
此種計慮，若請別位法師說，即為甚好。若請光說，此也是
不守本分之計慮。彼一字不識之愚夫，當能往生西方，深通
宗教之大通家，尚無彼之利益。汝何須以此為憾乎！」❶❸❻

　　當時居士中頗負盛名的范古農(1881－1952)，一生倡言
「行在淨土，學在法相」。他曾就印光的教學指出：「印老為
法門中樸學者，亦非不尚解也。但為末法眾生，根器不古者，

❶❸❺　《全3下》，〈文鈔摘要序〉，頁1。
❶❸❻　《全2》，〈復念佛居士書〉，頁1093。

必先以實行築其基礎，然後從事於博覽以廣見聞。苟力有不逮，則基礎已鞏，不致無所成就。此印老教人之所以勝也。」❼范氏所說，充分表達出印光在教化上值得稱道之處。但這樣的教學仍然遭到嚴厲的批評。例如有人云：「淨宗之不合時宜者，過在擔板師，只顧在事邊讚揚，拿聖言量，及《淨土聖賢錄》往蹟來高壓眾生信心，不知針對時世，在理邊展發，遮人悟門。純至死時安詳而逝者不無其人，生前徹證者卻一個沒有！若輩執《印光法師文鈔》為無上寶典，此在二十年前，猶可造成若干厭苦欣樂，貪便宜，自我陶醉的自了漢，今當哲學鬥爭之候，如何容得這般逃避現實，不盡做人本分，務求捨世之慢性自殺耶？」❽所謂只拿「聖言量」、「《淨土聖賢錄》」來宏揚淨土法門、不在理邊發展等，都是印光教法的特點。批評者認為時值哲學鬥爭之時，不應再以《文鈔》為無上寶典，否則是逃避現實，不盡佛徒本分，導致「捨世之慢性自殺」，其批評非常尖銳。

參、習參禪者

印光在揀別禪淨時，曾表明悟、證不同，「有禪」僅是明心見性，未必是了脫生死。❾他又表示參禪得「悟」，並非容

---

❼　轉引自單培根：〈范古農居士年譜（續）〉，載《內明》，第234期，1991年9月，頁35─41，尤其頁36。

❽　融熙：〈與無修居士論禪與台淨兩宗異同〉，載張曼濤主編：《佛教各宗比較研究》，《現代佛教學術叢刊70》，頁145─152，尤其頁150。

易的事:「參禪一法,非現今人所宜學。縱學亦只成文字知見,
決不能頓明自心,親見自性。何以故? 一則無善知識提持決
擇;二則學者不知禪之所以。名為參禪,實為誤會。」⓴當時
無善知識可以提持決擇學禪者的疑問,這是實際情況。因為
當時如虛雲(1840—1959)、來果(1881—1953)等禪門宿德不
多,對廣大的信徒來說,師資的比例實在不夠。再加上當時
國困民艱、交通不便,求法者想依止一位明師實比登天還難。
在缺乏明師指導的情形下,學者欲搞懂何謂禪,實非易事。
印光對於學人得不到善知識的提持決擇一事,曾明確指出:
「處(善)知識位,開導後學,(僅)守一門庭,(又)恐人
謂非通家,因茲禪、講並宏,欲(人)稱其宗、說兼通。談
宗則古德指歸向上之語,竟作釋義訓文之言。」⓵為師者因個
人的學養、歷練不足,將古德指歸向上之語,以己意卜度,
形成釋義訓文之言教,大開學人辯解的思路,造成學人以己
見會釋祖意,在依稀彷彿的情形下,想箇義理,便認為自己
參學事畢。實則這種教法於「未開眼者,聞其講說,(則)喜
出望外。其有具眼者,必痛徹骨髓」。⓶因此印光覺得參禪非
現今之人所宜學。

　　事實上,印光對當時禪宗的批評並非無的放矢,他雖專

<hr>

⓭　參閱第三章第三節。

⓴　《全1》,〈復四川謝誠明居士書〉,頁276—77。

⓵　《全1》,〈宗教不宜混濫論〉,頁374。

⓶　同上注,頁376。

修專宏淨土，但對禪門參究亦有認識，⓱對作為禪宗特色的
「機鋒轉語」教學，指出自從曹溪（六祖慧能，638─713）
以降，由於不立文字之文字廣為流通，導致學者將這些文字
當作經教來研究或講解，而自塞悟門。因此南嶽懷讓(677─
744)、青原行思（？─740)使用機言接引學人，目的是要在
無從回答所問，無法測度所說的情況下，勘驗學人是否盡除
妄思，直下頓悟自性。然而，機鋒轉語經過禪門大德的一再
應用，卻演變出呵佛罵祖、駁斥經教、撥無淨土等弊端。⓲
其實機鋒轉語的運用應講求酬機，而當時缺乏懂得酬機的適
當師資，自然弊病叢生。有位信徒喜歡參禪，在給印光的信
中說及參禪的事，從印光回信所言，得知這位習禪者及指導
他的和尚對參禪似懂非懂，⓳可見想遇到一位真正善知識實
非容易，禪法的傳授不可諱言地已到了窮途末路。印光曾對
一位出家眾提及此方面的問題，並毫無保留地指出：「當唐、
宋時，尚有傳佛心印之法，今則只一歷代源流而已。名之為
法，亦太可憐。」⓴既已無禪法可傳，學者又怎可能通過習禪
獲得出生脫死之實益！而在無力了脫生死的現實情況下，又
高唱明心見性、見性成佛之說，難免會引發執理廢事之空解

⓱　有云印光雖為淨宗導師，但亦為禪宗耆宿，對於禪宗諸祖機鋒轉語，
　　一切舉揚，悉皆了達無遺（參閱明西：〈大師之禪解與日行錄〉，載《全
　　7》，頁487─489，尤其頁487─88)。

⓲　參閱《全1》，〈宗教不宜混濫論〉，頁373─74。

⓳　參閱《全1》，〈復何槐生居士書〉，頁232─33。

⓴　《全3上》，〈復明性大師書〉，頁27。

脫病。⑭

　　印光批評當時禪宗只剩一個「歷代源流」的空殼，引發很多人的質疑，認為印光有毀禪之意。其實印光曾說：「如來一代所說法門，無量無邊，求其最直捷者，莫過於參禪。」⑭又說：「佛法大興之日，及佛法大通之人，宜依宗參究。」⑭足見他並沒有貶抑禪宗之意。況且《文鈔》一再出現「法門無量，必須以禪淨二法為本」、⑮「法門無量，唯禪與淨，最為當機」、⑮「法門雖多，其要唯二，曰禪與淨，了脫最易」這一類話，⑮將禪門修持與淨土並舉，便很難說印光有意毀禪。

　　有論者為印光毀禪之說提出辯解，指出印光批評當時習禪者，乃因目睹禪門流弊甚多，再加以時局不安，戰氣惶惶，人之根器及務道之心多不如昔，能夠言下知歸者，千中無一，因此與其終年枯坐以度歲月，不如精進念佛以求往生，遂大弘淨土之教。職是之故，《文鈔》的毀禪之說，絕非實法。再者，因為其所闡說的皆依當時請法者之根機因緣而發，其中數篇〈論〉文更是為了護眾而撰寫，俾使淨土行者信願堅定、

---

⑭　　參閱《全1》，〈復永嘉某居士書一〉，頁97；《全1》，〈復袁福球居士書〉，頁216。

⑭　　《全2》，〈致阮和卿居士書〉，頁957。

⑭　　《全1》，〈宗教不宜混濫論〉，頁378。

⑮　　《全1》，〈復汪夢松居士書〉，頁69。

⑮　　《全1》，〈淨土決疑論〉，頁369。

⑮　　《全1》，〈與吳璧華居士書〉，頁278。

勇猛精進，不致徘徊而莫知所衷。印光《文鈔》所言，洵非
毀禪之說，但視為革禪之弊亦無不可。⓭

⓭　參閱果嚴：〈論佛法與禪淨〉，載張曼濤主編：《佛教各宗比較研究》，
　　《現代佛教學術叢刊70》，頁341—88，尤其頁342。果嚴的辨析已將印
　　光的本意托出，而印光於〈復南通張海橋居士書〉一文，亦指陳此意
　　（參閱《全1》，頁1029—30）。

第三章

印光的淨土思想

信自己是通身業力所束縛的凡夫，

無法依自力斷惑證真；

信阿彌陀佛大誓願的力量，

眾生只要持佛名號，求生彼國，

臨終時彼佛必來接引。

第一節　對淨土思想的體認過程

　　印光大師在六十個僧臘的歲月中，始終保持求生西方極樂淨土的信念，而此信念從他接觸淨土法門便開始，漸次轉強，直到成熟。以下分五個階段，說明他歸信淨土法門伊始，到漸轉堅定的體認過程。

　　第一階段：大師廿一歲(1881)到終南山的蓮花洞隨道純長老（？－1891）捨俗時，雖接觸到淨土法門，但他並不是從家師處得知此法門，而是自己在「作務之暇，學習功課」時偶遇的。❶當時他讀到〈怡山發願文〉及〈小淨土文〉，從中意識到禪、淨工夫成就之難易，因而確立往後修持方向。在此，有三點須說明：

　　一、道純長老是當時禪門尊宿，印光大師理應隨他習禪，為何轉向修持淨土法門？雖然大師門人言，道純的態度是不曾「強之使同」，❷但事實上，是大師自己堅持修習淨土法門。例如大師給廣慧和尚的信提及：「先師以參究提命，則曰：『弟子無此善根，願專念佛，以期帶業往生耳。』」❸又曾說：「不慧（自稱）

---

❶　參閱本書第一章第四節。

❷　參閱釋如岑：〈印光大師史傳〉，載《全5》，頁2267。

❸　《全2》，〈致廣慧和尚書〉，頁1120。

二十一歲辭親出家，亦可謂發心真而立行猛矣。至
今五十三歲，若宗若教，毫無所得。徒負親恩，空
為佛子。所幸者淨土一法，於出家學《彌陀經》時，
已生信心。實未蒙一知識開示。以當時業師與諸知
識皆主參究，所有開示皆破淨土。吾則自量己力，
不隨人轉。」❹足見大師選擇淨土法門是自己堅定信
念所致。

二、大師由於受幼年家庭教育的影響，喜於涉獵書籍（見
第一章）。他出家後，在「作務之暇」時，喜歡閱讀
教內經典，因此得以接觸到淨土法門。足見大師能
夠接觸到淨土法門，是拜賜於他的能文識字。在當
時經典流通不廣，以及僧人多不識字的情形，即使
識字亦皆慵懶不堪，大師說：「現今雖有知識，而僧
多濫汙，同行乏人。（自註：同行，名為內護，能互
相磋磨，挾持進道。）若向上之志一衰，則懶惰懈怠
隨之，而不振矣。」❺大師勤於閱讀，在當時僧人中，
是頗為難得的，也是促成他接觸到淨土法門的主要
原因之一。

三、大師因讀到〈怡山發願文〉及〈小淨土文〉，而確立
往後修持的方向。然而這僅能算是萌芽階段，因為

---

❹ 《全1》，〈與謝融脫居士書〉，頁266；亦可參閱《三編》，〈復卓智立居
士書一〉，頁1008。

❺ 《全1》，〈與謝融脫居士書〉，頁266。

思想的成熟須經過醞釀，其間包括個人對教義內涵的深解、個人的存在處境、社會變遷及個人修持「意圖」是否如實進展等因素，❻此時他對淨土法門的信念，如相較於往後奉淨土信仰為畢生「自行化他」的法門，這階段僅能說是確立「自行」的方向而已。

第二階段：大師為躲避其兄，前往徽州之小南海參學，途中掛單於湖北省竹谿的蓮華寺（1882，22歲）。後任該寺庫房，因曬經的機會，讀得王龍舒（？—1173）的《龍舒淨土文》（僅是殘本），從而知道念佛往生淨土一法「圓賅萬行，普攝群機，乃即生了脫生死之要道」，於是全心投入，奠定他畢生以此法「自行化他」的基礎。❼關於此階段，有兩點要注意：

一、此階段是對第一階段的深化，即對於淨土法門如何「化他」的問題，大師從《龍舒淨土文》處得到解答。

二、雖然大師由得讀《龍舒淨土文》而對淨土法門有進一步認識，但這僅屬於對經典的認知。至於透過修持而獲益，既而達到堅固信仰的地步，要到下一階段才開始。

---

❻　此「意圖」指樹立權威、謀取利益和行使教化等。印光大師早年是無此「意圖」的，但隨年歲增長及修持有得，此「意圖」在「行使教化」這一方面，明顯地發露出來。

❼　參閱第一章第四節。

　　第三階段：大師接觸《龍舒淨土文》之後不久，前往陝西省興安的雙溪寺受具足戒。受戒期間，擔任寺內一切繕寫事誼，因寫字過多，目疾復發，導致雙目發紅如血灌。此時，他晝夜一心稱念佛號，冥求佛菩薩加被，直到戒期圓滿，書寫工作順利完成，他的眼疾也跟著痊癒。此事使他深信「念佛」具有不可思議功德。❽關於此階段，有兩點要說明：

　　一、大師因寫字過勞而目疾復發，一心念佛，冥求加被，
　　　　得以眼患盡除，這點使他產生「至誠念佛」可以治
　　　　病的信念。足見此次受戒時發生在他身上的事，加
　　　　強了他對念佛法門不可思議的體認，促使他從經典
　　　　認知步向實際踐履。同時也可說由於實踐的結果與
　　　　經文印證無誤，促使他的信念進一步深化。

　　二、「至誠念佛，可以治病」，導致大師認為淨土法門為
　　　　萬病總持的阿伽陀藥，❾這信仰向度與普羅大眾的願

──────────────

❽　參閱第一章第四節。

❾　阿伽陀，又作阿揭陀、阿竭陀。原意為健康、長生不死、無病、普去、無價，後轉用作藥物名稱，尤指解毒藥而言。唐·慧琳(737─820)《一切經音義》，卷21，云：「阿，此云普也；揭陀，云志也。言服此藥者，身中諸病，普皆除去也。又云阿，無也；揭陀，病也。服此藥已，更無有病，故名之耳。」(《大正藏》，第54冊，頁439上)大師多次強調淨土法門是萬病總治的阿伽陀藥，可參閱《全1》，〈復唐大圓居士書〉，頁203；《全1》，〈募建藥王蓬序〉，頁504；《全1》，〈觀無量壽佛經石印流通序〉，頁532；《全1》，〈佛光月報序〉，頁534；《全2》，〈印光文鈔續編發刊序〉，頁845；《全2》，〈復念佛居士書〉，頁1093；《全2》，〈復

求正好相符，對其往後的教化成效，有極大助力。大師倡導的淨土法門所以能夠廣泛進入各階層，其原因是大師直到年老，仍一直秉持這種信仰向度。

第四階段：得到第三階段的體驗後，大師旋即隱居於終南山的太乙峰，開始獨自潛心涵養淨土法門。在此後三年期間(1882—1885)，他曉夕念佛，兼讀契經。後來聽聞紅螺山資福寺是當時專宏淨土的道場，遂毅然前往（1886，26歲）。❿關於此階段，有四點當注意：

一、關於大師在太乙峰潛修的情況，其門人的記載甚簡短，僅如此形容：「烟霞托跡，日月鄰身。時復策杖層巒，危巔宴坐。長空萬里，大地平沉。自是深入法海矣。」⓫大師在《文鈔》裏也未曾提過自己在這段時期做過何事，或如何修持。但可以肯定的是：這是大師第一次遠離塵囂，獨自修行。然而，在獨自摸索之餘，還是有親近道場增加學習經驗的需要，於是前往紅螺山。

二、大師在紅螺山前後將近四年，剛到時做打雜的工作半年餘，十月才正式入堂念佛。此時，大師自號「繼廬行者」， 表明自己以淨土宗初祖廬山慧遠(334—

章緣淨居士書〉，頁1132；《全2》，〈淨土輯要序〉，頁1160。

❿　參閱第一章第四節。

⓫　陳海量：〈印光大師小史〉，載《全1》，頁2370。另可參閱釋如岑，前引文，頁2269；陳煌琳：〈印光祖師傳略〉，載《全5》，頁2632。

416)為先範，**⑫**而此志向始終未曾改變過，足見大師
在這階段已將淨土法門視為終身歸依，他的信仰型
態至此已固定。

三、紅螺山淨土道場是由徹悟(1740—1810)創建，　大師
此時秉持徹悟的遺教，**⑬**揀別禪、淨二者的不同。
此時，他的一切行持皆以淨土為歸，且著力漸深，
所以其門人說：「後之發揚光大，實基於此。」**⑭**

四、在紅螺期間，大師曾任藏主，因此有機會閱讀大藏。
這顯示其修持的進程是念佛、閱藏並行。亦如其門
人所述，以念佛為正行，閱藏為助行。**⑮**

第五階段：大師約於1890年離開紅螺，於1893年（33歲）
進住普陀法雨寺，隨後兩次閉關（為期六年）於朱寶殿旁的
斗室，不斷研究經藏，並精勤念佛。出關後，仍安單於藏經
樓，繼續潛心閱藏，並日夜精進念佛，以期早證念佛三昧，**⑯**
影不出普陀山長達二十年之久。關於此階段，有兩點值得注
意：

一、這段時期大師正值壯年（33—52歲），修證念佛法門

---

⑫　參閱本書第一章第四節。

⑬　有關大師如何受徹悟遺教的影響，見本書第一章第四節及第三章第二
　　節。

⑭　王心湛：〈印光大師傳〉，載《全5》，頁39。

⑮　參閱釋真達、釋妙真、釋了然、釋德森等：〈中興淨宗印光大師行業記〉，
　　載《全5》，頁2356。

⑯　參閱本書第一章第四節。

　　是在此時成熟。

二、他在此時期寫了一篇有關念佛三昧的論文，文中談
　　論修證念佛三昧的方法，以及念佛三昧的體相、念
　　佛三昧的力用、念佛三昧所引發的利益等。 ⓱

　　以上分五個階段，依次尋繹大師從開始接觸淨土法門到
信仰堅固的軌轍。以下進一步討論大師對前賢的思想繼承，
以及他揀別禪淨、評論自力修持、他力救濟及帶業往生等問
題。

第二節　對弘揚淨土法門諸前賢
　　　　的思想繼承

　　大師對弘揚淨土法門諸前賢的思想繼承，在出家眾方面，
以善導 (613〔618?〕—681)、永明(904—975)、蓮池(1532—
1612)、蕅益(1599—1655)、徹悟(1740—1810)等數人為主要對
象；在家居士方面，宋代的王龍舒 (？—1173)、清代的周安
士(1655—1738)則為主要對象。大師常藉評述前賢的功績以
弘揚淨土法門，其中又對前賢的著作大加推崇，充分表現出
他的思想動向。

⓱　　參閱《全1》，〈念佛三昧摸象記〉，頁816—18。

壹、評述五位出家僧人

㈠善　導

　　大師對蓮宗二祖善導的評價甚高，推許善導弘揚淨土法門，講求平實，不尚玄妙，他說：「其（善導）宏闡淨土，不尚玄妙，唯在真切平實處，教人修持。至於所示專、雜二修，其利無窮。」❶又說：「善導和尚專以平實事相法門，接引末世凡夫。不用觀心、約教等玄妙法門，其慈悲可謂至極無加矣。」❶善導於平實處教人修持，在《觀無量壽佛經疏》裏提出專（正）、雜二修之說，以持名念佛一法為正定之業，❷表現出對末世凡夫的悲念，為淨業行者不可或缺的指南，大師對此疏推崇備至，允其教法為三根普被，利鈍均益：

> 《四帖疏》(《觀無量壽佛經疏》) 唯欲普利三根，故多約事相發揮。至於上品上生章後，發揮專、雜二修優劣，及令生堅固真信。雖釋迦諸佛現身，令其捨此淨土，修餘法門，亦不稍移其志。可謂淨業行者之指南針也。❷

---

❶　《全1》，〈復永嘉某居士昆季書〉，頁94。

❶　《全1》，〈與康澤師書〉，頁130—31。

❷　參閱唐・釋善導：《觀無量壽佛經疏》，卷4，《大正藏》，第37冊，頁272上。

善導和尚云:「末法眾生,神識飛颺,心粗境細,觀難
成就。」是以大聖悲憐,特勸專持名號。❷

善導雖疏《觀經》,實最重持名一行。❷

　　大師對善導的評價極高,曾詳校並重刻善導的《觀無量
壽佛經疏》(《四帖疏》),他在該經疏的序文說:「契理契機,
善說法要。彌陀化身,殆非虛傳。蓮宗二祖,萬代景仰。」❷
此語可看出大師對善導的推崇。此外,關於善導是彌陀化身
的說法,大師一再提及,他在〈蓮宗十二祖讚頌〉裏云:「世
傳師是彌陀現,提倡念佛義周贍。」❷他依「世傳」之說,視
善導為彌陀化現。從史傳記載善導的行持事蹟:每念一聲佛,
「有一光明從其口出」、「寫《彌陀經》十萬卷,畫淨土變相
三百壁」、三十餘年「不暫睡臥」、「每入室互跪念佛,非力竭
不休」、長安僧俗「從其化者至有誦《彌陀經》十萬至五十萬
卷者,念佛日課萬聲至十萬聲者」❷等來看,大師明確指出

---

❷　《全1》,〈與徐福賢女士書〉,頁125。

❷　《全1》,〈復吳希真居士書一〉,頁186。

❷　《全1》,〈復崇明黃玉如書〉,頁316。

❷　《全1》,〈觀無量壽佛經善導疏重刻序〉,頁558。

❷　《全2》,〈唐二祖長安光明善導大師讚頌〉,頁1324。

❷　參閱宋‧釋志磐:《佛祖統紀》,卷26,《大正藏》,第49冊,頁236上;
　　(據傳為)唐‧釋文諗、釋少康共輯:《往生西方淨土瑞應刪傳》,《大
　　正藏》,第51冊,頁105中;宋‧釋戒珠:《淨土往生傳》,卷中,《大正
　　藏》,第51冊,頁119上-下;宋‧釋宗曉:《樂邦文類》,卷3,《大正

善導為勸化淨土法門的再來人。

(二)永　明

　　關於大師對蓮宗六祖永明的評價，可從以下〈蓮宗十二祖讚頌〉之一頌窺知：

> 觀諸眾生皆是佛，只顧救生忘國憲。
> 赴市心樂顏不變，蒙赦得遂出家願。
> 日課佛事百八件，法華一部佛十萬。
> 若非大權示世間，法幢誰能如是建。❷❼

　　此〈讚頌〉是根據歷來記載永明的傳文撮要而成，大意是說，永明曾任吳越錢文穆（錢弘俶之父）縣衙的稅吏，他常用官錢買物放生，後來被發覺，當時挪用官錢的罪罰是唯一死刑，但永明視死如歸，容色不變，錢王遂釋放他。其後他投浙江省鄞縣四明山，拜翠巖禪師（生卒年不詳）出家，並參學於浙江省天台山國清寺德韶禪師(891—972)，在韶禪師處發明心地，因此接受傳法，成為法眼宗嫡孫。

　　藏》，第47冊，頁192下；宋・王日休：《龍舒增廣淨土文》，卷5，《大正藏》，第47冊，頁266下；元・釋普度：《廬山蓮宗寶鑑》，卷4，《大正藏》，第47冊，頁322下；明・釋袾宏：《往生集》，卷1，《大正藏》，第51冊，頁138中；清・彭希涑：《淨土聖賢錄》，卷2，《續藏經》，第135冊，頁230下—231下。

❷❼　《全2》，〈宋六祖杭州永明延壽大師讚頌〉，頁1325。

　　永明在國清寺時，常修二十一日的法華懺，有一次旋繞時，忽見普賢菩薩像前所供奉的蓮華（象徵淨土宗），而產生歸向淨土的心意。但他剛開始時遲疑難決，於是在智顗像前，作兩副鬮，一曰「一心禪定」，一曰「萬善莊嚴淨土」，冥心虔禱，七次所拈到的都是淨土鬮，遂一意專修淨業，並以萬行眾善作為往生助因，一心求生極樂淨土。此後永明在杭州永明寺大弘佛法，每日課一百八件佛事，並且日誦《法華經》一部，佛號十萬聲。❷❽由於永明能於悟後廣修萬行，所以大師在頌文的結尾說，「若非大權示世間，法幢誰能如是建」。至於頌文提到的 「大權示現」， 當是指永明是彌陀化身的傳說。❷❾大師曾為永明「化身」，作過詳細說明。❸⓿

---

❷❽　參閱宋·釋志磐：《佛祖統紀》，卷26，《大正藏》，第49冊，頁264中；宋·王日休：《龍舒增廣淨土文》，卷5，《大正藏》，第47冊，頁268中；元·釋普度：《盧山蓮宗寶鑑》，卷4，《大正藏》，第47冊，頁325上；元·釋惟則：《淨土或問》，《大正藏》，第47冊，頁293中；明·朱棣（明成祖）：《神僧傳》，卷9，《大正藏》，第50冊，頁1011上；明·釋袾宏：《往生集》，卷1，《大正藏》，第51冊，頁133中；清·彭希涑：《淨土聖賢錄》，卷3，《續藏經》，第135冊，頁242下—244下。

❷❾　傳聞忠懿王問永明大師當今天下善知識中，有誰是佛菩薩來應化？永明告訴他西湖靈隱寺的長耳和尚，是錠光如來應化。忠懿王聽了，便到靈隱寺拜見長耳和尚，一拜一口稱，弟子一心頂禮錠光如來。長耳和尚聽到，連稱「彌陀多舌，彌陀多舌」，便端坐入滅了。忠懿王在悲傷之餘，知道永明是彌陀應化，第二天清早便趕到永明寺，可是入寺即聞鐘聲，永明即在此晨也趺坐往生去。兩位過去現在的佛，應化的因緣，告一段落，彼此道破，便不住世。所以自宋至今，中國佛教界

　　前言善導教人修持，示專（正）、雜二行，並以專心念誦彌陀名號為正定之業。大師曾比對善導與永明二人的教法，認為善導是專修，永明是圓修，他說：「善導令人一心持名，莫修雜業者，恐中下人以業雜，致心難歸一，故示其專修也。永明令人萬善齊修，回向淨土者，恐上根人行墮一偏，致福慧不能稱性圓滿，故示其圓修也。」❸專修或圓修，是為了對治不同根機而施設。❸中下根人廣修雜業，心難歸一，故善導教示專修持名。上根行人常以自性彌陀，唯心淨土，而撥無西方極樂淨土，故有不須捨此界而求西方之念。但心中存有此取捨之念，即已執心外實法，不同於永明所倡導的唯心淨土之說。所以永明以身作則，日課百八佛事、誦《法華》、課佛十萬等萬善，以莊嚴淨土，旨在糾正當時禪宗唯尚坐禪等弊病。這樣的信念，在其〈四料簡〉偈裏表示得很清楚，所以大師特別著重永明的〈四料簡〉，此偈原文是：

　　　有禪有淨土，猶如戴角虎，現世為人師，來生作佛祖；

　　　即以永明大師的生日（十一月十七日），作為阿彌陀佛的聖誕。參閱釋性梵：《往生淨土傳輯要》〔高雄：文殊講堂，1997年〕，頁70。

❸　參閱《全1》，〈重刻明宋文憲公護法錄序〉，頁448—451。

❸　《全1》，〈復永嘉某居士書二〉，頁145。

❸　Thich Thien Tam談及印光對善導專修、永明圓修之看法。參閱氏著：*Horizontal Escape—Pure Land Buddhism in Theory and Practice* (New York: Sutra Translation Committee of the United States and Canada, 1997), pp.115—116.

無禪有淨土，萬修萬人去，若得見彌陀，何愁不開悟；
有禪無淨土，十人九蹉路，陰境若現前，瞥爾隨他去；
無禪無淨土，鐵床併銅柱，萬劫與千生，沒個人依怙。㉝

　　大師對此〈四料簡〉有極高評價，在〈讚頌〉裏說：「四重料揀（簡）利愚黠，萬善作警察。普期超拔，往生極樂剎。」㉞又說：「永明料簡乃大藏之綱宗，修持之龜鑑。」㉟「十六句〈四料簡〉偈，真是慈航。」㊱「此八十字猶如天造地設，無一字不恰當，無一字能更移。」㊲「此八十字乃如來一代時教之綱要，學者即生了脫之玄讖。」㊳大師之所以對〈四料簡〉如此讚歎，原因可從大師以下的話看出：

　　若論自力、他力，禪、淨難易，講得最清楚、最明白，莫如永明延壽大師的〈四料簡〉。㊴
　　永明大師住持淨慈（小字註：淨慈初名永明。按：即今杭州淨慈寺），圓修萬善，偏讚淨土。恐學者不知自

㉝　引自《全3下》，〈居士林開示法語〉，頁62－63；又見《全3下》，〈淨土法門說要〉，頁76；《全4》，〈上海護國息災法會法語〉，頁2118－19。

㉞　《全2》，〈宋六祖杭州永明延壽大師讚頌〉，頁1325。

㉟　《全1》，〈淨土決疑論〉，頁366。

㊱　《全3下》，〈居士林開示法語〉，頁63。

㊲　《全4》，〈上海護國息災法會法語〉，頁2121。

㊳　同上註，頁2119。

㊴　《全3下》，〈居士林開示法語〉，頁62。

力、佛力之所以然，作〈四料簡〉以為指南。俾上中下根，若凡若聖皆有遵循。**❹**

一切法門，惑業淨盡，方可了生死；淨土法門，帶業往生，即預聖流。……今當末世，根劣障重，知識希少，若捨淨土，無由解脫。永明禪師恐世不知，故特舉料簡，以示來茲。**❹**

　　大師指出此偈能夠清楚簡別何謂「禪」，何謂「淨」，何謂「有禪」，何謂「有淨」，**❹**於對治世人多謂「參禪便為有禪，念佛便為有淨土」的謬誤，**❹**起著重要作用。但可惜的是，「舉世之人，顢頇讀過，不加研窮」，**❹**導致「孤負永明古佛一番大慈悲心，截斷後世行人一條出苦捷徑」。**❹**

　　以上所引〈四料簡〉的四句排列方式，是依據大師文獻所列，而一般文獻的排列次序是一、三句對調。此偈首見於志磐的《佛祖統紀》(1269)卷26，**❹**清乾隆間彭希涑(1760—1793)所輯《淨土聖賢錄》(1783)，亦列有此偈。**❹**近人有謂

---

❹　《全1》，〈杭州彌陀寺啟建蓮社緣起疏〉，頁412。

❹　《全3下》，〈淨土法門說要〉，頁78—79。

❹　參閱《全1》，〈淨土決疑論〉，頁366；《全3下》，〈居士林開示法語〉，頁63；《全4》，〈上海護國息災法會法語〉，頁2119—2121。

❹　《全1》，〈淨土決疑論〉，頁367。

❹　同上注，頁370。

❹　同上注，頁367。

❹　宋·釋志磐：《佛祖統紀》，卷26，《大正藏》，第49冊，頁264中。

〈四料簡〉是後世淨土宗人所附會，因其未見於永明《宗鏡錄》、《萬善同歸集》、《觀心玄樞》等諸著作，而且其陳義與永明「唯心淨土」的見地相背。❹例如與大師約同時代的海印法師（俗名徐頌堯）便曾作〈永明四料簡辨偽錄〉，力陳此偈為偽。然而也有力主此偈為真撰者，例如范古農居士(1881—1952)曾致書海印法師，認為「（此文）未能找出偽造人證，則亦終難斷案也。夫此禪淨〈四料簡〉之為出於永明，元代中峰禪師(1263—1323)早已認定，且亦曾為當時學禪人解惑，《廣錄》具在」。❹揚州高旻寺的來果禪師(1881—1953)亦認為永明此偈實由切信念佛產生，而不明內中道理之人，則「信之功小，謗之過大」，「能謗者，因信自法，而謗他法」，「可憐今時人者，任是將錯法辯正，望其力而行之」。❺直至現今，主張此偈為永明所作的人自然很多。

〈四料簡〉是否為永明所作，歷來爭訟不已，印光大師不但肯定此偈出自永明，而且作了詳細的闡述，❺此偈自宋代以來，可說在大師的手中被推揚至最高點。

❹ 清·彭希涑：《淨土聖賢錄》，卷3，《續藏經》，第135冊，頁244下。

❹ 參閱孔維勤：《永明延壽宗教論》〔臺北：新文豐出版公司，1983年〕，頁214。

❹ 參閱單培根：〈范古農居士年譜（續）〉，載《內明》，第234期，1991年9月，頁38。

❺ 釋來果：《來果禪師語錄》〔香港：香港佛經流通處，1984年〕，頁18—19。

❺ 參閱《全1》，〈淨土決疑論〉，頁366—67；《全3下》，〈居士林開示法語〉，頁62—65；《全4》，〈上海護國息災法會法語〉，頁2118—28。

㈢蓮　池

　　大師評價蓮宗八祖蓮池，著重在他平實的教風，他說：
「雲棲大師立法教人，皆從平實處著手。依之修持，千穩萬
當。斷不至得少為足，著魔發狂」。❺雲棲的教化與歷來的祖
師大德一樣，講求真修實證，不但不喜歡說食數寶之輩，更
不喜人講求神異。例如蓮池有一在家弟子在天目山高峰閉生
死關，得神通力，能預測天氣及禍福，蓮池寄書力斥其非，
對人說他已入於魔胄。大師曾引述蓮池此則故事，強調學道
之人要能識其大者，否則得小益必受大損，❺如引文所言「斷
不至得少為足，著魔發狂」。

　　蓮池於大徹大悟後，極力弘揚淨土法門，並兼修世善以
為助行，大師說：「我等博地凡夫，……矗持重戒，一心念佛，
兼修世善，以為助行。依永明、蓮池之法行之，則無往不利
矣。」❺指出依永明、蓮池兼修世善，作為往生助行，則往生
必定可成。又大師在〈讚頌〉裏說：「幼聞念佛意頗快，末誠
門徒莫捏怪。行為世則言世法，注重淨土及規戒。」❺對蓮池
從早年棲心淨土，至圓寂前一刻，身教言教都以持戒念佛為
根本，甚為稱讚。

---

❺　《全1》，〈復永嘉某居士書四〉，頁103。

❺　參閱《全1》，〈復何慧昭居士書〉，頁319。

❺　《全1》，〈復永嘉某居士書六〉，頁121。

❺　《全2》，〈明八祖杭州雲棲袾宏大師讚頌〉，頁1326。

　　大師對蓮池所著的《阿彌陀經疏鈔》非常推重，曾說：「《阿彌陀經》……宏法大士，註疏讚揚，自古及今，多不勝數，於中求其至廣大精微者，莫過於蓮池之《疏鈔》。」❺❻大師認為《疏鈔》是歷來小本彌陀經註疏中，最為廣大而精微的一本，也是蓮池參禪大悟之後，力修淨業，有感而發的著作。它的優點不只發明淨土要義，更是指導參研宗教的一部好註疏，❺❼所以學人不但要熟讀，而且還須精思之。

　　從七祖省常(959—1020)至八祖蓮池，其間相隔五百年，此段時期蓮宗一直處於不振的情況，其影響力遠遜於禪宗，直到明末蓮池崛起，其所著《疏鈔》能夠「契理契機」，❺❽因此蓮宗得以中興。

㈣蕅　益

　　大師對九祖蕅益的評價非常高，《文鈔》提到他的地方非常多。大師曾對弘一(1880—1942)說：「靈峰著述，千古少有。……靈峰老人乃末法絕無而僅有者，其言句理事具足，利益叵測。隨人分量，各受其益。」❺❾可見在大師心目中，蕅益是位值得效法的前賢。他對蕅益的著述，尤其是《阿彌陀經要解》一書，推崇備至：「《彌陀要解》一書，為蕅益最精妙之

❺❻　《全2》，〈重刻彌陀略解圓中鈔勸持序〉，頁438。

❺❼　參閱《全1》，〈與玉柱師書〉，頁133。

❺❽　《全1》，〈杭州彌陀寺啟建蓮社緣起疏〉，頁413。

❺❾　《全1》，〈與弘一上人書〉，頁301—02。

註。自佛說此經以來之註,當推第一。即令古佛再出於世,
現廣長舌相,重註此經,當亦不能超出其上。」❻大師對蕅益
著作的評價如此,可看出他對蕅益的推崇。

蕅益寫此《要解》,僅用九天的時間就完成,❻速度雖快,
但大師認為此著已達「理事各臻其極」的境界,❻並讚其「義
理扼要」,❻「可謂一字一珠」。❻大師還表示初接觸淨土法門
的人,《要解》乃是一部能令其「斷疑生信,作險道之善導,
示寶所以必趣」的法寶,❻因為它「文淵深而易知,理圓頓
而唯心」,所以「宜常研閱」。❻

除了對《要解》作出極高的評價之外,大師對蕅益所編
的《淨土十要》一書,亦大大加以讚揚,他說:「《淨土十要》
……此書為淨土法門之最切要者,當息心讀誦,則法門之所
以,修持之法則,舉凡自利利他,自行化他之道,均可悉知
矣。」❻大師又說:「《淨土十要》也,字字皆末法之津梁,言
言為蓮宗之寶鑑。痛哭流涕,剖心瀝血,稱性發揮,隨機指

───────────

❻　《全1》,〈復永嘉某居士書二〉,頁100。

❻　參閱釋蕅益:《佛說阿彌陀經要解》,收入《淨土十要》〔高雄:佛光出
　　版社,1994年〕,頁52。

❻　《全1》,〈復濮大凡居士書〉,頁42。

❻　《全3上》,〈復慧清居士書〉,頁140。

❻　《全2》,〈與魏梅蓀居士書十六〉,頁1045。

❻　《全1》,〈與悟開師書〉,頁30。

❻　《全1》,〈與徐福賢女士書〉,頁128。

❻　《全3上》,〈致壽縣張增純律師書〉,頁199。

示。雖拯溺救焚，不能喻其痛切也。」❻❽此書之所以可作為末
法時代之津梁，言言都可作為蓮宗之寶鑑，是因為《十要》
的作者們皆秉持著痛哭流涕、剖心瀝血的心情，極盡所能來
稱性發揮，隨機指示。即使用「拯溺救焚」做比喻，尚不能
表達他們撰寫其書的痛切心情，故大師說：「《十要》……當
遵守之，如忠臣之奉明主聖旨，孝子之遵慈親遺囑，切勿見
異思遷。」❻❾

　　大師常勸欲對淨土法門作深入研究的人，應當先看《淨
土十要》，因為「此書乃蕅益大師於淨土諸書中，採其菁華，
妙契時機」的最佳選本。❼⓿尤其對於「斷疑啟信」而言，此
書「乃破堅衝銳之元勳」，故「當先讀之」。❼❶又一般人對「淨
土法門為十方三世一切諸佛，上成佛道，下化眾生之總持法
門」的意思，有所不解，大師認為如果能夠常常讀誦《淨土
十要》，此疑問即可「群疑冰釋，一心月朗矣」。❼❷

　　總之，大師十分肯定蕅益所編選的《十要》，認為「蕅益
大師以金剛眼，于闡揚淨土諸書中，選其契理契機，至極無
加者」。❼❸但《十要》當初編定完成時，並未能以原貌流通於
世，大師曾在〈淨土十要‧序〉（撰於1930年）說明其經過：

❻❽　《全1》，〈與悟開師書〉，頁29—30。
❻❾　《全3上》，〈復慧華居士書（二）〉，頁33。
❼⓿　《全1》，〈復鄧伯誠居士書一〉，頁48。
❼❶　參閱《全1》，〈與玉柱師書〉，頁133。
❼❷　參閱《全2》，〈致銘光居士書〉，頁986。
❼❸　《全1》，〈與徐福賢女士書〉，頁128。

（蕅益）大師逝後，其門人成時（法師），欲徧界流通
《淨土十要》），恐文言繁長，卷帙博大，費鉅而難廣
布，遂節略字句，於各要敘述意致，加以評點，實殼
費苦心。惜其自恃智能圓照，隨閱隨節，不加復勘，
即行付刊，致文多隱晦，兼有口氣錯亂，詞不達意之
處。民國七年，徐蔚如居士見訪，以彼經理刻藏經事，
因祈彼搜刻原本。後彼即刻《彌陀要解》、《西方合論》
二種。今具得原本，李圓淨居士擬照前《十要》章程
重刊，凡時師所作敘述評點，一一照錄，唯補時師之
歉缺，不滅時師之苦心。……以所節有多少不同，故
卷須重調。《西齋詩》、《念佛直指》，昔則前後倒置，
今調令適宜。各冊末附各要文，及《徹悟語錄》。又另
以《往生論註》、《蓮華世界詩》合一冊，作附本，共
成五冊。均與《十要》文義宗旨符合，了無差殊。❼

由於經費問題，《十要》在蕅益生前未能刊行，後來其弟子成
時法師（？—1678）考慮到內容太多，不易流通，所以著手
刪節，並在每書之前敘述一段大意，內容上加以評點（按：
在原文旁註小字）。大師說由於成時法師自恃過人，邊閱讀邊
刪節，而且沒有經過校勘，就逕行刊印，導致口氣錯亂、詞
不達意的地方比比皆是，所以文理不甚清楚。有關這些錯誤
的地方，大師在《文鈔》的另一處曾略加指出：「《淨土十要》

---

❼　《全2》，〈淨土十要·序〉，頁1155—56。

……從前木刻本，皆蕅益大師門人成時所節略本。……而成時大師聰明過人，過於自任，隨閱隨節，並未再閱，故致其中毛病層層，有詞不達意者，有口氣錯亂者，有文意全反者。（小字註：在《西方合論》，第四十頁六行，去二『用』字，則文義反矣。此經，凡以『義』通作『用』，時師不察，遂去之。）若肯復閱一次，決不至留此遺憾也。且所刪過多，居五分之二尚多。」❼❺成時法師刪節的用意原本欲使《十要》得以順利流通，但經他刪節之後，反而毛病重重，使得原本的美意竟成遺憾。而且被刪除掉的原文太多，達全書的五分之二。大師見到這些缺點，即囑咐當時在北京主持「北京刻經處」的徐蔚如居士，搜輯蕅益大師的原本刻板印行，當時（民國七年，1918）僅刻印出《彌陀要解》、《西方合論》二種。直到民國十八、九年間，才將原本十種著作收集齊全，由李圓淨居士負責校閱，大師加以鑑定，並保留成時法師當年所作的敘述和評點。新版本在編排上作了調整，將《西齋淨土詩》及《念佛直指》二書，前後對調，並在各冊之後附上其他的著作。目前坊間所見的《淨土十要》，即此版本，其後附本的著作，是大師加入的。《淨土十要》所收各文，大部分見於《大正藏》，後來《續藏經》亦彙集《淨土十要》於第108冊。為清楚起見，今依據臺灣佛光書局出版大師增定本《淨土十要》，順列其所收各著作，及其作者、卷數、頁數，並指出它們出現在藏經的冊數：

---

❼❺　《全2》，〈復念西大師書〉，頁967。

淨土十要	書　名	作　者	卷數	頁數	備　註
第一要	佛說阿彌陀經要解 　附：無量壽經四十 　　八願	蕅　益	1	53 11	大正藏37冊
第二要	往生淨土懺願儀 往生淨土決疑行願二 門 　附：結蓮社普勸文	遵　式 遵　式 張　掄	1 1	20 13 1	大正藏47冊 大正藏47冊
第三要	觀無量壽佛經初心三 昧門 受持佛說阿彌陀經行 願儀 　附：楢庵法師臨行 　　自餞	成　時 成　時 楢　庵	1 1	10 11 1	
第四要	淨土十疑論 　附：唐五臺山竹林 寺法照傳 唐洛陽罔極寺 慧日傳 宗賾禪師蓮華 勝會錄文 大智律師淨業 禮懺儀序	智　顗 贊　寧 贊　寧 宗　賾 元　照	1	19 5 2 4 2	大正藏47冊 高僧傳卷21 高僧傳卷29
第五要	念佛三昧寶王論	飛　錫	3	44	大正藏47冊
第六要	淨土或問	天如惟則	1	44	大正藏47冊
第七要	西齋淨土詩 　附：蓮池大師答蘇 州曹魯川書 蕅益大師答卓 左車茶話 蕅益大師示念 佛法門	梵琦楚石 蓮　池 蕅　益 蕅　益	2	35 16 2 2	續藏經108 冊 雲棲法彙卷 6 靈峰宗論卷 4之1 靈峰宗論卷 4之1

第八要	寶王三昧念佛直指 　附:破妄念佛說(直 　　指心要)	妙　叶 妙　叶	2	98 6	大正藏47冊
第九要	淨土生無生論 續淨土生無生論 淨土法語 　附: 勸發菩提心文 　　圓觀等傳 　　無功叟淨土自 　　信錄序	傳　燈 道　霈 傳　燈 省　庵 德森錄 不　詳	1 1 1 1	14 16 8 10 10 1	大正藏47冊
第十要	西方合論 　附: 徹悟禪師語錄	袁宏道 徹　悟	10 2	134 76	大正藏47冊 續藏經109 冊
附　本	往生論（無量壽經優 婆提舍願生偈）	婆藪槃頭	1	10	大正藏26冊
	往生論註	曇　鸞	2	76	大正藏40冊
	略論安樂淨土義	曇　鸞	1	12	大正藏47冊
	婆藪槃頭法師傳（世 親傳）	梁真諦譯		3	大正藏50冊
	北魏曇鸞法師傳	道　宣 宗　曉 志　磐 王龍舒 戒　珠		2	續高僧傳卷 6 樂邦文類卷 3 佛祖統記卷 27 龍舒淨土文 卷5 淨土往生傳 卷上
	蓮華世界詩 　附: 勸修淨土詩 　　師友西資社同 　　誓文	廣　貴 省　庵 證　通	9	74 30 1	

　　從上表得知大師增入了許多有關淨土方面的著作，他說
「《十要》原本外，所附要書數種，實為修淨業之最要典籍
也。」**⑯**他是鑒於這些著作重要，對《十要》具有輔弼的功用，
所以收入。**⑰**

　　由於大師極重視蕅益的著作，所以覺得蕅益的著作未能
入清刻龍藏，需要作出解釋，就此曾提出個人看法：

　　　蕅益生於明末，沒於清初。一生弘法，皆在南方，未
　　曾一到北地。兼以順治初年，南方多未歸服，故大師
　　於崇禎升遐，明圖版蕩之後，凡所著述，但書歲次，
　　不書國號及年號耳。及至福建、寧波，各處歸順之後，
　　不一二年，即入涅槃。而台宗有傲之者，於康熙時著
　　述，亦不書國號、年號，可謂誣衊蕅益與國家耳。……
　　南方學者，多宗台教。北方學者，多宗賢首、慈恩。
　　彼既不相習，故其流通也少。(清)世宗雖倡刻《大藏》，
　　其年初夏，即已賓天。其清藏中，所入所出，容有世
　　宗裁奪者，實多半由當時所派之親王，總理刻藏首領
　　大和尚主持。又刻藏預事之僧，盡屬賢首、慈恩、臨
　　濟宗人，台宗只一人，而且尚屬校閱無權之人。蕅益
　　著述，所入唯《相宗八要》、《釋大乘止觀法門》二種，
　　餘者北方所無，將何由而附入乎！此係雍正末、乾隆

---

⑯　《全2》，〈致郭莊悟居士書〉，頁862。

⑰　參閱《全2》，〈復姚維一居士書〉，頁907。

初年事，至乾隆末年，蕅益著述，京中尚無多少。……
不知世務之人，一歸之於世宗不取，可謂誣罔世宗。
使世宗若全見蕅益著作，斷當具足入藏，一部不遺。㊆

　　一般認為蕅益的著作未能全部入清藏，是經過清世宗（雍
正，1723—1735在位）的擷取所致。但大師提出反駁，認為
蕅益一生皆在南方弘化，其著作流通到北方很少，故世宗倡
議刻印《大藏》時，僅搜得《相宗八要》、《釋大乘止觀法門》
二種，如果世宗能夠見到蕅益的全部著作，必定悉數入藏。
大師另外指出於明朝滅亡之後，蕅益的著作皆只書年月，而
不書國號及年號。其實這是當時明遺民的共同心聲，表示不
事二主，但大師說南方各地相繼歸順之後不久，蕅益即圓寂。
言下之意，蕅益不書國號及年號，與其著作不被收入《大藏》，
並無直接的關係。
　　然而，蕅益的著作不被採入，其究竟原因在哪？大師認
為與主其事的人有關，也就是說涉及了天台宗與華嚴、臨濟
二宗的派系問題。大師說：

須知清藏肇始於世宗，及世宗崩後，高宗繼立。凡刻
藏事，皆當時僧俗中之權人主之，高宗亦不過應名而
已。何以知之？世宗所著《揀魔辨異錄》，草稿甫畢，
尚未謄清，隨即崩駕。高宗雖令繕寫刻板，亦不暇檢

㊆　《全1》，〈復周羣錚居士書一〉，頁234—35。

點。由（於）未派一大通家主事，竟致錯訛不勝其多。
此其父之手澤，尚且如是，況《大藏》乎！又世宗於
開首著此之時，即頒上諭，內有入藏流通之言。迨後
止刻書冊板，竟未入藏。但將此上諭，附於《圓明居
士語錄》之後，將謂世宗亦嫌其習氣而不入乎！此其
不入之由，以漢月藏子孫之外護，多屬當權之人，故
不敢提倡耳。若言習氣，蕅益可謂絕無。而一般瞎眼
禪和，謂為徒有文字，未得大悟，貢高我慢。此等人
乃仰面唾天，何得據以評論耶！至於毀世宗者，亦與
毀蕅益者知見相同。皆道聽塗說，隨聲附和之流輩
耳。**❼⑨**

大師舉出世宗所著的《揀魔辨異錄》亦未被收入《大藏經》
為例，說明蕅益的著作亦遭同樣命運。蓋清藏的刻印雖由當
時帝王提倡，但帝王僅是掛名，真正主其事的是臨濟宗法藏
（字漢月，1573—1635）的徒孫。大師在〈揀魔辨異錄重刻
序〉及〈揀魔辨異錄石印序〉二文裏詳細辨明當時刻藏情形。
他說：當明末之時，密雲圓悟（生卒年不詳）下有弟子法藏，
他天姿聰敏，但我慢根深，想成為千古獨一無二的高人，著
《五宗原》，想以此超邁一切。其師密雲見其如此狂悖，恐其
求升反墮，所以對他所著的《五宗原》一闢再闢（崇禎七年
〔1634〕著七闢、九年〔1636〕著三闢駁之），以正其非。但

------

❼⑨ 同上注，頁235。

是法藏的弟子弘忍（字潭吉，1599—1638）卻執迷不返，反而救而又救，特著《五宗救》，誇說自己是無師自悟。直到雍正十一年(1733)，世宗徧閱密雲、法藏、弘忍等語錄，見法藏、弘忍知見紕謬，必會導致瞎人正眼，因此下令盡燬其板，又頒敕天下叢林，凡有此書及刻板，一律盡行燬除。世宗自己又親自筆錄他們的臆見邪說八十餘條，逐條駁正，共得十萬餘言，名為《御製揀魔辨異錄》，並令收入《大藏經》。但雍正十三年(1735)，《大藏經》正式開工刊刻時，世宗即已賓天。當時法藏、弘忍的門徒正盛，而且又主導刻藏事誼，所以未將世宗的書收入。⑳大師認為這些主理《大藏經》的人不收蕅益的書，跟他們不收世宗的著作，心態一樣，不過是門戶之見，以及貢高我慢、道聽塗說的心理作祟罷了。

(五)徹　悟

　　大師早年在紅螺山的淨土道場修學，親沐十二祖徹悟（號夢東）的遺風，所以其著作對徹悟的評述不少。大師在〈讚頌〉裏云：「徧通經史，冀為世導，一病方知不可靠。研窮各宗奧，均難證到，專主淨土教。」㉑此讚頌的前半段是說，徹悟年幼時便聰明好學，經史群籍，無不採覽，希望能從博讀之中學到經世濟用之法，以教導四方。但到了廿二歲時，因

---

⑳　參閱《全1》，〈揀魔辨異錄重刻序〉，頁479—481；《全1》，〈揀魔辨異錄石印序〉，頁481—483。

㉑　《全2》，〈清十二祖紅螺資福際醒大師〉，頁1327。

一場大病，而了悟人生無常，對所學感到靠不住，所以發心
出家。徹悟出家之後，參謁許多名師，學習各宗要典，性相
二宗，三觀十乘之旨，了無滯礙。乾隆三十三年(1768)，他二
十八歲時，參廣通寺粹如尊宿，由於師資道合，粹如乃傳心
印，為臨濟宗三十六世。徹悟三十三歲(1773)以後，在廣通寺
率眾參禪，策勵後學，津津不倦，十四年如一日，因此宗風
大振，名揚南北。他有感於參禪一法實無法使人對了生脫死
有把握，又憶及永明延壽大師乃禪門宗匠，尚且歸心淨土，
日課十萬彌陀，求生極樂淨土，於是由禪入淨土，改禪堂為
念佛堂，主張蓮宗。他自設限制，每日僅一炷香的時間晤客，
其餘則用來專心禮拜、持念佛號。❷印光大師頌文云：「研窮
各宗奧，均難證到，專主淨土教」的意思即指此。

　　以上讚頌所言的，在大師另撰的〈徹悟禪師像讚〉一文
裏，有輔助說明，其云徹悟為「儒門之俊傑，佛家之魁雄，
禪窟之巨獅，教海之神龍」。而且「研習慈賢而宏台教，住持
禪剎而扇蓮風。只期契機契理，不計門庭異同」。❸

　　大師非常重視徹悟的《語錄》，評述該書云：「此書詞理
精妙，為蕅益、省庵後之第一著作。若於此書能一踏到底，
諦信無疑。光敢保閣下蓮蕊敷榮於珍池，臨終即託質其中，

❷　參閱釋體寬：〈徹悟大師行略〉，《徹悟大師遺集》〔高雄：高雄淨宗學
　　會，1994年，影印天津佛教功德林重編版〕，頁1—3；清・胡珽：《淨
　　土聖賢錄續編》，卷1，《續藏經》，第135冊，頁395下—396下。
❸　《全2》，〈徹悟禪師像讚〉，頁1327。

而為淨土之嘉賓矣。」❽大師對徹悟《語錄》的重視，亦可從他將《語錄》附錄於《淨土十要》之後看出，他曾如此評說：「徹悟《語錄》，洵為淨宗最要開示，倘在蕅益老人前，決定選入《十要》。然具法眼者，肯令此書湮沒不傳乎！……今排《十要》原文，特附于《十要》第十（要）之後。」❽大師表示將《徹悟禪師語錄》附於第十要《西方合論》之後，乃勢所必然之事。其實，早在光緒十六年(1890)，揚州藏經院貫通和尚刻《淨土十要》時，已經將《語錄》附於《十要》之後，❽此舉可視為印光大師之先導。❽

　　大師經常引述徹悟的兩節話，其一是「『真為生死，發菩

---

❽　《全1》，〈復酈隱叟書〉，頁174。

❽　釋印光：〈重刻敘・附〉，載《徹悟大師遺集》，卷首，頁14；又見《淨土十要》所收《徹悟禪師語錄》，卷首，頁591。

❽　參閱徐顯瑞：〈目錄・附〉，《徹悟大師遺集》，卷首，頁8。

❽　關於《徹悟禪師語錄》的版本，在此附帶說明一下：在印光大師之前，《語錄》的版本不一，南方與北方差別頗大，大師採用的是楊仁山居士於「金陵刻經處」刻出的版本（參閱釋印光：〈重刻敘・附〉，載《徹悟大師遺集》，卷首，頁14）。造成版本不一的原因，是徹悟本人有意將自己早期的文稿焚燬，其弟子隨後從火堆中撥出，而且往後又陸續發現不少遺稿，因此不斷增訂（參閱釋徹悟：〈自序〉，《徹悟大師遺集》，卷首，頁10；釋了睿：〈自序・附〉，《徹悟大師遺集》，卷首，頁11—12；徐顯瑞：〈目錄・附〉，《徹悟大師遺集》，卷首，頁8）。印光大師當時所採用是楊居士的版本，但不是最理想的。今存較理想的應屬「天津佛教功德林」後來重編的版本（此版本即《徹悟大師遺集》一書），此與大師所採用的相較，多出一倍的篇幅。

提心，以深信願，持佛名號』十六字，為念佛法門一大綱宗」**❽**；
其一是「善談心性者，必不棄離於因果；而深信因果者，終
必大明乎心性。此理勢所必然也」。**❾**大師對前一段話作如是
之評：「在凡夫地，於現生中，斷（盡煩惑）難如是。固當『真
為生死，發菩提心，以深信願，持佛名號』，以期往生西方極
樂世界九品蓮華中。」**❿**「『真為生死，發菩提心，以深信願，
持佛名號』博地凡夫，欲于現生即了生死，若不依此四句，
則成無因而欲得果，未種而思收穫，萬無得理。」**⓫**徹悟提出
「真為生死，發菩提心，以深信願，持佛名號」，被大師允為
修行淨土法門最簡便之要訣。**⓬**大師說徹悟此段開示，**⓭**對於
淨土法門如何了生脫死的見解，精切之極，強調學人應對這
段簡短開示，加以熟讀。**⓮**大師另又特別指出，博地凡夫於
此一生中要斷盡煩惑，極度困難，唯有依此四句（十六字）
而修，往生西方極樂淨土之後，才能截斷生死之流。所以博
地凡夫如想即生了脫生死，不依此四句所言而修，恐怕會成
為無因而欲得果，一無是處。反之，果真為生死而求生西方，
依此而修即足夠，不須別修他法。**⓯**

---

❽　清・釋徹悟：《徹悟大師遺集》，卷上，頁3。

❾　清・釋徹悟：《徹悟大師遺集》，卷上，頁17。

❿　《全1》，〈蓮榮堂跋〉，頁629。

⓫　《全3上》，〈復蔡契誠居士書〉，頁394。

⓬　參閱《全3上》，〈復智貞居士書（二）〉，頁98。

⓭　參閱釋徹悟：《徹悟大師遺集》，卷上，〈法語・示眾〉，頁3—4。

⓮　參閱《全1》，〈復尤弘如居士書〉，頁178。

大師對徹悟另一段話，作出以下之評：「因果心性，離之則兩傷，合之則雙美。故夢東云：『善談心性者，必不棄離於因果；而深信因果者，終必大明乎心性。此理勢所必然也。』」❾❻「夢東所謂：『善談心性者，必不棄離于因果；（而）深信因果者，終必大明乎心性。此理勢所必然也。』夢東此語，乃千古不刊之至論，亦徒逞狂慧者之頂門針也。」❾❼因果之說與心性之理，二者相輔相成，離之則兩傷，合之則雙美，故大師特別提倡徹悟（夢東）此言，評價為千古不刊之至論，可為徒逞狂慧者之警惕。

貳、評述兩位在家居士

㈠王龍舒

大師早年接觸的淨土著作，以王龍舒的《龍舒淨土文》對他影響最深。然而，大師對王龍舒的評述有褒有貶，以下先述其褒，後述其貶。

大師在〈重刻龍舒淨土文題詞并序〉裏讚歎王龍舒云：「吾（淨土）宗先德，有龍舒居士，名曰休，字虛中者。乘願再來，以身說法。雖在塵俗，不納妻室。雖入國學，不履仕途。發揮儒佛之心宗，教授具信之子弟。又欲同人，咸生

❾❺　參閱《全3下》，〈南京素食同緣社開示法語〉，頁72。

❾❻　《全1》，〈與佛學報館書〉，頁36。

❾❼　《全1》，〈復鄧伯誠居士書一〉，頁48。

淨土，作為此書（《龍舒淨土文》），普徧倡導。」❾❽王龍舒雖
是在家居士，但一生不納妻室，宋高宗（1127－1162在位）
時舉國學進士，但不履仕途。他博通群籍，曾訓傳六經、諸
子之書達數十萬言，後來又全數捐棄。❾❾自此以後，以淨土
法門來勸引生徒，上自王公、士大夫，下至屠、丐、僮奴、
皁隸、優妓等，並普遍倡導所著《淨土文》，⓿令同人得以咸
生淨土。

　　大師很重視《龍舒淨土文》，讚賞它用字淺顯而典雅，說
理善於曲喻，不但詳盡，而且懇摯，⓿對淨土法門的「斷疑
起信」、「修持法門」等，皆能分門別類，縷析條陳，實為「導
引初機之第一奇書」。而且強調「若欲普利一切，不可不從此
以入手」。⓿大師說：「其書以真信切願，持佛名號，即生決

---

❾❽　《全1》，〈重刻龍舒淨土文題詞并序〉，頁452。

❾❾　王龍舒將先前所著之文，悉數捐棄，有人問之為何，他回答說：「是皆
　　業習，非究竟法。吾其（為）西方之歸。」（張孝祥：〈龍舒淨土文序〉，
　　《大正藏》，第47冊，頁251下）

⓿　王龍舒於《龍舒淨土文》，卷1云：「予遍覽藏經及諸傳記，取其意而為
　　淨土文。……予龍舒人也，世傳淨土文者不一，故以郡號別之。」（《大
　　正藏》，第47冊，頁254中）冠以郡號「龍舒」為書名，目的在於標別
　　其他的淨土文。另外，此書又稱《龍舒增廣淨土文》，或略稱《淨土文》，
　　共分十二卷，前十卷是王氏之原著，撰於南宋紹興三十年(1160)，後人
　　將此十卷本增廣為十一卷或十三卷，嘉禾僧壵加以點校，改為十二卷，
　　刊於明萬曆三年(1575)，即現行之版本（參閱秋月：〈重□龍舒淨土文
　　序〉，《大正藏》，第47冊，頁252上、頁251下）

⓿　參閱《全1》，〈重刻龍舒淨土文題詞并序〉，頁452。

定往生為宗。詳觀〈斷疑生信〉、〈普勸修持〉、〈往生事迹〉、〈特為勸喻〉等，以及居士一生所行，末後所現，則上中下三根，無根不被，信願行三法，無法不彰矣。」❿以真信切願、持佛名號達致即生往生，乃本書宗旨。大師詳閱此書各品目，並參酌王居士一生行誼和他末後所現一著（指晚年日課禮佛千拜，及站立往生等事），認為《龍舒淨土文》所弘揚的淨土法門，實能普被三根，具有勸信行者的實質效果。此外，宋人刻《龍舒淨土文》時，板中三次出現舍利，❿大師在《文鈔》裏一再提及，❿以突顯王氏真修實踐之迹，叫人相信《龍舒淨土文》所言。

但王龍舒的立論，也並非全無謬誤。大師曾對王龍舒所犯的兩個錯誤提出修正：

1.有關「念三十六萬億一十一萬九千五百同名同號阿彌

---

❿　《全1》，〈與徐福賢女士書〉，頁128。

❿　《全1》，〈重刻龍舒淨土文題詞并序〉，頁453。據《大正藏》，第47冊所收版本，該書內容分為：〈淨土起信〉九篇，〈淨土總要〉七篇，〈普勸修持〉九篇，〈修持法門〉十五篇，〈感應事跡〉三十篇，〈特為勸喻〉三十七篇，〈指迷歸要〉七篇，〈現世感應〉十八篇，〈助修上品〉十六篇，〈淨濁如一〉十篇（頁252中一254上）。大師此處所提到的〈斷疑生信〉、〈往生事迹〉兩類，不見《大正藏》本，可能是所用版本不同；而〈斷疑生信〉應是〈淨土起信〉，〈往生事迹〉應是〈感應事跡〉。

❿　參閱《龍舒淨土文》，卷4，《大正藏》，第47冊，頁263上。

❿　參閱《全1》，〈復酈隱叟書〉，頁174；《全3下》，〈楊佩文居士舍利記〉，頁48。

陀佛」的說法。

2.王龍舒會集《大彌陀經》所出現的問題。

對於第1項「念三十六萬億一十一萬九千五百同名同號阿彌陀佛」的說法，曾有人提問，大師解釋云：「龍舒文，令念三十六萬億一十一萬九千五百同名同號阿彌陀佛，此事當從用工上論，不當從多少上論。此一句，若單念六字佛號，雖日念十萬，念滿百年，也不及此一句之數。然則念六字者，念一生不及念一句。而念一句者，縱有信願，未必即能往生；念一生，而有信願者，決定可以往生。且依諸祖成規，念六字名號，切勿以多少計。須知阿彌陀佛是法界藏身，即此一名，即圓攝十方三世一切佛號，何止三十六萬億一十一萬九千五百耶！」❿《龍舒淨土文》裏提及「念三十六萬億一十一萬九千五百同名同號阿彌陀佛」，共有四次，❿且認為此法「功德甚大」。❿但據大師的理解，念佛應從用功上來論，不可拘泥於數字的多寡。大師還強調阿彌陀佛是法界藏身，其名涵攝一切佛號，念其名號亦即念十方三世一切諸佛名號，所以不必以數字性的念法為勝。

王龍舒「念三十六萬億一十一萬九千五百同名同號阿彌陀佛」的說法，出自唐朝飛錫大師（生卒年不詳）的《念佛

---

❿　《全2》，〈復陳其昌居士書〉，頁956。

❿　參閱《龍舒淨土文》，卷4，《大正藏》，第47冊，頁262上一中、263中、263中一下。

❿　《龍舒淨土文》，卷4，《大正藏》，第47冊，頁263下。

三昧寶王論》卷中之〈念少佛得多佛利益門〉一節。但據印
光大師言，《寶王論》三卷，每卷皆為七門，今本卷中僅有六
門，乃因後來明眼人刪去〈念少佛得多佛利益門〉。⑩此門內
容據《龍舒淨土文》所轉錄如此：「釋迦佛在世時，有翁婆二
人，用穀一斗，記數念阿彌陀佛，願生西方。佛云：『我別有
方法，令汝念佛一聲，得多穀之數。』乃教以念『南謨西方極
樂世界三十六萬億一十一萬九千五百同名同號阿彌陀
佛』。」⑩大師認為此段文字可能出自偽撰之書，飛錫未經詳
審而在《寶王論》裏引用。後來流通的人，深恐無知之人造
成誤會，以此為實義，或作為懶惰懈怠之偷心藉口，故將此
段文字刪除。這種作法，至當之極，且有大功德。⑪足見大
師贊同刪去《寶王論》此一段文字，即表明他不贊同《龍舒
淨土文》一再強調「念三十六萬億一十一萬九千五百同名同
號阿彌陀佛」的作法。

　　有關第2項會集《大彌陀經》所出現的問題，乃指王龍舒
將歷來所譯的《無量壽經》作一會本，名《佛說大彌陀經》，⑫

---

⑩　參閱《全2》，〈復念西大師書〉，頁966。按：今查對《大正藏》，第47
　　冊，頁138—141，及《續藏經》，第108冊，頁368上—370下，與大師
　　所言相符。

⑩　《龍舒淨土文》，卷4，《大正藏》，第47冊，頁263中—下。

⑪　參閱《全2》，〈復念西大師書〉，頁967。

⑫　參閱《全3上》，〈復王子立居士書〉，頁209—10；《龍舒淨土文》，卷2，
　　〈序言〉，《大正藏》，第47冊，頁257中。王龍舒：〈大彌陀經序〉，《大
　　正藏》，第12冊，頁326。按：王龍舒校輯於紹興三十年(1160)至三十二

自宋至明末，人多受持，後來蓮池大師指出其不恰當處，漸無人讀誦。⑬但蓮池僅指出不恰當處，未作申述，印光大師則詳加說明，他說：

> 《無量壽經》中有三輩；《觀無量壽佛經》有九品，下三品皆造惡業之人，臨終遇善知識，開示念佛，而得往生。王龍舒死執三輩即是九品，此是錯誤根本。故以下輩作下三品，其錯大矣。
> 故上輩不說發菩提心，中輩則有發菩提心，下輩則云不發菩提心。《無量壽經》三輩，通有發菩提心。在王居士意謂，下輩罪業深重，何能發菩提心。不思下輩絕無一語云「造業事」，乃係善人，只可為九品中之中品，硬要將下輩作下品。違經失理，竟成任意改經。其過大矣。
> 在彼意謂，佛定將一切眾生攝盡，而不知只攝善類，不及惡類。彼既以善人為惡人，故云「不發菩提心」。死執下輩即是下品，故將善人認做惡人。不知九品之

年間，僅採用四種譯本：後漢·支婁迦讖：《佛說無量清淨平等覺經》、吳·支謙：《佛說阿彌陀三耶三佛薩樓佛檀過度人道經》、曹魏·康僧鎧：《佛說無量壽經》、宋·法賢：《佛說大乘無量壽莊嚴經》等。唐·菩提流志：《大寶積經無量壽如來會》，此經王龍舒未見過，所以沒採用。

⑬ 參閱《全1》，〈復永嘉某居士書二〉，頁99；《全3上》，〈復王子立居士書〉，頁209。

下三品，臨終苦極，一聞佛名，其歸命投誠，冀佛垂
慈救援之心，其勇奮感激，比臨刑望赦之心，深千萬
倍。雖未言及發菩提心，而其心念之切與誠，實具足
菩提心矣。惜王氏不按本經文義，而據《觀經》，硬誣
蔑善人為惡人，竟以惡人為判斷。

王氏尚有此失，後人可妄充通家乎！既有《無量壽經》，
何無事生事。王氏之誤，蓮池大師指出，尚未說其何
以如此。今為說其所以：「由于死執三輩即九品也。」
書此，一以見會集之難，一以杜後人之妄。魏默深更
不必言矣，膽大心粗，不足為訓。⓮

大師認為王龍舒混淆了《無量壽經》與《觀無量壽經》的內
容，將《無量壽經》所說的下輩往生人，比擬《觀無量壽經》
所說的下三品往生者。就《無量壽經》本文所見，下輩並非
造惡業之人，以《觀無量壽經》的下品來比配他們，是誤將
善人認做惡人。

　　由於王龍舒將善人認做惡人，以致他認為上、中、下三
輩發菩提心的情形不同，有發、有不發。但依《無量壽經》
原文，是三輩皆有發菩提心。而且，再就《觀無量壽經》來
說，即使下輩三品的人，在臨終極苦之時，一聞佛名，即歸
命投誠，冀佛垂慈救援，雖然經中未明言他們發菩提心，但
他們此刻心念之切誠，已具足菩提心。印光大師的看法是，

⓮　《全3上》，〈復王子立居士書〉，頁210—11。

無論何輩、何品的往生者，無不具有菩提心，否則不得往生。
這與他強調佛只攝受善類，不及惡類的見解一致。

　　大師由見及王龍舒的失誤，而知會集諸本佛經之難，因
此反對會集。此外，大師慮及會集本可能會開啟妄改佛經之
端，給闢佛者口實，謂佛經皆後人編造，非從佛國傳譯而來，❶❶❺
故一併反對當時魏默深（名源，號承貫，1794─1857）之會
集本。❶❶❻

㈡周安士

　　周安士（名夢顏，1655─1738）是江蘇省崑山之諸生，
博通三教經書，深信念佛法門。弱冠入泮時即厭仕進，以著
書覺人為志。❶❶❼大師曾推許他的《安士全書》為「善世第一
奇書」，❶❶❽認為它「覺世牖民，盡善盡美；講道論德，超古超

❶❶❺　參閱《全1》，〈復永嘉某居士書二〉，頁99。
❶❶❻　按：魏承貫認為蓮池大師一向專宗小本《彌陀經》，這種作法已偏而不
　　　全。又於《雲棲法彙》裏刊大本《彌陀經》時，專用魏譯，且謂四十
　　　八願古今流通。魏氏反對此說法。據魏氏言，西域古本原是二十四願，
　　　所以漢、吳二譯宗之。但自魏譯敷衍加倍，重複杳冗，前後雷同，是
　　　以唐譯節省為四十六願，宋譯省為三十六願，導致古今流通不廣。因
　　　此魏氏會譯成二十四願，以免重複，並認為此會譯本「無一字不有來
　　　歷，庶幾補雲棲（蓮池）之缺憾，為法門之善本矣」（清·魏源：〈無
　　　量壽經會譯序〉，《魏源集》〔臺北：鼎文書局，1978年，頁248─49〕）。
❶❶❼　參閱《全1》，〈與廣東許豁然居士書〉，頁134；《全1》，〈重刻安士全書
　　　序一〉，頁458；清·彭希涑：《淨土聖賢錄》，卷8，《續藏經》，第135
　　　冊，頁180下。

今。引事迹則證據的確，發議論則洞徹淵源」。⑪該書共收入
周安士四種作品：《文昌帝君陰騭文廣義》、《萬善先資集》、
《欲海回狂集》、《西歸直指》，大師說明周安士此四本書的旨
要云：

> （周安士）以奇才妙悟之學識，取靈山泗水之心法，
> 就（文昌）帝君隨機說法之文，著斯民雅俗同觀之註。
> 理本於心，詞得其要。徵引事實，袪迷雲於意地；闡
> 揚義旨，揭慧日於性天。使閱者法法頭頭，有所仿效；
> 心心念念，有所警懲。直將帝君一片婆心，徹底掀翻，
> 和盤托出。俾千古之上，千古之下，垂訓受訓，悉皆
> 釋然，毫無遺憾。
> 又悲心無既，慈願莫窮，欲使斯民推忠恕以篤胞與，
> 息刀兵而享天年，守禮義以敦彝倫，好令德而遠美色，
> 因著戒殺之書曰《萬善先資》，戒淫之書曰《欲海回狂》。
> 良由世人殺業最多，淫業易犯，以故不憚煩勞，諄諄
> 告誡。
> 又以泛修世善，止獲人天之福，福盡墮落，苦毒何所

---

⑱　《全1》，〈重刻安士全書序一〉，頁459。另又言：「《安士全書》……誠
　　淑世善民之要書也」（《全1》，〈復四川謝誠明居士書〉，頁277）；「《安
　　士全書》為古今善書之冠」（《全1》，〈復馬契西居士書四〉，頁283）；
　　「《安士全書》為天下古今善書之冠」（《全1》，〈致陝西陳柏生督軍書〉，
　　頁295）。

⑲　《全1》，〈與廣東許豁然居士書〉，頁134。

底極。乃宗淨土經論，採其逗機語言，集為一書，名
曰《西歸直指》。普使富貴貧賤，老幼男女，或智或愚，
若緇若素，同念阿彌陀佛，求生極樂世界。迴出輪迴，
直登不退。**⑳**

《文昌帝君陰騭文廣義》、《萬善先資集》、《欲海回狂集》等
主要講世間善法，《西歸直指》主要講了脫生死的出世間法，
然而「前三種書，雖教人修世善，而亦具了生死法。此（後）
一種書，雖教人了生死，而又須力行世善」。**㉑**各書之間有其
通貫性。大師說《安士全書》「實為古今第一融通儒佛心法，
詳示因果報應，及修持方法之導俗奇書」。**㉒**總之，《安士全
書》的優點在「於世諦中含有佛法」。**㉓**因此大師評該書曰：
「誠傳家之至寶，亦宣講之奇書。言言皆佛祖之心法，聖賢
之道脈。淑世善民之要道，光前裕後之祕方。」**㉔**

大師於民國七年（1918，58歲）首次倡印的第一部經書，
即是《安士全書》，**㉕**當時擬印一二十萬部，得到丁福保、尤
惜陰、張雲雷等居士支持，**㉖**並流通於各軍區、監獄。**㉗**大師

---

⑳　《全1》，〈重刻安士全書序一〉，頁458─59。另參閱《全1》，〈重刻安
士全書序二〉，頁461；《全1》，〈與廣東許豁然居士書〉，頁134─35。

㉑　《全1》，〈與廣東許豁然居士書〉，頁135。

㉒　《全1》，〈復高邵麟居士書三〉，頁62。

㉓　《全3上》，〈復丁福保居士書〉，頁94。

㉔　《全1》，〈與廣東許豁然居士書〉，頁134。

㉕　參閱本書第一章第四節；《全1》，〈欲海回狂普勸受持流通序〉，頁609。

於民國八年又刻《欲海回狂》、《萬善先資》二種單行本，民
國十年募印縮小本的《安士全書》。⑱足見大師對《安士全書》
的重視。

　　另值得一提的是，大師倡導因果報應思想時，常引用周
安士「人人知因果，大治之道也。人人不知因果，大亂之道
也」數語，⑲大師並常言「因果者，世出世間聖人，平治天
下，度脫眾生之大權也」，⑳來呼應周安士的話。實則，大師

---

⑱　參閱《全1》，〈復陳慧超居士書〉，頁171；《全1》，〈復馬契西居士書四〉，
　　頁283；《全1》，〈欲海回狂普勸受持流通序〉，頁609；《全3上》，〈復高
　　鶴年居士書〉，頁70—71。

⑰　參閱本書第一章第四節；《全1》，〈項伯吹先生定海縣監獄講經參觀記
　　跋〉，頁621—22；《全2》，〈與魏梅蓀居士書十六〉，頁1037。

⑱　參閱《全1》，〈欲海回狂普勸受持流通序〉，頁609。

⑲　大師引述此數語見《全1》，〈挽回劫運護國救民正本清源論〉，頁397；
　　《全2》，〈復李德明居士書二〉，頁959。按：周安士原語有二種說法，
　　一為：「人人知因果，大治之道也。人人不信因果，大亂之道也。」（見
　　《文昌帝君陰騭文廣義》，「欲廣福田，須憑心地」條，《安士全書》〔臺
　　南：和裕出版社，1996年〕，頁82）一為：「人人信因果，大治之道也。
　　人人不信因果，大亂之道也。」（《西歸直指》，卷3，《安士全書》，頁899）

⑳　《全1》，〈與聶雲台居士書〉，頁200；《全1》，〈復周群錚居士書七〉，
　　頁242；《全1》，〈復張伯巖居士書〉，頁265；《全1》，〈廈門流通佛經緣
　　起序〉，頁526；《全1》〈因果錄序〉，頁581；《全1》，〈因果為儒釋聖教
　　之根本說〉，頁719；《全1》，〈上海佛學編輯社緣起〉，頁759；《全1》，
　　〈樂清柳市募建淨土堂緣起〉，頁765；《全2》，〈復李德明居士書二〉，
　　頁959；《全2》，〈復唐能誠居士書〉，頁971；《全2》，〈與魏梅蓀居士書
　　十六（二）〉，頁1037；《全2》，〈與魏梅蓀居士書十六（四）〉，頁1039；

廣為倡印《安士全書》的主要原因，在於此書提倡因果報應
之事理，令人「始則漸信因果，繼則深信佛法，終則往生西
方，了生脫死」。⑬以循序漸進之方法，導人歸信佛法，既而
達到解脫，這亦正是大師立教的本懷。

第三節　揀別禪淨

　　禪、淨此二法門為現代多數佛教徒所修持，大師揀別禪、
淨的目的是為了告訴淨土行者依自力跟藉佛力修持的難易不
同，俾使淨土行者斷疑生信，建立起求生西方極樂淨土的堅
定信念。

壹、揀別「禪」、「有禪」、「淨土」、　「有淨土」

　　大師曾借助永明延壽(904—975)的〈四料簡〉，⑬揀別禪、

《全2》，〈歷史感應統紀序〉，頁1162；《全2》，〈到光明之路序〉，頁1213；
《全2》，〈杯度齋文集序〉，頁1226；《全2》，〈道德叢書序〉，頁1232；
《全2》，〈紀文達公筆記摘要序〉，頁1239；《全2》，〈婺源縣內成立佛
光分社發隱〉，頁1348；《全3上》，〈復高鶴年居士書〉，頁71；《全3上》，
〈復卓智立居士書〉，頁342。

⑬　　《全1》，〈復高邵麟居士書一〉，頁56。

⑬　　有關大師對〈四料簡〉的詮釋，在《文鈔》中有三處發揮的較為詳細，
　　一是〈淨土決疑論〉（《全1》，頁367—370）；一是〈淨土法門說要〉（《全

淨異同，他說：「若論自力他力，禪淨難易，講得最清楚、最明白，莫如永明延壽大師的〈四料簡〉。」❸大師對〈四料簡〉的推崇，出自於他對〈四料簡〉的獨到見解：「要明白這〈四料簡〉的意思，先要明白怎麼叫做『禪』? 怎麼叫做『淨』? 怎麼叫做『有』? 怎麼叫做『無』? 拿這『禪』、『淨』、『有』、『無』四個字看清楚，就明白〈四料簡〉的意思。」❹所謂「禪」、「淨」、「有」、「無」等，即大師詮釋「禪」、「淨土」、「有禪」及「有淨土」的四個關鍵要點：

> 「禪者」，即吾人本具之真如佛性，宗門所謂父母未生以前本來面目。宗門語不說破，令人參而自得，故其言如此。實即無能無所，即寂即照之離念靈知，純真心體也。（自注云「離念靈知」者，了無念慮，而洞悉前境也。）
>
> 「淨土者」，即信願持名，求生西方。非偏指唯心淨土，自性彌陀也。
>
> 「有禪者」，即參究力極，念寂情亡，徹見父母未生前本來面目，明心見性也。
>
> 「有淨土者」，即真實發菩提心，生信發願，持佛名號，求生西方也。❺

3下》，頁77—78）；一是〈居士林開示法語〉（《全3下》，頁63—65）。

❸　《全3下》，〈居士林開示法語〉，頁62。

❹　《全3下》，〈居士林開示法語〉，頁63。

　　大師認為「禪」是指吾人本具之真如佛性,「有禪」是指修禪行者已明心見性;「淨土」是指信願持名,求生西方,「有淨土」是指念佛行者以深信願,持佛名號,往生西方極樂淨土。「禪」與「淨土」乃就教、理而言,是修持的指導方針,不因時空、人物的改變而有所改變。然而,行者的根性和機緣不同,如果已選定禪或淨土為修持法門,即須依教起行,直致解脫之境,方可名為「有禪」或「有淨土」。

　　上引文對「禪」的解釋已甚清楚,不過大師小字註云:「『離念靈知』者,了無念慮,而洞悉前境也」,須作說明。他指出:「夫禪至于不知,方是真禪,以見聞覺知,皆意識中事,唯其不知,方能靈光獨耀,迴脫根塵,體露真常,即如如佛耳。」❸這裏的「靈光獨耀,迴脫根塵,體露真常,即如如佛」是引用禪典用語,❸表明見聞覺知皆是意識作用,須「了無念慮」,「至于不知」,方名「真禪」。此「真禪」即「有禪」之謂。

　　另外,引文對「淨土」一義的解釋,似乎跟「有淨土」

❸　《全1》,〈淨土決疑論〉,頁366。又《全3下》,〈淨土法門說要〉,頁76—77,所說與此處大同小異,可參考。

❸　《全1》,〈復張季直先生書〉,頁329。

❸　《景德傳燈錄》,卷9,〈古靈神贊章〉云:「靈光獨耀,迴脫根塵,體露真常,不拘文字;心性無染,本自圓成,但離妄緣,即如如佛。」(《大正藏》,第51冊,頁268上)又《五燈會元》,卷3,〈百丈章〉亦云:「靈光獨耀,迴脫根塵,體露真常,不拘文字。心性無染,本自真成,但離妄緣,即如如佛。」(《續藏經》,第138冊,頁44下)

所言者同。實則，大師以理體指稱「淨土」，但達此理體須不
廢事修，跟一般佛徒所謂「唯心淨土，自性彌陀」不同。他
說：「唯心淨土，自性彌陀，當處即是，無往無生。此理甚深，
非法身大士不能領會契證。然法身大士亦不廢事修，所謂以
深信願，持佛名號，求生西方。彼則唯論理體，此則理事雙
融。」❸大師的意思是「唯心淨土，自性彌陀」，只有已證法
身的大菩薩才能實際體證，而此法身大士亦不廢事修，所以
亦注重持佛名號、求生西方一事。既然不可廢去事修，大師
便如此說：「彌陀淨土，總在吾人一念心性之中。則阿彌陀佛，
我心本具。既是我心本具，固當常念。既能常念，則感應道
交。修德有功，性德方顯，事理圓融，生佛不二矣。故曰：
以我具佛之心，念我心具之佛，豈我心具之佛，而不應我具
佛之心耶。」❸此乃藉天台心具心造的說法，說明生佛感應之
理。也就是說，唯有不廢事修，才能理事雙融，徹底圓彰。
從這個角度來看，可明白大師強調的「淨土」理體，跟一般
缺少實證，而空謂「唯心淨土，自性彌陀」者不同。其言：
「淨土，約事則實有至極莊嚴之境象，約理則唯心所現。良
以心清淨故，致使此諸境界悉清淨，理與事固不能分張，不
過約所重之義，分事分理耳。……事理二法，兩不相離，由
有淨心，方有淨境。若無淨境，何顯淨心。心淨則佛土淨，
是名心具。若非心具，則因不感果矣。」❹此亦是以理事雙融、

❸　《全3上》，〈復卓智立居士書〉，頁352。

❸　《全1》，〈復馬契西居士書九〉，頁289。

感應道交，來說明「淨土」心具心造之義。

　　大師又從教理和行證（或言果）兩方面，說明四者的關係，他說：「『禪』與『淨土』，唯約教約理。『有禪』、『有淨土』，乃約機約修。教、理則恆然如是，佛不能增，凡不能減。機、修須依教起行，行極證理，使其實有諸己也。」⑭大師對「有禪」及「有淨土」的要求極高，表示不能達到實有諸己之境，即不得名為「有禪」或「有淨土」：

　　　　倘參禪未悟，或悟而未徹，皆不得名為有禪。
　　　　倘念佛偏執唯心而無信願；或有信願而不真切，悠悠
　　　　泛泛，敷衍故事；或求來生生富貴家，享五欲樂；或
　　　　求生天，受天福樂；或求來生，出家為僧，一聞千悟，
　　　　得大總持，宏揚法道，普利眾生者，皆不得名為有淨
　　　　土矣。⑭

參禪未到大徹大悟之境，不可名為「有禪」；念佛而無信願求生，或信願不真切，僅為了人天福報，或求來生出家為僧，得大總持者，不可名為「有淨土」。因此，大師作出結論云：「謂參禪便為有禪，念佛便為有淨土。非但不知禪淨，兼亦不知文義。」⑭

---

⑭　《全3上》，〈復馬宗道居士書〉，頁379。
⑭　《全1》，〈淨土決疑論〉，頁366。
⑭　《全1》，〈淨土決疑論〉，頁366—67。

貳、「有禪」未必已了脫生死

　　大師認為「有禪」雖已達到明心見性之境，但「有禪」只能算是開悟，未必已了脫生死。他說：「若按通途教理而修，雖明心見性，去了生死，尚大遠在。以明心見性是悟，不是證。今人能悟者尚少，況能證乎！證則惑業淨盡，生死之因既斷，自不感生死之果矣。」⑭強調悟跟證不同，悟和了生脫死沒有直接關係，須證才能斷生死之因。這是因為悟（或言明心見性）尚未能斷煩惱惑業，大師說：「即令真得禪宗明心見性之實益，其去了生死尚大遠在。以煩惱惑業未斷，悟是悟，生死是生死。若謂明心見性即無生死可得，此係門外漢，與狂禪者之所謬認者。」⑭由此言之，「有禪」的行者往往是悟而未證，只可名為「理性佛」，大師說：「彼參禪者，謂參禪一法乃直指人心見性成佛之法，固為實為頓。不知參禪，縱能大澈大悟，明心見性，但見即心本具之『理性佛』。」⑭悟、證二者不同，「理性佛」（依天台所立六即位，乃作「理即佛」）僅是悟得理性，尚未親證理性。⑭至於悟得理性的情

---

⑭　《全1》，〈淨土決疑論〉，頁367。

⑭　《全1》，〈復法海大師書〉，頁302。

⑭　《全2》，〈復鄭慧洪居士書〉，頁1004。

⑭　《全3下》，〈論禪淨之權實頓漸〉，頁51。又見《全1》，〈復馬契西居士書二〉，頁280。

⑭　參閱《全3下》，〈論禪淨之權實頓漸〉，頁51。又傳為天台智顗所著之《觀無量壽佛經疏》，曾立「六即佛」義，大師的解釋見於《全4》，〈上

況如何？大師曾就悟得法、我二空之理來說明，他說：「二空理唯言悟，則利根凡夫即能，如圓教『名字位』中人，雖五住煩惱，毫未伏斷，而所悟與佛無二無別（自註：五住者，見惑為『一住』，思惑為『三住』，此二住於界內。塵沙惑、無明惑共為『一住』，此二住於界外。）若約宗說，則名大徹大悟；若約教說，則名大開圓解。大徹大悟與大開圓解，不是依稀彷彿明了而已。……若云證實相法，則非博地凡夫之所能為。」❹只要是利根凡夫，便能悟得法、我二空之理，大師以圓教「名字位」為例，指出該等行者五住煩惱絲毫未斷，所悟雖與佛同，達致大徹大悟或大開圓解之境，但仍未有實證，故尚未了脫生死。大師對悟和證的關係，有如下解釋：

禪宗一法，名為教外別傳。凡所提倡，意在言外，千言萬語，總皆指歸，不涉因果、修證、凡聖、生佛之法身理體。令人先悟此體，然後起彼修因證果，超凡入聖，即眾生而成佛道之事。……一年不悟，兩年參；十年不悟，二十年參；一生不悟，即生生參。果真拌此深心參者，決無不悟之理。既悟之後，乃名悟道。

海護國息災法會法語），頁2137—45。另可參閱宋・釋智圓：《佛說阿彌陀經疏》，《大正藏》，第37冊，頁351上，說明「六即佛」義；宋・釋知禮：《觀無量壽佛經疏妙宗鈔》，《大正藏》，第37冊，頁200上，說明「六即佛」中之「理即佛」義。

❹ 《全1》，〈復永嘉某居士書五〉，頁112。

尚須歷諸境緣，鍛煉習氣，直得煩惑淨盡，方可名證
道。❹

修行人須先悟道，再以所悟之理體為進道之方；修因證果，
才能超凡入聖。要達至悟道，有一段長遠的路須走，或一二
年、或幾十年不等，而且更有一生皆不悟者；既悟之後，還
須不斷藉境煉心，以去煩惑，直到煩惱淨盡，才是證道。雖
然，大師也曾表示佛教法門中最直捷者莫過於參禪，儻係上
根者，可以一聞千悟，得大總持。但這也只是悟，尚不是證。
況且，值此末法時代能夠大徹大悟，明心見性的人實不多見，
大部分參禪者往往錯認消息。大師舉出趙州從諗禪師(778—
897)至八十餘歲尚且行腳，長慶（大安禪師，793—883）坐
破了七個蒲團後才開悟，涌泉景欣（乃石霜慶諸〔807—888〕
的法嗣）悟後四十年尚有走作，雪峰義存(822—908)三登投
子、九上洞山等為例，指出此輩大祖師欲達到大徹大悟之境，
經歷的過程尚且如此之難，何況業力凡夫？❺言下之意是，
要達到「有禪」之境已非易事，更何況了生脫死！

　　大師把「有禪」之境的行者分為兩種，一則大菩薩根性，
能夠即悟即證，但為數極少；一則根器稍劣，縱能妙悟，但
見思煩惱未能斷除，仍須在三界中受生受死。此輩人既受生
死輪迴，從悟而入迷者居多，從悟入悟者則少。❺有關這種

---

❹　《全1》，〈與泰順林枝芬居士書二〉，頁92—93。

❺　參閱《全1》，〈與泰順林枝芬居士書二〉，頁89。

情形，大師常舉草堂善清(1057—1142)、五祖戒（曾為五祖寺住持，生卒年不詳）等人為例，⓲以勸勉行者須量力而行。

參、「有淨土」須具備信願行

至於「有淨土」的意思，一般認為只要念佛就是「有淨土」，但大師認為要對往生極樂有把握才算，而這把握並非指證得一心不亂或念佛三昧，而是指須兼具「信、願、行」三資糧。⓳用簡單的話說，「信」指真信，「願」指切願，「行」指持佛名號之正行。大師說明三者云：

⓱　參閱《全1》，〈復馬契西居士書二〉，頁280。另可參閱《全1》，〈劉圓照居士摸象詩序〉，頁488—89，亦說明此義。

⓲　參閱《全1》，〈復濮大凡居士書〉，頁40；《全1》，〈復永嘉某居士書五〉，頁113；《全1》，〈與海鹽顧母徐夫人書〉，頁141；《全1》，〈淨土決疑論〉，頁369；《全2》，〈致阮和卿居士書〉，頁958；《全2》，〈致廣慧和尚書〉，頁1118、1120—21、1122—23；《三編》，〈復周志誠居士書一〉，頁260。

⓳　三資糧又稱為三字訣。自淨宗七祖省常(959—1020)提出「信、願、行」為往生極樂國土的必備條件後，歷來弘揚彌陀信仰的緇素大德，都以「信、願、行」為該宗宗旨，直至近代仍是如此。大師的《文鈔》常出現以「信、願、行」為淨土法門宗旨（或大綱）的話，如：《全1》，〈復高邵麟居士書四〉，頁65；《全1》，〈與陳錫周居士書〉，頁72；《全1》，〈與徐福賢女士書〉，頁123；《全1》，〈復范古農居士書一〉，頁182；《全1》，〈復何慧昭居士書〉，頁320；《全2》，〈一函徧復〉，頁855；《全2》，〈復湯文煊居士書二〉，頁900；《全2》，〈阜寧合興鎮淨念蓮社緣起序〉，頁1237；《全2》，〈靈巖山篤修淨土道場啟建大殿記〉，頁1282；《全2》，〈淨土指要〉，頁1340；《全3上》，〈復智貞居士書（二）〉，頁98。

「信」，則信我此世界是苦，信極樂世界是樂；信我是
業力凡夫，決定不能仗自力，斷惑證真，了生脫死；
信阿彌陀佛，有大誓願，若有眾生，念佛名號，求生
佛國，其人臨命終時，佛必垂慈接引，令生西方。「願」，
則願速出離此苦世界，願速往生彼樂世界。「行」，則
至誠懇切，常念南無阿彌陀佛，時時刻刻，無令暫忘。⑭

「信」包括信娑婆極苦，西方極樂；⑮信自己是通身業力所
束縛的凡夫，無法依自力斷惑證真；信阿彌陀佛大誓願的力
量，眾生只要持佛名號，求生彼國，臨終時彼佛必來接引。
有以上之真信後，便會產生厭離娑婆、欣求極樂之願，因為
娑婆之苦，苦不堪言，而往生後所處的極樂國土，無論當中
的眾生（或言正報莊嚴）還是事物、環境（或言依報莊嚴），
皆非常美好，⑯在此修持可免去諸障礙，為一理想的修持地

---

⑭　《全2》，〈一函徧復〉，頁855。另可參閱《全1》，〈淨土法門普被三根
　　論〉，頁371—72，文略有不同，但義同。

⑮　有幾處介紹的較詳細，參閱《全1》，〈與陳錫周居士書〉，頁69—70；
　　《全1》，〈與徐福賢女士書〉，頁124；《全1》，〈初機淨業指南序〉，頁
　　514。

⑯　有關依報、正報莊嚴的說明，參閱方倫：〈淨法概述〉，載張曼濤主編：
　　《淨土宗概論》，《現代佛教學術叢刊64》〔臺北：大乘文化出版社，1979
　　年〕，頁53—141，尤其頁63—68、69—71、112—116，將經文所示，
　　詳細列出表格說明，容易檢閱。

方，故產生願往生之心。而信、願具足之後，必然會引發行
者至誠懇切地執持名號，以證所信、滿所願。❻因此，大師
說：「既有真信切願，當修念佛正行。以信願為先導，念佛為
正行。信、願、行三，乃念佛法門宗要。有行無信願，不能
往生，有信願無行，亦不能往生。信願行三，具足無缺，決
定往生。」❻表示念佛法門唯以信願行三法為其宗要，三法具
足，決定往生。

　　另外，大師特別強調信和願，他認為若無真信切願，縱
有真行，亦不能往生，❻唯有具足信願，才能往生。他說：
「念佛之法，重在信願。信願真切，雖未能心中清淨，亦得
往生。何以故？以心中有佛為能感，故致彌陀即能應耳。」❻
又說：「往生……只在有信願與無信願。有信願決定往生，無
信願決不得往生。」❻「往生西方……，唯有不生信、不發願
者，不能生。若有真信切願，無一不生者。」❻大師苦口婆心
地告訴行者要注重信願，乃因信願堅定，必能感佛加被接引。
否則，縱有修行，亦不能與佛感應道交，頂多得到人天福報
及種下未來得度之因而已。❻大師曾藉禪淨雙修的問題，說

---

❻　大師說：「有信願則決定肯認真修持，肯修持則即可得往生之益。」(《全
　　2》，〈復習懷辛居士書〉，頁932)

❻　《全1》，〈與陳錫周居士書〉，頁72。

❻　參閱《全1》，〈復高邵麟居士書四〉，頁65。

❻　《全1》，〈復黃涵之居士書三〉，頁315。

❻　《全2》，〈復智樂居士書〉，頁1019。

❻　《全2》，〈致戚友卿先生書〉，頁930。

明具足信願的重要，他說：

> 淨土法門，以信願念佛求生西方為宗旨。世人每每以
> 此為平常無奇，遂以宗門參究之法為殊勝，而注重於
> 開悟，不注重信願求生，美其名曰：「禪淨雙修」。究
> 其實，則完全是無禪無淨土。何以言之？不到大徹大
> 悟，不名有禪。今之參禪者，誰是真到大徹大悟地位。
> 由注重於參，遂將西方依正莊嚴，通通會歸自心，則
> 信願求生之念毫無，雖名之曰念佛，實則與念佛之道
> 相反。……弄到歸宗，禪也靠不住，淨也靠不住。❿

依大師的看法，一般自認為禪淨雙修的人，總是弄到兩邊皆
不是，禪也靠不住，淨也靠不住。既無法依自力了生死，又
不注重信願求生，因此盡失彌陀本願的救濟利益。大師非常
反對假借「禪淨雙修」之名來擺門面，導致喪失無窮的利益，
他提出警告說：「若用禪家參念佛的是誰，則是參禪求悟，殊
失淨土宗旨。此極大極要之關係。人每欲冒禪淨雙修之名，
而力主參究，則所得之利益有限（念到極處，也會開悟），所
失之利益無窮矣。以不注重信願求生，不能與佛感應道交。
縱令親見念佛的是誰，亦難蒙佛接引往生西方，以無信願求

❿ 參閱《全1》，〈與陳錫周居士書〉，頁71。另可參閱《全2》，〈復又真師、
　覺三居士書〉，頁955。
❿ 《全2》，〈復張純一居士書〉，頁1007。

生之心故也。又未斷煩惑，不能仗自力了生脫死。好說大話
者，均由不知此義。」⑯總之，禪門以參「念佛的是誰」為開
悟的方便法，絕不講信願求生，即使見得本來面目，亦只算
得是悟，去了生死尚遠。在不到業盡情空的情況下，又加上
不注重信願求生西方，便與佛願相背，而無法仗佛力了脫生
死。以故念佛人如果帶禪門氣息，則得利益處少，失利益處
多。⑯

　　另外，大師還以達到一心不亂或證入三昧為例，強調信
願的重要，他說：「有信願，未得一心，亦可往生。得一心，
若無信願，亦不得往生。世人多多注重一心，不注重信願，
已是失其扼要。」⑯又說：「往生淨土，全仗信、願。有信、
願，即未得三昧，未得一心不亂，亦可往生。且莫只以一心
不亂，及得念佛三昧為志事，不復以信、願、淨念為事。」⑯
「若無真信切願，勿道不相應不能往生，即相應亦不能決定
往生。一心不亂，念佛三昧，亦不易得。若有真信切願，未
得相應，亦可往生，況已相應乎。」⑯一心不亂或念佛三昧是

---

⑯　《全2》，〈復陳慧新居士書〉，頁1057。

⑯　另可參閱《全3上》，〈致諪宗元居士書〉，頁311。又大師不反對禪淨雙
　　修，但他更強調的是具足信願。如果信願具足，禪淨雙修方能得益，
　　否則，倒不如專心致力於持佛名號（參閱《全2》，〈彌陀聖典序〉，頁
　　1159）。

⑯　《全2》，〈復朱德大居士書〉，頁1028。

⑯　《全2》，〈復郁智朗居士書〉，頁1010。

⑯　《全2》，〈復郁智朗居士書〉，頁1010。

念佛行者的目標，大師亦常勸人要發起此心，但此種境界不易獲得，所以行者在修持的過程裏，其心態上必須以信願為主，往生的把握才能落實下來。否則，只一味地追求一心不亂或三昧，恐因此而無法與佛感應道交。再者，有些行者因為未得一心，而怕無法往生，此種疑慮完全與真信切願背道而馳。大師認為此種想念表面看來似乎是不錯，具有鼓舞行者奮力向前的作用，不過，若因不得一心而於心中常存著一種不能往生之念，則成壞想念，因為如此便與佛不相應，而盡失如來救濟之悲願。⑩

綜觀大師強調信願，讓人瞭解到只是持名念佛以求一心不亂、或參究「念佛的是誰」以求開悟，皆未必是淨土法門。因為在不注重信願的情況下，即使因念佛而開悟，甚或證得實相而了脫生死者，仍屬自力，此與仗佛力的淨土宗旨迥然有異。誠如大師所言：「信願全無，但念佛名，仍屬自力。以無信願，故不能與彌陀宏誓，感應道交。」⑪

第四節　他力救濟與帶業往生

他力救濟指佛力（或言他力）跟自力配合時，所產生的

---

⑩　參閱《全2》，〈復朱德大居士書〉，頁1028；《全3上》，〈復希淨居士書〉，頁179—80。

⑪　《全1》，〈復濮大凡居士書〉，頁40。

感應效驗。就淨土法門的教義而言，佛力指的是阿彌陀佛的本願力，此本願力乃阿彌陀佛於「因位」為法藏菩薩時所發下的四十八種誓願之力，⓱不但使彌陀自身成為圓滿覺者，同時保證修持淨土法門的行者最後亦可得成正覺；自力則指行者本身信願念佛之正行，及一切上求下化之宗教實踐等助行。

　　他力救濟是淨土法門強調的重點之一，而其中牽涉到「帶業往生」這一頗富爭論性的觀念。在佛教的教義裏，「帶業往生」可從廣義和狹義兩方面來看，就廣義而言，「帶業往生」指命終後帶著宿業，往生三界六道，或是至諸佛淨土，並非一定往生西方極樂淨土。狹義而言，「帶業往生」指修念佛法

⓱ 本願指阿彌陀佛於「因位」為法藏菩薩時，所發的四十八種誓願，又作四十八本願。又阿彌陀佛本願，於《無量壽經》之諸譯本及梵本中皆有記載，但所舉之願數、願文等，互有出入。可大別為二十四願與四十八願兩系統，即：（一）二十四願，為《大阿彌陀經》卷上（吳譯）、《平等覺經》卷1（漢譯）等所舉；（二）四十八願，為《無量壽經》卷上（魏譯）、《大寶積經》卷17《無量壽如來會》（唐譯）、《悲華經》卷3、《大乘悲分陀利經》卷3等所舉。此外，尚有《大乘無量壽莊嚴經》卷上（宋譯）舉出三十六願，梵文《無量壽經》舉出四十六願，西藏譯《無量光莊嚴大乘經》則舉出四十九願。其中，魏、唐二譯大致相同，而以魏譯較為完整，故依此舉四十八願（參閱香川孝雄：《淨土教の成立史の研究》〔東京：山喜房仏書林，1993年〕，第二篇第六章第五節〈阿彌陀佛の本願〉，頁570—600；木村泰賢著，李根源譯：〈本願思想之開展與其道德的文化的宗教的意義〉，載張曼濤主編：《淨土思想論集（一）》，《現代佛教學術叢刊66》，頁337—386，尤其頁345—66）。

門者，於命終後帶著宿業，往生西方極樂淨土，其宿昔所造之惡業、不淨業，無法現行。在中國首由天如惟則（?–1354，臨濟宗禪僧，得法於中峰明本）提出「帶業往生」一詞，**❼❸** 此後，蓮池、蕅益等大師亦皆用之，不過次數不多，非如印光大師頻頻使用。據筆者初步統計，《文鈔》使用「帶業往生」達九十餘次。由於大師被譽為近代四大高僧之一，又是專弘淨土法門的大導師，**❼❹** 因此，他對「帶業往生」的說法引起廣泛注意及討論。**❼❺**

---

❼❸　《淨土或問》云：「一生造惡，臨終念佛，帶業往生，又無退轉，此彌陀願力，誠乎不可思議矣。」（釋惟則：《淨土或問》，載釋蕅益編，釋印光修訂：《淨土十要》，頁225）

❼❹　大師為近代淨宗大導師，乃日人的一般說法。日人所編之《淨土宗大辭典》〔淨土宗大辭典纂委員會編集，東京：山喜房仏書林，1987年〕即如此尊稱他（第一冊，頁96）。至於他們不稱大師為蓮宗祖師，可能原因有二，一是他們不承認中國現行的蓮宗十三祖說；二是以「導師」稱呼，即視淨土法門為一種教學，回歸到根本佛教之純具「教育」之意，將淨土法門的「宗教信仰」意味降低。

❼❺　旅居美國專宏密宗的陳健民瑜伽士(1906－1987)組成一個查經小組，希望從歷來有關淨土法門的著述中，找出「帶業往生」一詞之經據，其結論是經文中找不到此詞，故主張廢棄「帶業往生」，以「消業往生」一詞代之。此查經小組報告書指出最先使用「帶業往生」乃蕅益大師（按：此說有誤，見註173），而使用次數最多的則是印光大師，故此查經報告書的第二部分便專門討論印光大師使用此詞之意，並以「消業往生」來解釋印光大師的「帶業往生」（參閱陳健民：《淨土五經會通資料全集》，收入氏著《曲肱齋全集》，第6冊，臺北：圓明出版社，1993年，尤其頁163－222），因而在佛教界引發了一場靜辯，釋祥雲將

　　我國自從往生思想興起後，便逐漸重視他力的解釋，如
曇鸞《往生論註》卷上引用龍樹《十住毘婆沙論》「難易二道」
來說明，⓰其後，智顗、道綽、善道、懷感等人亦皆著書立
說，⓱提倡他力教法。大師稱此教法為特別法門，指出它跟
靠自力修持戒定慧的通途法門不同，他說：「修持法門有二種
不同，若仗自力修戒定慧，以迄斷惑證真，了生脫死者，名
為通途法門。若具真信切願，持佛名號，以期仗佛慈力，往
生西方者，名為特別法門。通途全仗自力，特別則自力、佛
力兼而有之。」⓲通途法門的自力修持，甚難了脫生死。⓳特
別法門則因依信、願、行之淨宗宗旨，能仗佛慈力而往生西
方極樂淨土。⓴大師曾說：「淨土特別法門，仗彌陀慈悲誓願，

　　論諍的文章編輯成冊，其中不少討論到大師的說法，如頁3、28、34、
　　43、44、48、61、74、85、86、122、128、130–36、160、174、177–
　　78、188–202、204–210等處，參閱釋祥雲主編：《帶業往生與消業往生》
　　〔臺北：天華出版公司，1993年〕。

⓰　釋曇鸞：《無量壽經優婆提舍願生偈註》，卷上，《大正藏》，第40冊，
　　頁826中。

⓱　釋智顗：《淨土十疑論》，《大正藏》，第47冊，頁77下、79上；釋道綽：
　　《安樂集》，《大正藏》，第47冊，頁12中、16下；釋善道：《念佛鏡》，
　　《大正藏》，第47冊，頁122中、123下；釋迦才：《淨土論》，《大正藏》，
　　第47冊，頁101上；釋飛錫：《念佛三昧寶王論》，《大正藏》，第47冊，
　　頁138上；釋懷感：《淨土論》，卷中，《大正藏》，第47冊，頁91上。

⓲　《全1》，〈近代往生傳序〉，頁578。

⓳　大師曾簡介聲聞乘、緣覺乘、菩薩乘等依通途自力修法，表示要依自
　　力了生死甚難。參閱《全2》，〈福州佛學圖書館緣起〉，頁1392–93。

與自己信願憶念之力，於臨命終時，蒙佛接引，往生西方。」⓭
又說：「若依念佛法門生信發願，念佛聖號，求生西方。……
俾帶業往生者，直登不退，斷惑往生者，速證無生。此全仗
阿彌陀佛大悲願力，與當人信願念佛之力，感應道交，得此
巨益。」⓮除了強調彌陀的本誓願力外，還講求信願念佛的自
力須充分發揮，才能與佛感應道交。照此看來，大師的他力
觀並非純粹他力，他對行者之念佛「正行」及種種世間善行
等「助行」，是非常重視的。⓯

　　大師說這種他力救濟的特別法能令在家出家、上聖下凡，

⓲　大師表示上根修持淨土法門，現生證道的可能性比只仗自力的修持為
　　高，而且深度也是只仗自力者所無法相比。大師說：「無信願念佛，雖
　　校參禪看話頭功德大。然自未斷惑，自力不能了脫。……猶是仗自力
　　之通途法門。其證道也，大非容易。」(《全1》，〈復法海大師書〉，頁303)
　　這是比較仗他力(具足信願)跟依自力證道之難易。又云：「念至其極，
　　則心佛外佛，一如不二。其證道也，非自力證道之所能比也。」(同前)
　　這是比較證道的淺深。足見二者不可同日而語。
⓳　《全2》，〈大佛頂首楞嚴經楷書以供眾讀誦序〉，頁1153。
⓴　《全2》，〈念佛懇辭序〉，頁1237–38。
㉑　在「行」方面，大師除了以持名念佛為正行外，還認為須修持萬善(眾
　　善)迴向往生，作為往生助緣(參閱《全1》，〈復高邵麟居士書三〉，
　　頁61；《全1》，〈與陳錫周居士書〉，頁72；《全1》，〈復岳仙嶠居士書〉，
　　頁255；《全2》，〈念佛懇辭序〉，頁1238–39；《三編》，〈復方聖照居士
　　書五〉，頁482；《三編》，〈復方聖照居士書六〉，頁483)，大師的見解
　　乃依《觀無量壽佛經》所示「當修三福，……三世諸佛淨業正因」(《大
　　正藏》，第12冊，頁341下)，著重現生修善，以為往生淨土之福德資糧。

皆得現生仗佛慈力，帶業往生。就此他以博地凡夫、二乘聖
人及法身大士三重作出說明:「博地凡夫帶業往生,既生西方,
惑、業、苦三,悉皆消滅。喻如片雪,當於洪鑪,未至而化。
已了生死之二乘及權位菩薩往生,則速證無生法忍。已證無
生之法身大士往生,則速證佛果。」⑱依佛的他力救濟,凡夫
能帶業往生;二乘人能於往生後速證無生法忍;法身大士能
於往生後速證佛果。⑱此中,關於二乘人及法身大士往生西
方極樂,是否也可名為「帶業往生」? 大師曾如此表示:「淨
土法門,未斷惑者,仗佛慈力,即可帶業往生;已斷惑者,
仗佛慈力,遂得速登上地」,⑱似乎「帶業往生」僅對未斷惑
者而言,已斷惑者則不再言帶業往生,而僅言「仗佛慈力」。
但依因果律來說,即使是等覺菩薩,其罪業仍尚未滅盡,而
未盡之業在生西時須一併帶去。有些論者認為他力救濟僅適

---

⑱　《全2》,〈福州佛學圖書緣起〉,頁1393。

⑱　法身大士是指初地以上之菩薩,因為大師曾以初地為分界點,指出初
　　地之前的三十個階位(十住、十行、十迴向)的證聖者,可因佛力速
　　登上地(參閱《全1》,〈廬山青蓮寺結社念佛宣言書〉,頁330;《全1》,
　　〈近代往生傳序〉,頁577);而登地至等覺等十一個階位的往生者,則
　　可藉佛力的加被而速得圓成佛道(參閱《全1》,〈淨土法門普被三根論〉,
　　頁372;《全1》,〈重刻龍舒淨土文題詞并序(代王弘願作)〉,頁451;
　　《全1》,〈往生論註跋〉,頁623;《全2》,〈念佛懇辭序〉,頁1238)。另
　　外大師所言之初地,乃指別教之初地,相當於圓教初住,這依據他所
　　言:「真無生忍實非小可,乃破無明證法性,最下者為圓教初住菩薩,
　　即別教之初地也。」(《全1》,〈復袁福球居士書〉,頁216)

⑱　《全1》,〈廬山青蓮寺結社念佛宣言書〉,頁330。

用於惑業具足的凡夫，不適用於已斷惑業的聖者。但大師則
認為「法身菩薩未成佛前，皆須仗佛威力」，⑱⑦又說：「縱已
證等覺之高位菩薩，猶須迴向往生，方可圓滿佛果。」⑱⑧明確
表示所有未成佛之眾生，皆須迴向往生，冀得佛力加被以共
成佛道。⑱⑨

　　關於凡夫帶業往生，因大師曾說過：「約在此界，尚未斷
惑業，名帶業，若生西方則無業可得，非將業帶到西方去。」⑲⓪
一般人因而發生到底往生後是將業帶去，還是往生後即消業
而無業可帶的困擾。其實，這段話僅照字面來看，其意不清
楚，必須配合前後相關的文字來理解：

　　　仗自力了生死法門，雖高深玄妙。欲依此了生死，又
　　不知要經若干劫數。以約大乘圓教論，五品位尚未能
　　斷見惑，初信位方斷見惑，便可永無造惡業墮惡道之
　　慮，然須漸次進修。已證七信方了生死，初信神通道
　　力已不可思議，尚須至七信位方了生死。了生死事豈
　　易言乎！即約小乘藏教論，斷見惑即證初果，任運不
　　行犯戒事。若不出家亦娶妻生子，若以威逼令犯邪淫，
　　寧肯捨命，決不犯戒。初果有進無退，未證初果，則

---

⑱⑦　《全2》，〈一函徧復〉，頁857。

⑱⑧　《全2》，〈靈巖山篤修淨土道場啟建大殿記〉，頁1282。

⑱⑨　另可參閱《全1》，〈與陳錫周居士書〉，頁69。

⑲⓪　《全3上》，〈復吳思謙居士書〉，頁381。

不定。今生修持好極，來生會造大惡業。亦有前半生好，後半生壞者。初果尚須七生天上，七返人間，方證四果。天壽甚長，不可以年月論。此仗自力了生死之難也。念佛法門乃佛法中之特別法門，仗佛慈力可以帶業往生，（約在此界，尚未斷惑業，名帶業，若生西方，則無業可得，非將業帶到西方去。）無論工夫深淺，若具真信切願，至誠稱念，無一不往生者。⑲

　　從上引文可看出，產生疑惑的那段文字是大師特別以括弧方式提出，依此判斷，大師因怕收信人不懂他所說的「帶業往生」的意思，故特別加以說明，這表示大師在此對「帶業往生」的解釋是有意識的，而非筆誤所致。

　　觀該段文字的主題是了脫生死之不易，以圓教及藏教為例說明仗自力了生死何其困難，從而引申出念佛之特別法門，並對「帶業往生」作出「約在此界，尚未斷惑業，名帶業，若生西方，則無業可得，非將業帶到西方去」的說明。換言之，這說明是為了對比在此界內依自力了生死之問題而提出。因前面述及圓教證入初信斷見惑便無造惡業而墮惡道之慮，藏教證初果斷見惑便能任運而不行犯戒之事，這些話都是要表明證果聖人已無分段生死。由於證聖者已無分段生死，所以此界的生死之業已了。⑲相對的，如果念佛行者能夠在臨

⑲　同上，頁381。又見《三編》，頁168。《全集》所收之文刪去前後部分，今比對《三編》，所刪去的部分與論「帶業往生」無關。

終時表現出正定正念，於配合佛力接引而往生之際，亦等於
在此界的生死之業已了，此與前言「博地凡夫帶業往生，既
生西方，惑、業、苦三，悉皆消滅」，即在西方得以不受惡報
的意思一樣，因此大師說「若生西方，則無業可得」。「無業」
明顯指出已無生死之業，因生西後不再受有漏業因果支配，
故已無分段生死。❸不過，須注意的是其變易生死之業尚存。
基此，可以將大師「帶業往生」的意思，說成「帶變易生死
之業」而往生。此外，此「帶變易生死之業」與大師一再強
調聖者可速登上地或速圓佛果（見前文）之意也是一致的，
蓋已了生死的聖者如果本身願意往生，似乎不能說他已「無
業可帶」，因聖者變易生死之業尚在。大師便曾對一生補處之
等覺菩薩的「變易生死」作如此說明：「一生補處，乃破無明
證法性者之通稱，……此等菩薩，深證無生，……變易生死，
實非生死。以雖了生死，尚有無明惑未能頓盡，故數數斷惑，
頻頻證真。約所斷義名為死，約所證義名為生。」❹因尚有無
明，故往生後的聖者不可說其「無業可帶」，不過此業非界內

---

❸ 「分段生死」指三界內眾生之生死，為「變易生死」之對稱。三界眾
  生所感生死之果報有類別、形貌、壽量等限制與不同，故稱分段生死。
  又「變易生死」即阿羅漢、辟支佛及大乘菩薩，以無漏業為因，無明
  住地為緣，招感三界外之殊妙報身。

❸ 大師亦曾表示帶業往生之眾生生於凡聖同居土，在生彼土時「見、思
  二惑徹底消滅」（《全1》，〈淨土決疑論〉，頁363），見、思二惑頓滅，
  即分段生死已了。

❹ 《全2》，〈復念佛居士書〉，頁1097。

生死之業，故說「變易生死，實非生死」。如強欲說其「生死」，
乃指斷惑證真而言，斷惑名為「死」，證真名為「生」。總之，
此種生死之名是指果位昇格變易而言。

　　由於二力具足的念佛法門能令凡夫於現生中速斷煩惑，
即使見思惑未斷，亦可帶業往生，而且又能令現生斷惑的行
者，往生後加速證入四十一位法身大士之列。因此大師一再
讚歎念佛法門非常殊勝，不論愚夫愚婦或是等覺菩薩皆攝受
其中：「念佛法門，自力、佛力二皆具足，故得已斷惑業者速
證法身，具足惑業者帶業往生。其法極其平常，雖愚夫愚婦
亦能得其利益；而復極其玄妙，縱等覺菩薩不能出其範圍。
故無一人不堪修，亦無一人不能修。……實為如來一代時教
中之特別法門，固不可以通途教理而為論判也。」⑩無論從平
常的角度看或是從高妙的立場看，念佛法門皆具他力救濟的
利益。大師認為不可將通途教理用來論斷特別法門，原因正
在此。

---

⑩　　《全1》，〈棲真常住長年念佛序〉，頁584。

第四章

印光的唸佛方法

實相念佛和觀想念佛是業力凡夫難以修持的法門，

而持名則較易行，且又有實相、觀想等法的相同成效，

透過它可以親證實相妙理，

徹見西方妙境，

難怪印光盛讚此法為「入道之玄門，成佛之捷徑」。

　　印光大師(1861—1940)所提倡的念佛方法，是以持名念佛為主，原因是此法最簡易，適合末法機宜。印光提出兩種執持名號的方法：一為「十念記數」，此法乃結合飛錫（生卒年不詳，唐代宗永泰元年〔765〕曾奉詔參與北天竺釋不空之譯場）的隨息念佛法，及慈雲懺主(964—1032)的「十念法門」而成；二為「攝耳諦聽」，此法乃根據《首楞嚴經・大勢至菩薩念佛圓通章》之「都攝六根，淨念相繼」的開示，轉換運用而成。另外，印光還將持名念佛法運用在臨終助念和生產助念。以下試就印光對持名念佛的重視、發明持名念佛的方法，以及臨終和生產助念等方面，分別討論，以見印光的念佛方法論。

第一節　對四種念佛法的見解

　　自華嚴宗五祖宗密(780—841)將念佛法歸納成實相、觀想、觀像及持名四種後，淨土行者大抵沿用之。❶後來蕅益大師(1599—1655)又將念佛分為念他佛、念自佛、自他俱念等三種。❷印光大師將實相念佛歸屬於「專念自佛」，觀像、觀

---

❶　宗密云：「念佛不同，總有四種：一稱名念，二觀像念，三觀想念，四實相念。」（釋宗密：《華嚴經普賢行願品別行疏鈔》，《卍續藏經》，第7冊，卷4，頁914）

❷　參閱釋蕅益：《靈峰宗論》〔臺中：青蓮出版社，1994年〕，卷7之4，〈淨

想、持名歸屬於「專念他佛」，另一種名為「禪淨雙修」的則歸屬於「自他俱念」。❸印光曾舉例說明「專念自佛」：「如諸經中，深窮實相，以期悟證，乃於五陰、六入、十二處、十八界、七大等諸法中，以般若智照，了達此一切法，當體全空，親見本具妙真如性。及禪宗看念佛的是誰，並各種話頭，以期親見父母未生前本來面目者是。」❹屬於「專念自佛」的實相念佛，有兩大修持途徑：一是如各大乘經典所示，直接以般若智慧觀照五陰、六入、十二處、十八界、七大等諸法，契入妙真如性；❺一是禪宗參究向上之法，如看話禪等以親見本性。❻因此，印光說實相念佛亦可名為「念自性天真之佛」，❼因為此種念法直接契入真如本性。

　　印光曾說實相念佛是一切法門的通途妙行，❽因為實相乃「法身理體，圓離生、滅、斷、常、空、有等相，而為一

　　　然沙彌化念佛疏〉，頁1168—70。

❸　參閱《全2》，〈彌陀聖典序〉，頁1158—59。印光說：「自他俱念即所謂禪淨雙修者。有以專看念佛的是誰，以期明心見性，不以信願求生為事。」（頁1159）

❹　同上註，頁1158。

❺　《首楞嚴經》詳明觀五陰空證入實相，下節討論印光引用〈大勢至菩薩念佛圓通章〉來詮釋其「都攝六根」，會對此作說明。

❻　除此之外，印光認為天台的止觀法門亦屬於此類修法。參閱《全1》，〈復吳希真居士書二〉，頁186。

❼　同上註，頁186。

❽　同上註，頁186。

切諸相之本」，　❾由是實相念佛可說是佛教各宗派的共通教
法。但是這種念法不容易，印光提出警告說：「念實相佛，說
之似易，修之證之，實為難中之難。非再來大士，孰能即生
親證。」❿因此印光不主張習行此方法。⓫

　　印光對「專念他佛」的三種念法，亦曾舉例說明，他說：
「一觀想：謂依《十六觀經》作觀，或專觀白毫，或但觀丈
六八尺之佛身，或觀廣大法身，及具觀十六種觀。二觀像：
謂對佛形像，想佛相好光明等。三持名：謂一心稱念阿彌陀
佛聖號。此三種念佛，法雖不同，皆需具有真信切願，方可
與佛感應道交，方可決定現生出此娑婆，生彼極樂。」⓬觀想

---

❾　《全1》，〈復永嘉某居士書五〉，頁119。

❿　《全1》，〈復吳希真居士書二〉，頁186—87。

⓫　印光言：「悟二（指法、我）空理，證實相法，乃約省悟修持，示現因
　　後果。且勿儱侗自任，謂現生便能如是。現生證實相者，非無其人，
　　恐賢契無此善根。若不詳陳其故，或致妄期聖，則志高而行不逮。久
　　而久之，必致喪心病狂，未得謂得，未證謂證，求升反墜，弄巧成拙。
　　……二空理唯言悟，則利根凡夫即能。……若云證實相法，則非博地
　　凡夫之所能為。」（《全1》，〈復永嘉某居士書五〉，頁112）又言：「……
　　曰念實相佛。實相，雖為諸法之本，凡夫業障深重，何能做到！」（《全
　　2》，〈復張純一居士書〉，頁1008）又言：「端坐念實相，即一心專注於
　　不生不滅之真如佛性，以期徹悟而實證耳。此種工夫頗不易得。倘理
　　路不明，或起魔事。不必用此工夫也。」（《全3上》，〈復聖照居士書
　　二〉，頁255）悟入實相與證入實相二者不同，實證不但不是博地凡夫
　　所能做到，且亦容易引起魔事。基於這些原因，印光不贊同凡夫直接
　　從實相的修證入手。

念佛乃依《觀無量壽經》所示的十六種觀法作觀；觀像念佛
是對著佛像（塑雕或彩繪）觀想佛的相好光明等殊勝形象；⓭
持名念佛則是一心專稱聖號。三種方法雖各不相同，但由於
關係到他力（佛力）的加被，所以皆須具備真信、切願，方
能與佛感應道交。在三種專念他佛法中，印光《文鈔》談論
觀像念佛的地方最少，其中原因可能是現今修持此法的人不
多，因此信徒在通信問法時沒有問及，《文鈔》也就沒有討
論。⓮

　　《文鈔》裏時有談及觀想念佛的問題，表示在《觀經》
所示的十六種觀法中，當先從易修的著手，如白毫觀或雜想
觀。至於九品往生觀，其目的是要讓行人知道往生的前因後
果，所以不必特別去作觀。⓯印光非常注重修持觀想念佛的
利害得失，曾說：

　　　如欲作觀，必須熟讀《觀經》，深知「是心作佛，是心

<hr />

⓬　《全2》，〈彌陀聖典序〉，頁1158—59。

⓭　一般而言，觀像念佛指：一、觀現前佛之相好光明；二、觀綵畫塑造
　　等像。由於釋迦文佛住世已滿，所以此處的觀想指的是第二點。

⓮　印光談到觀像時，常與其他三種念佛法一起提出，沒有單獨提出過。
　　有一處說到注視佛像時，印光云：「須常存敬畏，必須視佛像一如活佛。
　　視佛經、祖語，一如佛祖對己說法一樣，不敢稍存疑慢。」（《全1》，〈與
　　徐福賢女士書〉，頁127）但這是強調誠懇恭敬而舉出的例子，並不是
　　說明修持觀像念法。

⓯　參閱《全1》，〈復崇明黃玉如書〉，頁317。

是佛」，及心淨佛現，境非外來，唯心所現，不生取著。
既不取著，則境益深妙，心益精一。能如是，則觀之
益，殊非小小。如觀境不熟，理路不清，以躁妄心，
急欲境現。此則全體是妄，與佛與心，皆不相應，即
伏魔胎。❿

印光表示欲修持觀想念佛，須深知「是心作佛，是心是佛」，
以及「唯心所現」的道理。何謂「作佛」、「是佛」？印光說：
「作佛者，謂觀想佛像，憶念佛德，及與佛號。是佛者，謂
當觀想憶念之時，佛之相好莊嚴，福德智慧，神通道力，悉
現於觀想憶念者之心中，如鏡照相，敵體無二。」⓱何謂「唯
心所現」？印光說：「唯心所現者，雖其像歷歷明明，實非塊
然一物。若認做外境，作塊然實有，便成魔境矣。」⓲能清楚
以上的道理，並依之作觀，則觀想的利益非同小可。然而，
若對觀想的境界不熟悉，對作觀的道理不明了，僅是急躁地
妄求境界現前，則會遭魔。⓳印光不贊成修觀，其因在此。

---

❿　《全1》，〈復吳希真居士書一〉，頁185。

⓱　《全1》，〈千佛圖頌并序〉，頁595—96。

⓲　《全1》，〈復馬契西居士書五〉，頁284。

⓳　印光說修觀想的行者，常因觀境現前時妄生喜悅之念而遭魔(參閱《全
1》，〈復崇明黃玉如書〉，頁317)。另外一種遭魔的情形是，由於妄欲
見境，導致心中益加躁妄，因此多生怨家會現作境界。此時行者不知
境界乃魔業所現，遂大生歡喜，而情不自安。嚴重的程度可能會導致
喪心病狂，此時縱令活佛現身救度，亦未如之何(參閱《全1》，〈復吳

他又曾說:「觀想,本佛所開示。但以世人每每不能徹底息滅妄想,以躁妄欲得心修觀,則甚危險。古今來著魔者,多坐此故。故古德謂,境細心粗,觀難成就,或起魔事。非謂絕不許人修觀,亦非謂修觀通皆著魔也。」❷觀想本是佛陀所開示,印光並沒有絕對不許人修習,也沒有說凡修觀皆會著魔。他所以不贊成修觀,乃因行者常以躁妄欲得之心來修觀,有著魔的危險。觀想之難在於作觀的人通常不明理路,造成修行上的反傷害,此乃事實。因此,印光站在教化的立場,坦白且肯切地表示「觀想一法,大非易事。……但以至誠恭敬為主,能觀則觀」。❷指出修觀實非易為,唯行者要是能做到志誠懇切地修持,也不妨「能觀則觀」。❷總之,印光認為時丁末法,眾生根器不足,修觀難以成就,而他的意見大抵上是遵循二祖善導大師(613〔618?〕—681)的說法:「善導和尚云:『末法眾生,神識飛颺,心粗境細,觀難成就。(是以)大聖悲憐,特勸專持名號。以稱名易故,相續即生。』誠恐或

希真居士書一〉,頁185—86)。總之,印光認為:「觀想一法雖好,必須了知所見佛像,乃屬唯心所現。若認做心外之境,或致著魔發狂。不可不知。」(《全1》,〈復馬契西居士書五〉,頁284)

❷　《全3上》,〈復慧昭居士書〉,頁101。

❷　《全1》,〈復高邵麟居士書二〉,頁58。

❷　王慧常(王柏齡將軍)當年因觀想而頗為煩惱,曾到普陀當面請示印光,王氏回憶說:「師輕描淡寫的說『能觀則觀』,通體冰釋。」(參閱氏著:〈追念我的師父——印光大師〉,載《全5》,頁2546)可見,「能觀則觀」是印光教示觀想念佛的基本態度,不反對也不鼓勵。

有不善用心，致入魔境也。」❷「誠恐或有不善用心，致入魔境」一語，可視為印光對觀想下的結論。

　　然而，相對言之，在三種念他佛的方法中，印光大師也是依循善導大師的教法，認為持名一法於當今末法之際，最為合機。他說：「持名一法，最為末法透機之法。善導雖疏《觀經》，實最重持名一行。」❷從印光對《觀經》的第十六觀的解釋，也可看出他重持名一法：

　　　第十六觀，又令惡業重者，直稱名號。由稱名故，即
　　　得往生。……觀不能作，稱即獲益。于此諦思，知持
　　　名一法，最為第一。末世行人，欲得現生決定往生者，
　　　可弗寶此持名一行哉。❷

《觀經》第十六觀一段經文，教令惡業眾生臨終時稱佛名號，即能獲得救濟。❷印光從此認定「持名一法，最為第一」，❷

❷　《全1》，〈復吳希真居士書一〉，頁186。另可參閱《全1》，〈與康澤師
　　書〉，頁130。又，善導原文為：「眾生障重，境細心粗，識颺神飛，觀
　　難成就也。是以大聖悲憐，直勸專稱名字，正由稱名易故，相續而生。」
　　（釋善導：《觀無量壽經疏》，《大正藏》，第47冊，頁439上）
❷　《全1》，〈復崇明黃玉如書〉，頁316。
❷　《全1》，〈觀無量壽佛經善導疏重刻序〉，頁558。
❷　參閱《觀無量壽佛經》，第12冊，頁345下—46上。
❷　印光曾云：「下品將墮地獄之前，大開持名之法，是《觀經》仍以持名
　　為最要之行。」（《全2》，〈復濟善大師書〉，頁1085）

末世行者不可不特別珍視。此法的殊勝，據印光云：

> 四種念佛，唯持名最為契機。持至一心不亂，實相妙
> 理，全體顯露，西方妙境，徹底圓彰。即持名而親證
> 實相，不作觀而徹見西方。持名一法，乃入道之玄門，
> 成佛之捷徑。❷

實相念佛和觀想念佛是業力凡夫難以修持的法門，而持名則
較易行，且又有實相、觀想等法的相同成效，透過它可以親
證實相妙理，徹見西方妙境，難怪印光盛讚此法為「入道之
玄門，成佛之捷徑」。❷

印光比較持名跟觀像、觀想，云：「持名念佛一法，普利
三根。觀像、觀想，唯心地法門明白之人則可。否則或致起
諸魔事。持名念佛，加以攝耳諦聽，最為穩當。任憑上中下
根，皆有利益，皆無弊病。」❸持名念佛以「攝耳諦聽」為方
法，任何根器的行者皆可受益，不像修持觀像、觀想等法，
容易起魔事。因此印光一再強調「切不可謂持名一法淺近，
捨之而修觀像、觀想、實相等法」。❸因為「于持名識其當體

---

❷　《全1》，〈與徐福賢女士書〉，頁127。

❷　印光亦曾說：「持名一法，……誠可謂歸元之捷徑，入道之要門。」《全
　　1》，〈重刻佛說阿彌陀經序〉，頁437）

❸　《全3》，〈復唐瑞巖居士書（二）〉，頁251。

❸　《全1》，〈與徐福賢女士書〉，頁127。

實相，則其益宏深。外持名而專修實相，萬中亦難得一二實
證者」。㉜總之，印光認為今人對於教理、觀法皆不明瞭，若
修觀想、實相，或至著魔，弄巧成拙，求升反墜。所以應該
修持易行的持名之法，而感應到至妙之果。㉝

第二節　〈大勢至菩薩念佛圓通章〉的念佛法

　　《大佛頂如來密因修證了義諸菩薩萬行首楞嚴經》（簡稱
《首楞嚴經》）卷五之〈大勢至菩薩念佛圓通章〉，㉞被淨土
宗認為是整部《首楞嚴經》的菁華所在，亦被視為淨宗之「心
經」。㉟此圓通章不長，只有二百四十四個字，講述大勢至菩
薩自白其在因地時，超日月光佛教祂念佛三昧的方法，而證
入無生法忍。經文最後，云：

　　我本因地，以念佛心，入無生忍，今於此界，攝念佛
　　人，歸於淨土。佛問圓通，我無選擇，都攝六根，淨

㉜　《全1》，〈復吳希真居士書二〉，頁187。

㉝　參閱《全1》，〈與徐福賢女士書〉，頁127—28。

㉞　參閱《大正藏》，第19冊，頁128上一中。〈大勢至菩薩念佛圓通章〉是
　　《楞嚴經》所述二十五種圓通中之第二十四種。

㉟　參閱釋淨空講，劉承符記：《無量壽經玄義親聞記》〔臺北：佛陀教育
　　基金會，1994年〕，頁12。

念相繼，得三摩地，斯為第一。❸

　　印光非常推崇〈念佛圓通章〉，對該經開示的修持方法有
獨特見解；歷來古德根據此章提出個人修持見解及方法，以
印光所述最為詳盡，也最具個人特色。印光曾將〈念佛圓通
章〉列為淨土宗的主要經典之一，說：「大勢至菩薩章乃淨宗
最上開示，祇此一章，便可與淨土四經參而為五。」❸淨土四
經指淨土宗的主要三部經典──《無量壽經》、《阿彌陀經》、
《觀無量壽經》，再加上清咸豐年間魏源居士(1794—1857)將
《華嚴經·普賢行願品》附在三經之後所成。❸印光現又將
〈大勢至菩薩念佛圓通章〉加入，形成民國以來普遍流通於
世的淨土五經。❸

---

❸　《大正藏》，第19冊，頁128中。

❸　《全1》，〈復永嘉某居士書四〉，頁107；又《全2》，〈淨土五經重刊序〉
　　及〈靈巖山篤修淨土道場啟建大殿記〉皆曾云：「《楞嚴經·大勢至念
　　佛圓通章》，實為念佛最妙開示。」(頁1144、1282)

❸　參閱魏源：〈淨土四經總敘〉，《魏源集》〔臺北：鼎文書局，1978年〕，
　　頁246—48；魏源：〈普賢行願品敘〉，同上書，頁252—53。

❸　印光對淨土五經流通本的編排次序是，三經之後為〈大勢至菩薩念佛
　　圓通章〉，而以〈普賢行願品〉殿後。(參閱《全2》，〈淨土五經重刊序〉，
　　頁1144)

壹、「都攝六根，淨念相繼」的攝心念佛法

印光對〈大勢至菩薩念佛圓通章〉的體驗結果，認為此圓通章是淨宗的最上開示，並特別注重「都攝六根，淨念相繼」此句經文，曾斬釘截鐵地說：「淨土法門……，修持之要在『都攝六根，淨念相繼』。無須多說，依此力行，則自可親得其益矣。」❹❶「都攝六根」是指持名念佛時的實際操作方法；「淨念相繼」是指因都攝六根念佛而獲得的淨念持續不斷。以下分別述之。

(一)「都攝六根」的念佛法

印光強調「念佛之要，在於都攝六根」。❹❶他在《文鈔》裏屢次提出「都攝六根」的念佛法，他說：

> 都攝六根者，即是念佛之心專注於佛名號，即攝意根；口須念得清清楚楚，即攝舌根；耳須聽得清清楚楚，即攝耳根。此三根攝於佛號，則眼決不會亂視。念佛時眼宜垂簾，即放下眼皮，不可睜大。眼既攝矣，鼻也不會亂嗅，則鼻亦攝矣。身須恭敬，則身亦攝矣。❹❷

---

❹❶　《全2》，〈復湯文煊居士書二〉，頁900。

❹❶　《全2》，〈與張清江居士書〉，頁1014。

❹❷　《全2》，〈復幻修大師書〉，頁873。

印光一一說明如何收攝眼、耳、鼻、舌、身、意等六根。他
首先指出心專注於佛名號，即攝意根；口中稱念佛名號，須
句句清楚，即攝舌根；耳中聽佛名號聲，亦須句句清楚，即
攝耳根。印光教人先攝意、口、耳三根，三根既攝，則眼根
亦隨之而攝。眼根既攝，鼻根亦隨之而攝。而心存恭敬，則
收攝身根。照印光這說法看來，六根的收攝有連帶關係，層
層而進。**⓽**

　　就收攝六根而言，印光以為攝意、舌、耳三根最為重要，
只要此三根俱攝，餘三根便隨之而攝。印光曾說：「所言心、
口、耳悉令清楚者，即『都攝六根』之法則也。（自註：心，
即意根。口，即舌根。）」又說：「心、口念而耳聽，眼鼻決不
至向外馳求，身亦不至倨傲放肆。」**⓬**可見印光以為攝意、舌、
耳三根，即可達到六根俱攝的目標。**⓭**

　　至於攝意、舌、耳三根，印光一再表示須徹底做到「清
清楚楚」地步，此是重要法則所在：「念佛之人當恭敬至誠，
字字句句，心裏念得清清楚楚，口裏念得清清楚楚。果能如
是，縱不能完全了無妄念，然亦不至過甚。多有圖快圖多，
隨口滑讀，故無效也。若能攝心，方可謂為真念佛人。」**⓮**無

⓽　例如《全3上》，〈張聖慧書三〉云：「心念屬意，口念屬舌，耳聽屬耳，
　　　眼皮下垂，即見鼻端，則眼鼻二根亦攝，五根既同歸一句佛號，身根
　　　焉有不恭敬嚴肅之理乎。」（頁208）

⓬　《全2》，〈復又真師、覺三居士書〉，頁954。

⓭　參閱同上註，頁954。

⓮　同上註，頁954。

論心念或是口念，皆須念得清清楚楚，此是恭敬至誠的一種
表現，如果不這樣，念佛則無法獲得真實利益。因此念佛時
要絲毫不含糊、也不求快求多，確確實實地攝心而念，才可
名為「真念佛人」。❹印光一再強調「無論大聲小聲，均須心
裏念得清清楚楚，口裏念得清清楚楚，耳中聽得清清楚楚」。❹
可見「清清楚楚」是都攝六根的首要法則。

　　印光又進而簡別攝意、舌、耳三根的主從關係，指出三
根之中，攝住耳根最為重要，他說：「常聽自己念佛音聲，即
是『都攝六根』之下手處。切須注意。」❹又說：「須知『都
攝』，注重在聽，即心中默念，也要聽。心中起念，即有聲相。
自己耳，聽自己心中之聲，仍是明明了了。果能字字句句，
聽得清楚，則六根通歸於一。」❺「都攝六根」的下手處在於
攝住耳根，清清楚楚地聽自己念出來的佛號聲。又念有心念
及口念之別，印光解釋說：「默念雖不動口，然意地之中，亦

❹　附帶說明的是，印光認為有兩種人可為「真念佛人」，他說：「一句佛
　　號，包括一大藏教，罄無不盡。通宗通教之人，方能作真念佛人。而
　　一無所知，一無所能之人，但止口會說話，亦可為真念佛人。去此兩
　　種，則真不真皆在自己努力，依教與否耳。」（《全1》，〈復永嘉某居士
　　書一〉，頁142）
❹　《全2》，〈復湯慧振居士書〉，頁953。
❹　《全2》，〈復郁智朗居士書〉，頁1010。
❺　《全2》，〈復楊煒章居士書〉，頁1129—30；又《全2》，〈復修淨師書〉
　　云：「《楞嚴經》大勢至菩薩云：『都攝六根，淨念相繼，得三摩地，斯
　　為第一。』注重在聽。」（頁1135）

仍有口念之相。」 ❺意地之中的口念之相即指心中默念之聲相，而逐字逐句地清楚聽自己心中之聲相，則能將六根通攝於耳根，故可名之為「都攝六根」。

所謂攝住耳根，亦即「攝耳諦聽」之意，所以印光說「念佛時能攝耳諦聽，即都攝六根之法」。❺他說：

> 念佛必須攝心，念從心起，聲從口出，皆須字字句句，分明了了。又須攝耳諦聽，字字句句納於心中。耳根一攝，諸根無由外馳，庶可速至一心不亂。大勢至所謂「都攝六根，淨念相繼，得三摩地，斯為第一」者，即此是也。文殊所謂「反聞聞自性，性成無上道」者，亦即此是也。切不可謂持名一法淺近，捨之而修觀像、觀想、實相等法。❺

攝耳諦聽即能攝心；攝耳諦聽即能「都攝六根」；攝耳諦聽即能「反聞聞自性」。❺攝耳諦聽是以持名念佛為法，字字句句，

---

❺　《全2》，〈復高邵麟居士書四〉，頁65。

❺　《全3上》，〈致徐志一居士書〉，頁320；又《全2》，〈與張靜江居士書〉云：「當念佛時，『攝耳諦聽』，即是攝六根之下手處。」（頁1014）《全3上》，〈復聖照居士書〉云：「《楞嚴經・大勢至圓通章》云：『都攝六根，淨念相繼。得三摩地，斯為第一。』即是『攝耳諦聽』之法。」（頁212）

❺　《全1》，〈與徐福賢女士書〉，頁127。

❺　「反聞聞自性」是指觀世音菩薩的耳根圓通。下文會提及印光結合根

清楚分明地聽自己念出來的佛號聲。而耳根一攝，其餘諸根
便不會向外馳逐。欲達到「都攝六根，淨念相繼」，則無論行、
住、坐、臥，須常念佛號，或聲或默，皆須聽自己念佛之聲。❺❺
印光說「如是攝心，妄念自息」。❺❻總之，印光認為念佛時，
如果耳根所聽之佛號稍有不分明的情況出現，即表示不真切
而有妄想。而且只念不聽，容易產生妄想。

(二)「淨念相繼」的利益

　　既然六根已攝，則得以「淨念相繼」，印光解釋說：

> 六根既攝而不散，則心無妄念，唯佛是念，方為淨念。
> 六根不攝，雖則念佛，心中仍然妄想紛飛，難得實益。
> 若能常都攝六根而念，是名「淨念相繼」。能常常淨念
> 相繼，則一心不亂，與念佛三昧，均可漸得矣。❺❼

所謂「淨念」，乃指都攝六根而念。此時心中沒有雜妄之念，
只有佛念。足見「淨念」的呈現乃由都攝六根而來，六根不
攝則心中妄想紛飛，無法獲得念佛的真實利益。若能一直都
攝六根而念，是名「淨念相繼」。印光還保證說，能常常淨念

　　大圓通與耳根圓通來開示念佛方法。

❺❺　參閱《全2》，〈阜寧合興鎮淨念蓮社緣起序〉，頁1237。

❺❻　《全1》，〈復高邵麟居士書四〉，頁65。

❺❼　《全2》，〈復幻修大師書〉，頁873。

相繼，則一心不亂與念佛三昧，皆可依次而得。所以印光說：
「『都攝六根，淨念相繼』為得三昧之第一妙法。」❺然而未
得一心不亂或三昧之前，都攝六根而念，仍然會有妄念，印
光的看法是：「都攝六根而念，雖不能全無妄念，校彼不攝者，
則心中清淨多矣，故名淨念。」❺在此，印光與前所述似乎有
些不同。前言「心無妄念，唯佛是念，方為淨念」，此處則認
為都攝六根而念，雖不一定能全無妄念，但能以都攝六根之
法去念，即可名為「淨念」。❻如此看來，念佛時只要能心、
口念得清楚，耳聽得清楚，其餘三根隨之而攝，則可名為「淨
念」。雖然攝六根而念較不攝而念，心中的清淨程度已大不相
同，在淨、染相比之下，如能做到都攝六根而念即可名為「淨
念」。可見印光對「淨念」的解釋不同於一般所謂「餘念不生」，
達到「念而無念」之境。他把標準訂得較低，可能是為了接
引眾生而開此方便吧！

　　印光在另一處說：「能都攝六根，則心識凝靜而不浮散，
便名淨念。以六根既攝，雜妄等念，潛消故也。」❻所謂「心
識凝靜」，可能指第六意識的分別計度，與第七末那識的恆審
思量等作用被攝伏住，因此雜妄等念能漸漸減少，以至於無。
此時將心安住於佛號，使之不散亂，即名為「淨念」。可見，

❺　《全2》，〈復修淨師書〉，頁1135。

❺　《全2》，〈復楊煒章居士書〉，頁1129。

❻　另可參閱《全3上》，〈示夏壽祺居士書〉，頁36。

❻　《全3上》，〈復張聖慧書三〉，頁208。

「淨念」指心持佛號不忘失，亦指心安住於佛號而不散亂。總之，能都攝六根而念，即為淨念。但淨念須持續不斷，才能獲得一心不亂或證入念佛三昧。「淨念」未即是一心不亂，所以上引文之後印光接著說：「淨念若能常常相繼，無有閒（間）斷，自可心歸一處，淺之則得一心，深之則得三昧。」⑫印光以深、淺不同，作為「一心」跟「三昧」的分辨所在。於此附帶一提的是，印光雖認為「都攝六根，淨念相繼」為得三昧之第一妙法，⑬但又指出得三昧並不容易，⑭所以勸人以求一心不亂為先。⑮不過，他又指出得一心不亂，也非易事。⑯

綜上所論，印光依〈大勢至菩薩念佛圓通章〉經文的開示，實踐個人的淨土修持，得到結論是：「都攝六根」乃攝心之最佳方法。此法的下手處在攝耳諦聽，其目的在去除妄念，制心一處，以現證一心不亂及念佛三昧。

---

⑫　《全2》，〈復楊煒章居士書〉，頁1129。

⑬　參閱《全2》，〈復修淨師書〉，頁1135。

⑭　印光曾言：「念佛三昧，說之似易，得之實難。」（《全1》，〈復袁福球居士書〉，頁215）

⑮　參閱《全1》，〈復永嘉周群錚居士書〉，頁154；《全1》，〈復弘一法師書〉，頁155。

⑯　印光言：「事一心，若約蕅益大師所判，尚非現世修行人之身分，況理一心乎！以斷見、思惑，方名事一；破無明、證法性，則名理一。……若實係具縛凡夫，則事一尚不多得，況理一乎！」（《全1》，〈復袁福球居士書〉，頁215）

貳、結合勢至「念佛圓通」及觀音「耳根圓通」的意義

《首楞嚴經》記載如來欲令一切眾生就路還家,令二十五位菩薩各陳宿因,說明其修證的圓通法門。此二十五種圓通法門,代表二十五位菩薩不同的修持方法,涉及六根、六塵、六識(以上稱十八界)及七大諸方面。⑰由於眾生根機

---

⑰ 《首楞嚴經》卷五～六所提出的二十五種圓通法門簡列如下: ⑴由聲塵悟入: 即憍陳那等五比丘之聲塵圓通; ⑵由色塵悟入: 即優波尼沙陀比丘之色塵圓通; ⑶由香塵悟入: 即香嚴童子之香塵圓通; ⑷由味塵悟入: 即藥王、藥上二法王子之味塵圓通; ⑸由觸塵悟入: 即跋陀婆羅等之觸塵圓通; ⑹由法塵悟入: 即摩訶迦葉及紫金光比丘尼等之法塵圓通(以上六塵圓通); ⑺由眼根悟入: 即阿那律陀之眼根圓通; ⑻由鼻根悟入: 即周利槃特迦之鼻根圓通; ⑼由舌根悟入: 即憍梵睹提之舌根圓通; ⑽由身根悟入: 即畢陵伽婆蹉之身根圓通; ⑾由意根悟入: 即須菩提之意根圓通(以上五根圓通,六根缺一者,留耳根為殿後,所以當此方之機也); ⑿由眼識悟入: 即舍利弗之眼識圓通; ⒀由耳識悟入: 即普賢菩薩之耳識圓通; ⒁由鼻識悟入: 即孫陀羅難陀之鼻識圓通; ⒂由舌識悟入: 即富樓那之舌識圓通; ⒃由身識悟入: 即優波離之身識圓通; ⒄由意識悟入: 即大目犍連之意識圓通(以上六識圓通); ⒅由火大悟入: 即烏芻瑟摩之火大圓通; ⒆由地大悟入: 即持地菩薩之地大圓通; ⒇由水大悟入: 即月光童子之水大圓通; (21)由風大悟入: 即琉璃光法王子之風大圓通; (22)由空大悟入: 即虛空藏菩薩之空大圓通; (23)由識大悟入: 即彌勒菩薩之識大圓通; (24)由見大悟入: 即大勢至菩薩之根大圓通(以上七大圓通); (25)由耳根悟入: 即觀世音菩薩之耳根圓通。

不一，獲得圓通之入路亦不同，所以立此二十五大類，說明
一切眾生的修持範圍。印光結合其中第二十四的「念佛圓通」
和第二十五的「耳根圓通」兩種功夫，云：

> 以觀音「反聞聞自性」之工夫，修勢至「都攝六根，
> 淨念相繼」之淨業。即淨而禪，孰妙于是。❻❽

「反聞聞自性」指的是觀世音菩薩的「耳根圓通」，「都攝六
根，淨念相繼」指的是大勢至菩薩的「念佛圓通」。如果以印
光的方法，將都攝六根的下手處放在「聽」，那麼，當都攝六
根而念時，即無形中運用了反聞的功夫。所以印光說要以觀
音的反聞聞自性之功夫，來修持勢至都攝六根，淨念相繼之
淨業。

　　引文又說大勢至「念佛圓通」得與觀世音「耳根圓通」
相互調合，兩種功夫一時並用，是為「即淨而禪」。此意含跟
印光曾說的「文殊選圓通偈，謂『反聞聞自性，性成無上道』，
今例之曰『反念念自性，性成無上道』」，❻❾是相同的。

　　印光宣稱攝心念佛法，為「決定不易之道」，而且表示「攝
心之法，唯反聞最為第一」，❼❶兩重功夫合而為一，他說：「都
攝六根，淨念相繼而念，即是以勢至反念念自性，觀音反聞

---

❻❽　《全1》，〈與海鹽顧母徐夫人書〉，頁141。

❻❾　《全1》，〈復永嘉某居士書五〉，頁109。

❼❶　《全3上》，〈復劉瞻明居士書〉，頁384。

聞自性，兩重工夫，融於一心，念如來萬德洪名。」❼「都攝六根」的攝耳諦聽功夫，其實是運用了「耳根圓通」的「反聞」功夫。印光將反念和反聞兩重工夫融於一心，此兩重功夫乃一時並用，元無次序；而且雖說是兩個節目，但功夫僅是一個。

印光將「反聞」和「反念」兩重工夫融於一心的意義，可從他解釋《首楞嚴經》裏實證圓通的地方得知，他說：

> 梵語首楞嚴，華言「一切事究竟堅固」。何謂「一切事」？
> 即心境二法。開而言之，即五陰、六入、十二處、十
> 八界、七大也。此一切事，皆如來藏妙真如性之全體
> 大用，本自堅固，了無生、滅、垢、淨、增、減之相。
> ……阿難請問十方如來得成菩提，……。如來於是徵
> 心、顯見，歷五陰、六入、十二處、十八界、七大，
> 以顯示一一皆如來藏，隨眾生心，循業發現，令其開
> 悟。後又以二十五聖，於二十五法，各證圓通，以實
> 其說。❼

眾所周知，《首楞嚴經》開始的一大段經文，記載如來在破斥阿難「七處徵心」後，旋即教阿難於六根門頭（眼、耳、鼻、舌、身、意）上去作工夫，指出六根即真如本性所起的作用，

---

❼　《全2》，〈大佛頂首楞嚴經楷書以供眾讀誦序〉，頁1154。

❼　同上注，頁1153—54。

在眼叫見，在耳叫聞，在鼻叫嗅，在舌叫嚐，在身叫觸，在意叫知，在迷為如來藏，在悟時謂之修證了義。以此為據，印光說六入等一切心事境，皆如來藏妙真如性之全體大用。❼❸而經中所示的二十五位菩薩所證之圓通，是以根、塵、識、大來念佛而實證本心；而且其法皆屬實相念佛。因此印光說：於五陰、六入、十二處、十八界、七大等諸法中，以般若智照，了達此一切法，當體全空，親見本具妙真如性，此名「專念自佛」，又名為「實相念佛」。❼❹

　　各種圓通法門的實踐入路既屬實相念佛，因此印光說「《楞嚴》一經，實為念實相佛之最切要法。然又為持名念佛，決志求生極樂，無上大教。」❼❺指出《首楞嚴經》所示的圓通法門皆屬實相念佛法，然而也是「持名念佛」法之無上大教。

---

❼❸　例如印光言：「如來藏妙真如性，生佛同具，了無增減。佛以究竟證故，安住寂光，享常樂我淨之法樂。眾生以徹底迷故，起惑造業，受生死輪迴之妄苦。雖則染淨不同，苦樂各別，而其本具之妙真如性，仍自無增無減。然眾生但有性德，絕無修德，不能得其受用。反承此妙性功德之力，作生死因，受輪迴果。」（《全2》，〈大佛頂首楞嚴經楷書以供眾讀誦序〉，頁1152）又云：「根、塵、識、（大）等一切諸法，其實體實性，悉皆空無所有。了此則四相原無，三輪體空，萬法森羅，一道清淨。凡夫迷之，故法法頭頭，皆成障礙。於五陰、六入、十二處、十八界、七大，各起煩惑，造生死業。聖人悟之，故法法頭頭，總是真如。於五陰、六入、十二處、十八界、七大，各證圓通，成菩提道。」（《全1》，〈隨自意三昧校正重刻序〉，頁439）

❼❹　參閱《全2》，〈彌陀聖典序〉，頁1158。

❼❺　《全1》，〈復吳希真居士書二〉，頁186。

印光特意用《首楞嚴經》的圓通法門（尤其是第二十四的「念佛圓通」和第二十五的「耳根圓通」）來詮釋「持名念佛」，表明《首楞嚴經》的圓通義與持名念佛法是可以相通的，換言之，透過持名念佛法也能證得實相。

　　據印光言，持名一法在所有圓通中，僅出現於〈大勢至菩薩念佛圓通章〉一處，他說：「所示二十五圓通，除勢至圓通，正屬持名，兼餘三種念佛之外，餘者總為念實相佛法門。……如是念實相佛，說之以易，修之證之，實為難中之難。非再來大士，孰能即生親證。以此之難，固為持名念佛之一格量勸贊。」**⑯**實則，〈大勢至菩薩念佛圓通章〉的原意不必如印光所言，教人以持名念佛法來修持，因為照經中原義，念佛圓通的本義也是念實相佛。如大勢至菩薩言：「我無選擇，都攝六根，淨念相繼，得三摩地，斯為第一。」大勢至的念佛法門，乃令眼所見無非佛色，令耳所聞無非佛聲，令鼻所嗅無非佛香，令舌所宣無非佛號，令身所觸無非佛境，令意所對無非佛法，故名「我無選擇」。這種眼不取色，是眼念佛，乃至意不緣法，是意念佛的方法，亦如印光言：「『無選擇者』，徧用根、塵、識、大以念佛也。」**⑰**此乃《首楞嚴經》圓通法門之實義。

　　但印光上引文卻說大勢至之圓通，「正屬持名，兼餘三種念佛」，肯定〈念佛圓通章〉的修持方法屬於持名，而且通於

---

⑯　《全1》，〈復吳希真居士書二〉，頁186—87。

⑰　《全3上》，〈復明性大師書〉，頁27。

其他三種念佛法（即實相、觀想、觀像念佛）。循是言之，印光以反念和反聞結合使用於持名，表明持名亦可證入實相，故與《首楞嚴經》的圓通義不相齟齬。印光曾說:「于持名識其當體實相，則其益宏深。外持名而專修實相，萬中亦難得一二實證者。」❼❽印光直到晚年還以堅定的口吻說:「今人若不都攝六根，淨念相繼念佛，絕無實證之希望。」❼❾

　　從上所論，得知〈大勢至菩薩念佛圓通章〉的「都攝六根」之法，對凡夫眾生而言，原不易做到，但經印光實際體驗而提出的攝耳諦聽，已讓此法簡易了許多。誠如印光所說「都攝六根而念，為淨念」，❽❶只要攝住耳根聽自己的佛號聲，即可算是淨念。雖然三界內的凡夫要達到「相繼」仍有困難，但至少行者欲達到淨念的方法已明確，接下來能否「相繼」地持續此淨念，則端視個人平時努力以及方法的運用。印光為了配合「都攝六根，淨念相繼」之法，在此之前已提出「十念記數」的念法，以資一切淨土行者之提撕。

---

❼❽　《全1》，〈復吳希真居士書二〉，頁187。

❼❾　《三編》，〈復屈翰南居士書〉，頁126。此信寫於民國廿九年(1940)八月十五日，距印光十一月四日圓寂，不到三個月。

❽❶　《全2》，〈復郁智朗居士書〉，頁1010。

第三節　「十念記數」的念佛法

壹、提出「十念記數」的背景

　　自印光提出「十念記數」之念佛法後，此法普遍為當今華人修行淨土法門者所熟悉，並加以實際運用。通常方法的提出，皆有背景可以溯源，印光發明的「十念記數」也是如此。他考察前賢提過的相關方法，加以比對分析，再經過實際體驗，才創發此法。此點在印光約於光緒廿六年（1900，40歲）寫給天台宗四十三代傳人諦閑大師一信，❽❶可看出端倪，此信云：

　　　　日閱十餘紙淨典，以發勝進之心。至《寶王》隨息法門，試用此法，遂覺妄念不似以前之潮湧瀾翻。想久而久之，當必有霧散雲消徹見天日之時。又查《文類》、《聖賢錄》，皆錄此一段，因悟慈雲十念，謂「藉氣束心」，當本乎此。而《蓮宗寶鑑》亦載此法。……。然古人不多以此教人者，以人根尚利，一發肯心，自得

---

❽❶　因此信自言：「光（自稱）自出家以來，即信淨土一法。但以業障所遮，二十年來，悠悠虛度。」（《全1》，〈與諦閑法師書〉，頁131）印光21歲出家，因此可斷定此信寫於40歲左右。

一心。而今人若光之障重根鈍者，恐畢生不能得一念
不亂也。故述其己私，請益高明。當與不當，明以告
我。光（自稱）又謂……，若能隨息念佛，即攝數息、
念佛二觀。而攝心念佛，染心漸可斷絕，……又即勢
至「都攝六根」法門，愚謂今之悠忽念佛者，似不宜
令依此法。恐彼因不記數，便成懈怠。有肯心者，若
不依此法，決定難成三昧。法師乘願利人，自唯不用，
當為後學試之，以教來哲。若是利根，一七、二七定
得一心。縱光之昏鈍魯劣，想十年八年或可不亂矣。**㉒**

在此信中，印光說他首先從飛錫大師的《念佛三昧寶王論》，
讀得隨息念佛的方法，**㉓**試用之，甚覺奏效。再查閱《樂邦
文類》、《淨土聖賢錄》等，皆輯錄此隨息法，因此體悟到後
來慈雲懺主的「十念法門」（詳下文），是由飛錫之法演變而
來，因為二者皆運用氣息攝心（攝妄念）。印光結合運用飛錫
的隨息和慈雲懺主的十念，形成一種「隨息」和「記數」併
用的念佛法（可姑且給予定名為「十念隨息記數」法），此法

㉒　同上注，頁131—32。

㉓　此法依飛錫大師云：「夫含齒戴髮，死生交際，未有無出入息焉。又一
　　息不還，即屬後世者。……世上之人，多以寶玉、水精、金剛、菩提、
　　木槵為數珠矣，吾則以出入息為念珠焉。稱佛名號，隨之於息，有大
　　恃怙，安懼於息不還屬後世者哉。余行住坐臥，常用此珠。縱令昏寐，
　　含佛而寢，覺即續之。」（釋飛錫：《念佛三昧寶王論》，卷中，載釋蕅
　　益選、釋印光重新編訂：《淨土十要》，頁171）

是否與印光後來提倡的「十念記數」相同，由於該信內容未明顯交待，所以不能確定。不過，如對照下文對印光「十念記數」的說明，印光不再教人使用隨息，只希望學人用心記數，❽便可斷定此時所言的記數法還含括著飛錫的隨息法，跟後來所主張的方法有些許差別。

　　雖然從《文鈔》相關資料無法得知印光何年提出「十念記數」，但「十念記數」發明後，印光才將之運用於「都攝六根」上，是可以確定的。在此之前，印光對「都攝六根」的理解和運用仍同於一般的看法，以實相念佛視之，所以此時還不贊成淨土行者使用此法，一如該信所言：「勢至『都攝六根』法門，愚謂今之悠忽念佛者，似不宜令依此法。恐彼因不記數，便成懈怠。」此外，印光何時將「十念記數」運用於「都攝六根」之上，亦無法確定。但將「十念記數」運用於「都攝六根」之上，可確定是印光的創舉，因印光自信滿滿地說過：「捨此『十念記數』之法，欲『都攝六根，淨念相繼』，大難大難。」❽

────────────

❽　在印光的《文鈔》裏，有不少地方強調不必理會鼻息或腹息，只要注意隨念隨聽即可。參閱《全1》，〈復永嘉某居士書五〉，頁108；《全1》，〈示淨土法門及對治瞋恚等義〉，頁791；《三編》，〈復周壽超居士書〉，頁470。此三文皆寫於民國七年(1918)之後。

❽　《全1》，〈復高邵麟居士書〉，頁66。

貳、「十念記數」的念佛法

印光所提出的「十念記數」念佛法，於操作上非常簡易，他如此解說：

> 所謂十念記數者，當念佛時，從一句至十句，須念得分明，仍須記得分明。至十句已，又須從一句至十句念，不可二十、三十。隨念隨記，不可掐珠，唯憑心記。若十句直記為難，或分為兩氣，則從一至五，從六至十。若又費力，當從一至三，從四至六，從七至十，作三氣念。念得清楚，記得清楚，聽得清楚，妄念無處著腳，一心不亂，久當自得耳。❻

此法著重的要點乃：每念一句佛號之後，心中隨之默數一個數字，由一數到十，例如「阿彌陀佛1，阿彌陀佛2，阿彌陀佛3，阿彌陀佛4……阿彌陀佛10」，佛號後的數字表示心中默數的十個數字，如此一周名為「十念記數」。然後再從頭由一數起，周而復始，不令間斷，達到一心不亂。其中念四字「阿彌陀佛」或六字「南無阿彌陀佛」皆可，不過印光比較強調使用後者，因為印光一向主張念佛時不緩不急，所以念六字不像四字般，行者於不知不覺中會快口滑過。而且，加念「南無」（意即皈依），具有至誠恭敬的態度，此與印光一而再、

❻ 《全1》，〈復高邵麟居士書〉，頁65—66。

再而三地強調修行須具恭敬心的意義一致。

　　十念記數該注意的地方有二：其一是不可一直念至二十、三十甚至上百之數。印光未明言其中原因，推測可能是怕影響攝心效果。因為如果數目太大，行者勢必會分心去記數字，不但達不到攝心的目的，還會令心散亂。此點從印光表示如行者覺得直念十句困難，可將十句再分為兩段或三段來念，即可窺知。其二是不可掐珠，只憑心記。印光曾解釋何以不可掐珠，說：「十念記數……較彼掐珠記數者，利益天殊。彼則身勞而神動，此則身逸而心安。……掐珠念佛，唯宜行、住二時，若靜坐養神，由手動故，神不能安，久則受病。此十念記數，行、住、坐、臥，皆無不宜。」❽⑦可見印光教人念佛不掐珠是為了避免疲頓。

參、「十念記數」與「十念法門」比較

　　印光的「十念記數」與慈雲懺主的「十念法門」（又稱「晨朝十念法門」）常為人混淆，印光曾就此作出解釋。欲瞭解印光的解釋，先得對慈雲懺主「十念法門」有點認識。據《往生淨土決疑行願二門》記載，其法如下：

　　　　每日清晨服飾已後，面西正立合掌。連聲稱阿彌陀佛，
　　　　盡一氣為一念，如是十氣，名為十念。但隨氣長短，
　　　　不限佛數，惟長惟久，氣極為度。其佛聲不高不低，

<hr>

❽⑦　《全1》，〈復高邵麟居士書〉，頁66。

不緩不急，調停得中，如此十氣，連屬不斷，意在令心不散，專精為功故。名此為十念者，顯是藉氣束心也。作此念已，發願迴向，云……。⑧⑧

此法乃「為王臣政務繁劇，無暇修持者所立」，⑧⑨特別講求操作上的簡便，省去許多儀式，只須合掌面西正立，念完十口氣的佛號即可。它的念法乃以一口氣連聲稱念佛號作為一念，念時聲音須調停得中，以免傷氣。慈雲懺主說此法的要點在於「藉氣束心」。不過，印光雖肯定「藉氣束心」對攝心具有無比功效，但又注意到會因使用不當而產生弊端，所以有如下一節話：

以眾生心散，又無暇專念。如此念時，借氣攝心，心自不散。然須隨氣長短，不可強使多念，強則傷氣。又止可十念，不可二十、三十，多亦傷氣。以散心念佛，難得往生，此法能令心歸一處，一心念佛，決定往生。念數雖少，功德頗深。⑨⑩

---

⑧⑧　釋遵式（慈雲懺主）：《往生淨土決疑行願二門》，《大正藏》，第47冊，頁147上（又收入《淨土十要》，頁94）。慈雲懺主的「晨朝十念法」於《廬山蓮宗寶鑑》卷2（《大正藏》，第47冊，頁313上）、《淨土或問》（《大正藏》，第47冊，頁301中）、《龍舒增廣淨土文》卷12（《大正藏》，第47冊，頁287下）、《樂邦文類》卷4（《大正藏》，第47冊，頁210中）等處亦有記載。

⑧⑨　《全1》，〈與陳錫周居士書〉，頁73。

這段話可視為印光對慈雲懺主「十念法門」的補充說明。它
指出此念法的益處在於能令念佛者借氣攝心（即藉氣束心），
達到心不散亂，心歸於一處。不過在操作之際，應注意兩個
要點，以防止傷氣的弊病出現：一是須隨個人的氣息長短來
念，不可故意拉長氣息；二是不可多用，每次只能十念，多
至二十、三十念則會傷氣。❾而且每日只能於清晨時使用一
次，再多也只能於早、午、晚等三次使用。❾印光就此點指
出自己的「十念記數」法跟慈雲懺主的不同，說：「須知此之
十念，與晨朝十念，攝妄則同，用功大異。……彼唯晨朝十
念則可，若二十、三十，則傷氣成病。此則念一句佛，心知
一句；念十句佛，心知十句。從一至十，從一至十，縱日念
數萬，皆如是記。不但去妄，最能養神。隨快隨慢，了無滯
礙。從朝至暮，無不相宜。」❾毫無疑問，在攝伏妄念的功效
方面，二者是相同，但在用功法則方面，二者卻大異其趣。
「十念法門」由於涉及束氣，僅可晨朝十念；而「十念記數」
不涉束氣，可整日念，即使念至數萬，亦精神無傷。可見，
後者比起前者，能滿足更多在家行者的需要，即使面對繁忙
俗務時，可照樣念佛。在家行者可藉「十念記數」法，搭建

❾　《全1》，〈與陳錫周居士書〉，頁73。

❾　有關「十念法門」的傷氣問題，亦可參閱《全1》，〈復包右武居士書一〉，
　　頁222。

❾　參閱《全3上》，〈復丁福保居士書〉，頁177。

❾　《全1》，〈復高邵麟居士書〉，頁66。

起工作與修持的橋樑。

第四節　臨終助念法

　　臨終助念法傳說是蓮宗二祖善導所創，❹歷來受到提倡淨土法門的前賢們注重，❺近代印光大師倡導極力，其〈臨終三大要〉一文所示，廣為教界接受，用來處理臨終等事誼。

　　通常來說，臨終助念是否需要，視個人修持情況而定。如果念佛行者現生已證念佛三昧，臨終之際便不那麼需要借助他人來保持正念現前。❻所謂「正念」，就淨土法門來說，亦即是佛念。換言之，念佛行者能於心中保持佛念不斷，便表示正念現前。而以印光倡導的持名念佛來說，臨終時保持佛號聲不斷於耳，即是正念現前。

　　然而，當人臨終之際，地、水、火、風四大分解，面臨

---

❹　印光說：「此（臨終助念）法乃唐善導和尚所發明，謂平日不念佛者依此助念，亦可往生。」（《全2》，〈蓮宗正傳跋〉，頁1382）而善導的說法見其《觀念阿彌陀佛相海三昧功德法門》，《大正藏》，第47冊，頁24中－下。

❺　例如慈照宗主（？－1166）有〈臨終三疑四關〉（見《廬山蓮宗寶鑑》，卷8，《大正藏》，第47冊，頁339上－中）、優曇普度（？－1330）有〈臨終警策〉等，皆是這方面的著作。

❻　印光說：「念佛之人，若已證道，則臨命終時，任彼刀割香塗，了無動念之事，則無所謂為損益也。」（《全2》，〈復許熙唐居士書〉，頁883）

著無比的痛楚，**❼**要是修持功力不足，便無法保持正念。如果再加上親人騷擾，更難以順利往生西方。由是助念的目的，是為了預防這些不幸情況發生，幫助平時修持不力、根器稍劣的眾生順利往生。印光說：「常念佛人，臨終若被無知眷屬，預為揩身換衣，及問諸事，與哭泣等，由此因緣，破壞正念，遂難往生。」**❽**又說：「臨終一關最為要緊。世有愚人，于父母眷屬臨終時，輒為悲痛哭泣，洗身換衣。只圖世人好看，不計貽害亡人。不念佛者，且置勿論。即志切往生，臨終遇此眷屬，多皆破壞正念，仍留此界。」**❾**足見，助念一法對幫助臨命終者保持正念，具有重要意義。印光在〈臨終三大要〉一文裏概括出臨終助念的三項要點：

一、善巧開導安慰，令生正信：切勸病人，放下一切，一心念佛。如有應交代事，速令交代，交代後，便置之度外。隨即作我今將隨佛往生佛國想，知世間所有富樂眷屬等種種塵境，皆為障礙，故不應生一念繫戀之心。又須知自己一念真性，本無有死，所言死者，乃捨此身而又受別種之身耳。

---

❼ 佛教對死亡痛苦的描述，可參閱張通文：《人死後的過程——中陰身自救法》〔臺北：觀世音出版社，1995年〕，第三章〈四大分解的現象〉，頁21—33。不過現代醫學有一派主張，死亡時腦中會產生一種名為「安德魯芬」(Endorphin)的荷爾蒙，令人快樂，故人在死前會有爽快的舒服感覺。參閱高柳和江著，蕭志強譯：《生死自在》〔臺北：三思堂文化公司，1996年〕，頁19—34。

❽ 《全3下》，〈一切念佛人往生及不往生之證據〉，頁50。

❾ 《全1》，〈陳了常優婆夷往生事迹兼佛性發隱〉，頁736。

若不念佛，則隨善惡業力，再受生於善惡道中。若至誠念佛，必定感佛大發慈悲，親垂接引，得以往生。⑩

　　二、大家換班念佛，以助淨念：病人心力屢弱，不易相繼長念，此時全仗他人相助，方能得力。故家中眷屬，應同發孝順慈悲之心，為其助念佛號。關於此，執行上有幾點須注意：甲、分班助念；乙、念時聲調須適中；丙、使用引磬；丁、念時以四字較合宜；戊、不得令親友探慰。以下分述之。

　　甲、分班助念　若病人尚未至將終，當分班助念。分為三班，每班限定幾人。念時，頭班出聲念，第二、三班默持；第二班接念，頭班、三班默持；第二班念畢，第三班接念，輾轉循環交換。若有小事，當於默持時辦。值班出聲念時，不可離去。每念一點鐘，歇兩點鐘，縱使晝夜接替，亦不甚辛苦。三班相續，佛聲不斷。病人力能念者，則隨之小聲念；不能念，則攝耳諦聽，心無二念，自可與佛相應。若病人將欲斷氣，宜三班同時念，直至氣斷以後，又復分班念三點鐘，然後歇氣，以便料理安置等事誼。以上所示之念法，家中眷屬須如此，即使外面請來助念的善友亦須如此，不論人數多寡均須如此念。極須注意的是，不可剛剛起念，便歇歇又念，致令病人佛念間斷。若值飯時，當換班喫，勿斷佛聲。

　　乙、念時聲調須適中　念佛聲不可太高，高則傷氣，難以持久；亦不可太低，以致病人聽不明白。不可太快，亦不可太慢；太快則病人不能跟隨，即使聽了亦難明瞭；太慢則

⑩　以上參閱《全2》，〈臨終三大要〉，頁1335。

氣接不上，亦難得益。須不高不低，不緩不急，字字分明，
句句清楚。讓病者字字句句入耳經心，才容易得力。

丙、使用引磬　念佛法器，唯用引磬。其他一切，概不
宜用。因為引磬聲音清脆，聽之令人心地清淨；❿木魚聲濁，
故不宜用於臨終助念。

丁、念時以四字較合宜　佛號初起時，念幾句「南無阿
彌陀佛」六字。以後專念「阿彌陀佛」四字，不念南無。以
字少易念，病人或隨之念，或攝心聽，皆省心力。

戊、不得令親友探慰　當念佛時，不得令親友來病人前
面問訊諭慰，使得病人不能專心念佛，這直是推人下海。其
情雖可感，其事甚可痛。因此，主事者如果明白此中道理，
便須事先告知親人，以免因有礙情面，而貽害病人分心，不
得往生。❿❷

三、切戒搬動哭泣，以防誤事：病人將終之時，正是凡
聖人鬼分判之際，一髮千鈞，要緊之極。此時最有益處的事，
莫過於一心念佛；最為貽害的事，莫過於妄動哭泣。假若妄
動哭泣，導致生瞋恨及情愛心，則欲生西方，萬無有一。故
此時須注意事項有：甲、切戒搬動；乙、切戒哭泣；丙、切

---

❿　《釋氏要覽》卷下云：「未終時打長磬，令其聞聲，發其善思，得生善
　　處。智者大師臨終時，語維那曰，人命終時，得聞磬聲，增其正念，
　　惟長惟久，勿令聲絕，以氣盡為期。」（《大正藏》，第54冊，頁306上）
　　可見，磬聲有助臨命終者，提起正念之效。

❿❷　以上參閱《全2》，〈臨終三大要〉，頁1336—38。

戒頻頻探視熱氣出處。以下分述之。

甲、切戒搬動　病人將終之時，只可以佛號開導彼之神
識，斷斷不可洗澡、換衣，或移寢處。任彼如何坐臥，只可
順彼之姿勢，不可有任何移動。因此時身不自主，一動則手
足身體均受拗折扭捌之痛。痛則瞋心生，而佛念息。隨瞋心
去，多墮毒類，可怖之至。❿❸

乙、切戒哭泣　不可在將終之人面前生悲感相，或至哭
泣。若見悲痛哭泣，則情愛心生，佛念便息。隨情愛心去，
以致生生世世，不得解脫。

丙、切戒頻頻探視熱氣出處　人之將死，熱氣自下至上
者，為超昇相；自上至下者，為墮落相。故有「頂聖眼天生」、
「人心餓鬼腹」、「畜生膝蓋離」、「地獄腳板出」之說。❿❹而

---

❿❸　一般人礙於俗情而將臨終之人搬離臥床、更換衣服，印光批評此種舉
　　止云：「若謂死於臥床，後人臥之不吉，則是以寇仇視其親矣。若謂衣
　　冠不整，為鬼將藍縷裸裎，果如所言，則何不將食物塞滿其腹，免彼
　　為餓鬼乎！」（《全3下》，〈飭終津梁摘錄〉，頁104）另外，對於斷氣後
　　的處理，印光說：「氣絕之後，亦當任其側臥，不必矯正（任他臨終時，
　　或坐或臥，或側或仰，或直或曲，均當聽其自然，不可移動）。因此時
　　仍有知覺，略一觸動，便生瞋恚。一生瞋恚，將墮入毒蛇猛獸道中。
　　須待週身冷透，神識完全脫離，用熱手巾搭肋膝等處，即可轉頓而更
　　衣。」（同上，頁104）剛死時知覺尚存，故不可動他，等到通身全冷後
　　才能為其更衣。如果關節等處僵硬，可用熱毛巾敷之，令其頓化。
❿❹　印光云：「按《大集經》說『臨終徵驗偈』云：『頂聖眼天生，人心餓
　　鬼腹，畜生膝蓋離，地獄腳板出。』以人將死時，熱氣從下至上者超升，
　　從上至下者墮落。若通身冰冷，唯頂上熱者，必生西方入聖道；眼及

大家果能至誠助念，自可叫死者直下往生西方。切不可屢屢
探之，以致或有刺激，心生煩痛，不得往生。**⑩** 此之罪過，
實為無量無邊。**⑩**

　　以上三大要訓，其目的無非是在幫助臨終之人保持正念，
因為保持正念才得往生。印光說：

> 臨終助念，譬如怯夫上山，自力不足，幸有前牽後推，
> 左右扶掖之力，便可登峰造極；（而）臨終正念昭彰，
> （卻）被魔眷愛情搬動等破壞者，譬如勇士上山，自
> 力充足，而親友知識，各以己物，令其擔負。擔負過
> 多，力竭身疲，望崖而退。**⑩**

　　臨終時適當的處理，可避免破壞正念，順利往生西方。

額顱熱者，生天道；心熱者，生人道；腹熱者，生餓鬼道；膝蓋熱者，
生畜生道；腳板（熱）者，生地獄道。」（《全3下》，〈一切念佛人往生
及不往生之證據〉，頁50）

⑩ 印光云：「『頂聖眼天生』等者，……。此由人在生時，所造善惡二業，
至此感現如是，非可以勢力假為也。是時若病人能志誠念佛，再加眷
屬善友助念之力，決定可以帶業往生，超凡入聖耳。不須專事探試徵
驗，以致誤事也。至囑！至禱！」（《全2》，〈臨終三大要〉，頁1339）又
曾云：「『頂聖眼天生』等說，實可依據。光（自稱）恐無知者，唯以
探冷熱為事，（故）意謂有信願及臨終正念分明，即可往生。不得專以
探冷熱為據。」（《全1》，〈復周孟由昆弟書〉，頁343）

⑩ 參閱《全2》，〈臨終三大要〉，頁1338。

⑩ 《全1》，〈陳了常優婆夷往生事迹兼佛性發隱〉，頁736。

足見，瞭解臨終助念等事誼是件非常重要的事。

　　另外須特別提出的是，關於臨終後的薦亡法事，印光認為仍當以念佛為主，不必做任何水陸法會。❿❽

第五節　生產助念法

　　除臨終助念外，印光也非常注重生產助念，他說：「臨終助念，是助死者得往生；臨產念觀音，是助生者母子離危險。近數年來，屢聞生產之苦，……故常與一切人說之。」❿❾

　　通常女人臨產時會有種種危險，印光舉要說明，云：「女人臨產，每有苦痛不堪，數日不生，或致殞命者。又有生後血崩種種危險，及兒子有慢急驚風種種危險者。」⓫⓪婦人臨產是件極其苦痛的事，有時陣痛數日仍產不下嬰兒，或有因嬰兒倒橫或破羊水而難產死亡。產後又有血崩（大量出血不止）等種種危險，嬰兒有時又會患上慢性或急性的驚風症。總之，生產可能帶來的苦痛無比之多，故印光極力提倡臨盆婦女持

---

❿❽　印光云：「薦亡之法，唯念佛最為第一。現世之施食，皆場面而已。」
　　（《全2》，〈復崔德振居士書五〉，頁994）又云：「至于保病薦亡，今人率以誦經拜懺做水陸為事。光（自稱）與知友言，皆令念佛。以念佛利益，多于誦經拜懺做水陸多多矣。」（《全1》，〈與黃涵之居士書一〉，頁312）

❿❾　《三編》，〈復方耀廷居士書一〉，頁328。

⓫⓪　《全2》，〈一函徧復〉，頁858。

念佛菩薩聖號，他說：

> 又產難之近因，前已言之。若論遠因，多由宿世、現
> 生殺業所致。儻女子于幼時，常念南無阿彌陀佛，與
> 南無觀世音菩薩聖號，自可消除宿、現殺業。殺業消，
> 則臨產自無作障，令不生者。⓫

　　所謂產難發生的近因，即指懷孕期間性交；⓬至於遠因，
印光認為是過去世或現世所造的殺業。⓭如果能夠執持阿彌
陀佛或觀世音菩薩的聖號，便可消除殺業所造成的障礙，而
得以順利生產。印光對於女人念佛、菩薩聖號可消除業障，
既而臨產時均得以安然而生的看法，在另一處是這麼說的：
「女人能從小常念佛，及觀音聖號，後來決無產難之苦。或

⓫　《全2》，〈重印達生、福幼二編序〉，頁1209。

⓬　印光說：「孕後交一次，胎毒重一次，胞衣厚一次，生產難一次。孕久
　　若交，或致墮胎，及與傷胎。」（《全2》，〈禮念觀世音菩薩求子疏〉，頁
　　1381）又說：「婦受孕後，行一次房，胞厚一次，胎毒重一次。且或因
　　子宮常開，致易墮胎。此種忌諱，人多不知。縱有知者，亦不肯依。
　　故致或不生，或不成，或孱弱短命。不知自己不善用心，反說命不好，
　　反將行房當常事，日日行之，不死就算大幸。」（《全3上》，〈復張德田
　　居士書〉，頁38）一再表明懷孕後，夫婦二人應避免性交，不但對胎兒
　　有利，亦對自己本身有莫大的好處。

⓭　產難發生的原因，可歸納成兩大點，印光說：「近來難產者甚多，一因
　　宿世惡業，一因現生不知節欲所致。」（《全2》，〈復周伯遒居士書〉，頁
　　970）

一受孕即念，或將產三四月前即念，或臨產始念，均得安然
而生。」⑭他還說：「若平素絕不念佛及觀音者，臨產肯念，
亦決平安而生。」⑮極力強調佛菩薩的加持力，令面臨恐懼的
產婦得到依怙而感到無比欣慰。

此外，印光還舉了許多真人真事的實例，說明產婦臨產
時持念佛、菩薩聖號所發生的不可思議事情，⑯尤其是救苦
救難的觀世音菩薩聖號。此中尤須特為表出的是，印光教導
如何持念觀世音菩薩聖號：

> 若於將產時，至誠懇切出聲朗念南無觀世音菩薩，不
> 可心中默念，以默念心力小，故感應亦小。又此時用
> 力送子出，若默念，或致閉氣受病。若至誠懇切念，
> 決定不會有苦痛難產，及產後血崩，並兒子驚風等患。
> 縱難產之極，人已將死，教本產婦，及在旁照應者，
> 同皆出聲念觀世音。家人雖在別房亦可為念，決定不
> 須一刻工夫，即得安然而生。⑰

臨產時的念誦方法有兩點須注意：一、產婦本人須至誠懇切

---

⑭ 《全2》，〈復周伯遒居士書〉，頁969。

⑮ 《全2》，〈復楊慧昌居士書二〉，頁897。

⑯ 參閱《全3上》，〈復羅智聲居士書〉，頁132；《全3上》，〈復悟塵居士書〉，
頁396；《三編》，〈復淨善居士書四〉，頁713。

⑰ 《全2》，〈一函徧復〉，頁858。

地出聲朗念「南無觀世音菩薩」，不可只在心中默念，因為默念不但感應力量不大，而且還會因閉氣而送不出嬰兒，產婦也會因此而受病。印光在另一處解釋不可默念的原因：「若生產，……以默念力微，若心中努力，或致受病。朗念則氣息舒暢，其益甚大。」⑱默念時無法藉此產生力量來催送嬰兒。再者，如果默念，而且又很專心，則整個身體的氣會凝聚在胸口，導致往後血氣不順等疾病。可見印光教法也蠻符合現代醫學觀念。二、在旁照應的家屬和親朋好友須同聲誦念，在別房等待的家屬亦可為之助念。如果能依以上兩點而行，即使遇到極嚴重的產難，乃至產婦已到奄奄一息的危境，決定不須多久時間，便能馬上順利產下嬰兒。在另一處亦有同樣的說法：「女人臨產，須志誠朗念觀世音聖號，……無難產之苦。即難產將死，教令念之，則即刻安然而生。能以此普告一切人，即為預救產難，預救性命。」⑲觀此處所言，印光對持念觀世音菩薩聖號得以解除難產的信心極強。因此，他一再推廣這個信念給信徒，如他自己曾說：「光前數年絕不說及此事，後屢聞難產殞命，……故近數年，常與人說之，依而行者，無下（按：應作「不」）應驗。」⑳

　　但是一般人有種錯誤的觀念，認為臨產時不可持誦聖號，印光對此提出糾正：「外道不明理，死執恭敬一法，不知按事

---

⑱　《全2》，〈復楊慧昌居士書二〉，頁897。

⑲　《三編》，〈復方耀廷居士書一〉，頁328。

⑳　《全3上》，〈復羅智聲居士書〉，頁132。

論理，致一班念佛老太婆，視生產為畏途。雖親女、親媳，亦不敢去看，況敢教彼念觀音乎！須知菩薩以救苦為心，臨產雖裸露不淨，乃出於無奈，非特意放肆者比。不但無有罪過，且令母子種大善根。此義係佛於《藥師經》中所說，非我自出臆見，我不過為之提倡而已（《藥師經》說藥師佛誓願功德，故令念藥師佛。而觀音名號，人人皆知，固不必念藥師佛，而可念觀音也）。」⑫民間外道常不明事理，堅持要對佛菩薩恭敬，以為產婦裸露及血漏為不淨，不敢教她們念觀世音菩薩的聖號！其實菩薩視一切眾生同親生兒女，兒女若墮水火，求父母救，父母聞之即救，決不會因衣冠不整齊、身體不潔淨，而不救護。況且，臨產裸露及不淨是出於無可奈何，任誰也不願意如此。印光最後強調臨產念觀世音菩薩的聖號之義，乃釋迦牟尼佛於《藥師經》中所說，不是他個人臆見。印光又指出：「有不明理者，家有生產事，彼則躲之他處，過一月多方敢回。謂血腥一衝，則從前所念之經咒、佛號，皆無功德。」⑫深恐自己所念的經咒和佛號功德，會被產婦血腥沖殺掉，這種作法何其迂腐！尤有甚者，於家中有產事時便離家一個多月，等到產婦做完月子後才回家。⑫如

---

⑫　《全2》，〈一函徧復〉，頁858─59。

⑫　《全2》，〈復楊慧昌居士書二〉，頁897。

⑫　印光說：「婦女生產，大家視作畏途，不但本產婦不敢念，或其婆其母因其媳、女生產，預先逃居外邊，過一月餘方敢回來。此種皆受外道，但知平時恭敬之道，不知因事適宜之權。」《全3上》，〈復楊宗慎居士書〉，頁236)

此一來、念佛、念經咒竟使自己成為不慈愛自己女兒、媳婦的長輩，天底下哪有這等荒唐的行徑。

又有些婦女為了避免所謂的「血沖」，因而讀誦偽造的《血盆經》，禮拜偽造的《血盆懺》，冀望消弭血沖帶來的不祥。因為一般認為婦女經血和產血會積累成一血盆地獄（或云血湖、血池、污池），而傳說此獄是專為婦女而造，故婦女須念誦《血盆經》，乃至拜《血盆懺》，才能免除墮入血湖的苦厄。就此印光說：「女人家每疑生產有罪，而無知劣僧遂偽造《血盆經》、《血盆懺》，女人聞此，喜出望外，箇箇都要念《血盆經》、拜《血盆懺》，（以）破血湖。直是以小兒戲，為滅脫苦之據，可歎孰甚！」❷❹其實，這些經典不是佛教本有，而是受道教影響而撰作。因早期道教一向有避諱經期女及產婦的作法，認為凡舉吉事、做法會、煉丹修仙，須避忌被經期女及產婦看見，否則丹藥不成，並會惹來禍殃。❷❺自盛唐密宗興起時，佛教受道教影響，開始忌諱經期女和產婦進入道場及參加法會。及至宋代出現《血盆經》，至於《血盆懺》則更是晚近才編寫出來的。❷❻印光指出當時有些趕經懺的劣僧，在為女人做薦拔或消災解厄時，念《血盆經》及拜《血盆懺》，

---

❷❹　《全2》，〈復郭介梅居士書二〉，頁927—28。

❷❺　參閱蕭登福：〈道教血湖地獄對佛教《血盆經》的影響〉，載氏著：《道教與佛教》〔臺北：東大圖書公司，1995年〕，頁297—320，尤其頁297、299、305—08。

❷❻　參閱蕭登福：前引文，頁308—11。

以圖牟利，❿其實這並不能真正令人滅罪脫苦：

> 女人之罪在於不孝父母公婆，不敬丈夫，不以厚道待
> 僕使，不以善道教兒女，及不時洗濯，致有衝犯。當
> 以至誠恭敬念佛，以期消滅往業，洗心滌慮，不作後
> 愆。……何可不在自心懺罪過，專靠偽經懺滅罪過乎！
> ……群以破血湖、破地獄為必不可不作之佛事。自己
> 不得真利益，反令知世理而不知佛法之人謂此即是佛
> 法。❷

婦女的真正罪過在於不孝順父母公婆，不尊敬丈夫，不以厚
道對待僕役，不善教兒女，以及不時常洗濯下體而導致衝犯
等事情。❷至於經期及生產時裸露出血，此乃自然生理之事，
並非有何罪過可言。而且佛法講求的是心法，所以從心上著
手，徹底清淨其心，才是懺罪消業的真正辦法。不當念誦偽
造的《血盆經》來破血湖、破地獄。這樣的做法不但自己得
不到利益，還會導致他人謗毀佛法，罪過甚大。

---

❿　參閱《全2》，〈復江景春居士書二〉，頁976。

❷　《全2》，〈復郭介梅居士書二〉，頁928。

❷　例如以前女人經期來臨時，以長布條來保持下體的清潔，故印光有云：
　　「當月經時，……宜常換洗穢布。若手觸穢布，當即洗淨。切勿以觸
　　穢之手，翻經及焚香也。」（《全2》，〈一函徧復〉，頁859）現今物質豐
　　饒，科學發達，女人不須像以前那種作法來保持清潔，故亦較少「衝
　　犯」之事發生。

第六節 結 語

　　印光大師終其一生提倡淨土法門，並以「持名念佛」作為行持法要。他以自創的「十念記數」弘傳持名念佛法，並將此法運用於〈大勢至菩薩念佛圓通章〉所言「都攝六根，淨念相繼」上，強調透過此法必能證入念佛三昧。此外，就信仰層面來看，印光大師強調佛力加持，他一方面認為念佛行者於臨命終時，如有蓮友（或家屬）在旁助念，並防止擾亂正念（佛念），有助於臨命終人往生西方極樂淨土；一方面認為產婦臨盆時，如果能持誦佛菩薩聖號，即使面臨產難也能安然脫離險境，順利產出胎兒。

　　縱觀印光大師的念佛教學，跟蓮宗二祖善導大師以降的教法，差別不大。唯印光處於清末民初佛教不振之時，他能以身作則，嚴守戒律，畢生弘揚淨土法門而不改初衷，不但給予信徒極大的信心，並將念佛法簡易化（按：與簡單化不同），因此受到當時普羅大眾的喜愛，且流風餘澤及於當代，臺、港、星、馬、大陸等地的華人佛教團體，遵奉印光遺教者，為數甚多。

第五章

印光的著作及紀念文集

古德弘法，皆覷破時節因緣，應機調伏眾生。

印光大師文字三昧，真今日群盲之眼也。

誦此後更進以蓮池、憨山、紫柏、蕅益諸集，

培足信根，庶解行證得，有下手處。

　　本章討論印光之著作及紀念文集。印光之著作包括《印光法師文鈔》正編、《印光法師文鈔》續編、《印光法師文鈔》三編、《嘉言錄》正編、《嘉言錄》續編、《菁華錄》及《四大名山志》；紀念文集包括《印光大師永思集》、《印光大師永思集》續編、《印光大師遺教摘要》、《印光大師紀念文集》等數種。以上除《四大名山志》外，其餘文獻由釋廣定彙編成七冊，名為《印光大師全集》（以下簡稱《全集》）。❶本章採用《全集》作為討論依據，是因為它完備，並且流通量大，屬較理想、方便的一種版本。雖然臺灣、大陸、香港等地，出版《印光法師文鈔》正續編的團體很多，但都未如《全集》般編輯三編，❷及廣泛收集其他重要的紀念文章，對認識印光來講，多少有些缺憾。❸以下依序討論《印光大師全集》各冊的內容及刊行年代（第一節）、《印光法師文鈔》編輯經

❶　釋廣定編輯：《印光大師全集》〔臺北：佛教出版社，1991年〕。

❷　《印光法師文鈔三編》還有另一版本，由羅鴻濤編定而成。此版本的編輯過程極盡曲折，下文會另外對它作出說明，並且比較兩種《三編》的異同。

❸　目前坊間流通的《印光法師文鈔》正續編，大抵跟《全集》裏收錄的版本一樣，都是翻印原始版本，所謂原始版本指當年印光自己編定排製而成。此外，由於印光的思想及教學目前漸受大陸學者的重視，因此最近出版了張育英校注之《印光法師文鈔》正續編的點校版〔北京：宗教文化出版社，2000年〕，並以簡體字重新編排，有別於坊間所流通的原始版本。但此版本亦未如《全集》般完備，且不太適合臺、港地區閱讀繁體字的讀者。

過及其特色（第二節）、《嘉言錄》、《菁華錄》、《永思集》及
相關紀念文集的編輯（第三節）、《四大名山志》的修撰過程
及其內容檢討（第四節）。

第一節 《印光大師全集》各冊的 內容及刊行年代

　　《全集》於民國六十六年(1977)初次編訂完竣時僅為六
冊，民國六十八年(1979)再版時，增補了民國三十八年(1949)
國民政府播遷來臺後，七眾緇素的紀念文章為第七冊。各冊
內容簡述如下：

第一冊：徐蔚如居士於民國六年(1917)倡印《印光法師
　　　　信稿》以來，一直重訂增廣，最後於民國十五
　　　　年(1926)定名為《增廣印光法師文鈔》，為現今
　　　　《全集》的第一冊。

第二冊：靈巖山寺當家師妙真和尚，於民國二十八年
　　　　(1939)搜輯印光信稿，加以排印，名曰《印光法
　　　　師文鈔續編》，此為現今《全集》第二冊。

第三冊：廣定和尚數次親赴國外，將《弘化月刊》和各
　　　　佛教月刊有關印光遺稿，❹盡為搜輯，編成《印

---

❹　《弘化月刊》發行於1941年7月。發行目的參閱釋德森：〈弘化月刊發

光大師文鈔三編》，此為現今《全集》第三冊。

第四冊：收入《印光法師嘉言錄》、《印光法師嘉言錄續
　　　　編》、《印光大師文鈔菁華錄》，以及印光的法語。
　　　　法語部分包括〈上海護國息災法會法語〉、〈印
　　　　老法師由上海回至靈巖開示法語〉及〈毒乳殺
　　　　兒之廣告〉等。

第五冊：收入印光所輯錄的《淨土經論擷要》，以及〈印
　　　　光法師開示〉（此乃節錄前二冊《文鈔》之文字，
　　　　彙為一篇短文）。另有妙真和尚刊行的《印光大
　　　　師言行錄》、《印光大師畫傳》、《印公遺墨》等，
　　　　以及大陸陳海量居士編輯的《印光大師永思
　　　　集》、臺灣樂崇輝居士編輯的《印光大師永思集
　　　　續編》。

第六冊：收入各弟子、學人等對印光遺教的摘錄與解釋，
　　　　名為《印光大師遺教摘要》。

第七冊：收入印光生西後，各弟子、學人的紀念文章，
　　　　名為《印光大師紀念文集》。

據以上簡介，《全集》第一～三冊乃印光本人的著作，其
餘則是他人節錄、編撰和紀念文章等。今製一覽表，將各冊
所收文獻的原刊行年代，及在《全集》中的卷數、頁碼等，
列述如次：

刊詞〉，載《全7》，頁21—22；釋圓瑛：〈印光大師永久紀念會發行弘
化月刊題辭〉，載《全7》，頁23—24。

原刊行年代	冊數	內容資料名稱		卷數	頁碼	備　註
民國十五年 (1926)	一	圓瑛：印光大師像贊				卷首之前
		徹悟禪師念佛伽陀教義百偈			1–7	卷首之前
		節錄一段印光大師法語			8	卷首之前
		印光法師文鈔題詞并序		卷首	9–12	
		附明管東溟先生勸人積陰德文			12–14	
		目次			15–21	
		書信一		卷一	23–220	共90篇
		書信二		卷二	220–356	共83篇
		論		卷二	357–400	共8篇
		疏		卷二	401–34	共21篇
		序		卷三	435–614	共96篇
		跋		卷三	615–30	共14篇
		記		卷四	631–702	共38篇
		雜著		卷四	703–813	共69篇
		附錄	1. 南五臺山圓光寺觀音菩薩示迹之記		813–16	釋普明撰 釋印光讚
			2. 念佛三昧摸象記		816–18	釋印光撰
			3. 勸燬淫書說		818–19	出自《格言聯璧》，釋印光修改。刊於1931年❺
			4. 戒煙神方		819–20	作者不詳,釋印光提倡
			5. 《印光法師文鈔》原跋		820–21	徐蔚如撰
			6. 普勸發心印造經像文（包括）: 甲、印造經像之功德 乙、印造經像之機會		821–38	釋弘一示綱、尤惜陰演譯❻

			丙、印造經像之方法 丁、發願文之程式 戊、寫時畫時之注意 己、結論 　附：1.閱覽佛學 　　　經書翻動 　　　時滅少罪 　　　過之注意 　　　2.唐義淨三 　　　藏法師西 　　　域取經詩 　　　3.安士全書 　　　印造經文 　　　發明 　　　4.證通法師 　　　西資社同 　　　誓文		
			7.流通有益於世道人 　心之經書法	839–40	撰者不明
民國廿八年 (1939)	二		印光大師德相二幅	卷首	
			阿彌陀佛百頌	卷首	841–44	三聖禪院逸 人述
			印光文鈔續編發刊序	卷首	845–47	釋印光撰
			目次		848–54	
			書信	卷上	855– 1135	共215篇
		附錄	1.錢武肅王強弩射潮 　發隱頌		1135–36	釋印光撰

---

❺　參閱《全3上》，頁169。

❻　本文標題下署名為「弘一釋演音示綱、弘實尤惜陰演譯」。但據林子青
　　(1910—)考證，此文乃弘一大師親作，與尤惜陰無關。至於弘一為何
　　假託尤居士之名來發表，林子青則未說明。見林子青：《弘一大師新譜》
　　〔臺北：東大圖書公司，1993年〕，頁200—01。

			2. 跋（錢武肅一文）		1136－37	錢士青撰
			3. 一乘決疑論說		1138	釋徹悟撰
		序		卷下	1139－1279	共76篇
		記		卷下	1280－1316	共17篇
		附錄	化痰止咳丸方		1316	釋德森附入
		頌讚（附偈頌）		卷下	1317－33	共54首
		附錄	白礬救命神效方		1333	馮文符提供
		雜著		卷下	1334－1400	共37篇
		楹聯		卷下	1401－12	共123對
		附錄	1. 按語		1413	釋德森撰
			2. 念佛攝心偈		1413－14	釋德森撰
			3. 許止淨居士往生記并頌		1414－17	釋德森撰
			4. 得助念失助念之損益比較		1417－20	釋德森撰
			5. 喫素念佛修淨業人須平時事事多與淨行相合乃可往生		1420－23	釋德森撰
			6. 復恩施法院院長黃曉浦居士書		1423－26	釋德森撰
			7. 跋傅鄒仁顯念佛感虎捨豬記後		1426－28	釋德森撰
			8. 藉崔居士復游居士書順答江易園居士啟		1429－30	釋德森撰
			9. 答周群錚居士書		1430－31	釋德森撰
			10. 普陀山天華禪院承頂上海崇寧庵募捐啟		1431－32	釋德森撰
			11. 答曾怡芝居士四問		1433－35	釋德森撰

		12.傅春浦居士生西記		1436-37	余藕生、陳展西等撰
		13.聶雲生居士生西記		1437-38	陳展西
民國六六年(1977)	三	梁啟超等題詞原跡		1-10	卷首之前
		卷首目錄		1	
		目錄		2-22	
		徵求靈巖大師外集等文	卷首	1-18	羅鴻濤、游有維、釋廣定等撰
		書信	卷上	1-400	共299篇
		序	卷下	1-34	共16篇
		記	卷下	35-48	共7篇
		開示法語	卷下	49-82	共10則
		雜著	卷下	83-138	共25篇
		附錄	1.靈巖印光大師略史	139-42	游有維撰
			2.佛化兒童讀本	143-48	釋印光撰
民國十六年(1927)	四	印公老人八秩德相			卷首之前
		印公老人像讚			釋德森撰
		嘉言錄重排序		1441-43	釋印光撰
		印光法師嘉言錄目錄		1444	
		印光法師文鈔選讀篇目			
		印光法師嘉言錄（後增附數信）		1445-46	李圓淨編
民國卅二年(1943)	四	印光法師嘉言錄續編序		1675-1684	釋德森撰
		印光法師嘉言錄續編目錄		1685	
		附復羅鏗端居士書		1868	釋印光撰
		印光法師嘉言錄續編		1687-1918	釋廣覺、徐志一合編
民國四三年(1954)	四	印光大師文鈔菁華錄序		1921-22	釋圓瑛撰
		印光大師文鈔菁華錄目錄		1923	

		印光大師文鈔菁華錄		1925–2075	李淨通編
		菁華錄編者之言		2076	李淨通撰
		印光大師德相二幅		2077–78	
民國廿五年 (1936)	四	上海護國息災法會法語序		2079–80	釋印光撰
		上海護國息災法會法語目錄		2081–82	
		上海護國息災法會法語		2083–2197	釋印光開示 鄧慧載記錄
		附錄	印老法師由上海回至靈巖開示法語	2197–2222	釋印光開示 於十月十七日晚
民國廿六年 (1937)	四	毒乳殺兒之廣告		2223–26	釋印光撰
民國？年 (年代不詳)	五	淨土經論撮要		2227–40	釋印光摘錄 不知何年摘錄
民國？年 (年代不詳)	五	印光法師開示（節錄《文鈔》）		2241–51	不知何人節錄
民國四三年 (1954)	五	印光大師言行錄目錄		2255–56	
		印光大師德相、墨蹟、舍利子影照等		2257–62	
		印光大師言行錄序 印光大師言行錄		2263–64 2265–2345	游有維撰 釋妙真刊行
民國三十年 (1941)	五	永思集引言		2347	陳海量撰
		印光大師永思集提綱		2348	
		印光大師德相二幅		2349–50	
		大師墨蹟：楞嚴經大勢至菩薩念佛圓通章		2351	
		大師受供處、寢床、禮佛堂、閱經處及舍利子等影像		2352–54	
		印光大師永思集		2355–	陳海量輯、寶

				2617	存我校❼
民國五九年 (1970)	五	印光大師永思集續編目錄		2619–22	
		永思集續編序		2623– 2627	釋南亭撰
		永思集續編引言		2629– 2630	樂崇輝撰
		印光大師永思集續編		2631– 2781	樂崇輝編
民國四二年 (1953)	五	印光大師畫傳書面題字		2783 2785 2789	葉恭綽 吳湖帆 蕭蛻
		印光大師畫傳目錄		2786	
		印光大師畫傳序		2787–88	釋虛雲撰
		印光大師相贊		2790	周孟由撰、蕭 蛻恭書
		印光大師德相		2791	
		印光大師畫傳		2792– 2839	釋如岑搜集 ❽ 釋妙真等刊 行
		印光大師畫傳跋		2841	高鶴年撰
民國卅六年 (1947)	五	印光大師墨蹟		2843–44	
		印光大師德相		2845	
		印光大師遺墨目次		2846	
		印光大師遺墨		2847– 2910	釋妙真刊行
		印光大師遺墨跋		2912	張一留撰
民國四九年 (1960)	五	說明借與菩提樹月刊十二 通大師書信遺墨攝影製版		2911	李炳南識
民國六六年	六	印光大師德相			

---

❼　參閱《全5》，頁2608。

❽　參閱《全7》，頁523。

(1977)		遺墨：大勢至菩薩念佛圓通章		79歲寫
		印光大師遺教摘要目錄 印光大師遺教摘要	全冊	1–2 1–416　釋應脫等輯
民國六八年 (1979)	七	印光大師德相五幅	卷首	
		印光大師舍利子攝影	卷首	
		印光大師舍利記	卷首	范古農撰
		印光大師舍利塔平面圖	卷首	
		蘇州靈巖山全景圖	卷首	
		印光大師紀念文集目錄		1–23
		印光大師紀念文集	全冊	1–581　釋廣定輯

　　這套《全集》收錄的第一、二冊（即《文鈔》正、續二編），乃印光在世時已出版發行，後來臺、港及大陸等地的佛經流通處（或印經處）皆有流通，內容皆相同。

　　廣定和尚編訂的這套《全集》，被譽為有關印光大師遺著最完善的版本，❾海內外修行淨土法門的行者幾乎人手一冊（套）。此《全集》網羅資料完備，乃廣定和尚付出極大心血搜輯而成，彌足珍貴。

　　當然，此《全集》並非全無可供訾議之處，例如許多文章重複，分散在各冊之中，這或許是廣定和尚希望保留原篇本貌，故不加刪訂；各冊以原編本影印，形成字體不一，這情形也可能出於上述的相同原因。此外，第三冊所搜輯的文章雖具相當分量，但與羅鴻濤早年所編訂的版本比較，❿減

---

❾　參閱陳慧劍：〈印光大師年譜簡編〉，載氏著：《當代佛門人物》，頁365。

❿　羅鴻濤主編：《印光法師文鈔三編》（以下簡稱《三編》）〔臺中：臺中蓮社，1992年〕。該版本是影印福建莆田廣化寺1990年版。前面增入徐

少很多篇幅。整體來說，廣定和尚的搜輯工作有如地毯式搜索，盡了相當大的功夫，在羅氏的版本未被重新發現之前（詳見下文），近人能夠較全面地瞭解印光，廣定和尚的搜輯工作，厥功奇偉。

第二節　《文鈔》編輯經過及其特色

壹、《印光法師信稿》出版經過及內容

　　《文鈔》的編輯出版，開始時並非有計劃性的，而是出於偶然機緣。其最早編訂出版的是《印光法師信稿》。

　　民國元年(1912)狄楚青居士於上海創辦《佛學叢報》，高鶴年常郵寄給印光大師。印光認為《叢報》所載文字，言多合理，但其涉及政治的篇幅過多，因此用「雲水僧釋常慚」之名，寄函祈其稍加修正，以免美玉生瑕，但未受到編輯的注意。高鶴年第二次到普陀山法雨寺參謁印光時談及此事。當時高鶴年見印光有文稿數篇，遂將其帶回登於《叢報》，署名「常慚」。⓫這是印光的文章首次公開於世，但世人皆不知「常慚」為何許人。

　　醒民的序文，後面增錄〈復李德明居士書〉七通信函。

⓫　　參閱《全2》，〈印光文鈔續編發刊序〉，頁846。按：印光此處誤認《佛學叢報》創於宣統三年(1911)。

民國六年(1917)徐蔚如收得印光信稿三篇， 在北京印行
五千本，名《印光法師信稿》。⓬關於徐蔚如到底如何獲得印
光的信稿，據近人于凌波〈《印光法師文鈔》問世的經過〉一
文所記，徐蔚如讀得印光刊登於《叢報》的文章後，於民國
二年在上海遇到高鶴年時，詢問「常慚」何人。不久即與友
人周孟由、張雲雷等渡海赴普陀山訪謁印光大師，但這次只
聽印光開示，並沒有帶回印光的文稿。又過了兩年(1915)，周
孟由再到普陀參謁印光， 帶回了幾篇舊信稿寄給徐蔚如。 ⓭
可是，據印光自言，他直至民國七年(1917)才與徐蔚如有一面
之緣。⓮徐蔚如自見《叢報》所載的「常慚」數篇文章之後，
確實到處打聽， 直到民國五年(1916)才從友人周孟由處得知
「常慚」乃印光大師。⓯當年周孟由、季由兄弟至普陀山參

⓬　參閱同上注，頁846。

⓭　參閱于凌波：〈《印光法師文鈔》問世的經過〉，載氏著：《中國近代佛
　　門人物誌（二）》〔臺北：慧矩出版社，1993年〕，頁19。于居士此說可
　　能據〈印公大師復高鶴年居士書〉一文所言：「由閣下多事，惹起徐蔚
　　如、周孟由、張雲雷等，播揚醜迹。」(《全3上》，頁77) 而加以鋪陳的。
　　于居士將「閣下多事」一語解釋成高鶴年把「常慚」此人告訴了徐、
　　周、張等人。其實，「多事」是指高鶴年將文稿刊登於《佛學叢報》一
　　事。由於有此原因，才惹來徐氏等人印行《文鈔》的意圖。再者，在
　　《全集》其他地方均未見如于居士所言的「向高鶴年打聽」、「與周、
　　張訪謁大師」等事。

⓮　參閱《全2》，〈復吳滄洲居士書三〉，頁902。

⓯　參閱同上注，頁902；《全2》，〈復姚維一居士書〉，頁907；《全2》，〈嘉
　　言錄題詞并序〉，頁1257；《全3上》，〈復邵慧圓居士書〉，頁314。

訪，見寮房門上貼有「念佛待死」四個字，心中自忖，其中
必有高人，所以叩關頂禮，方知此乃署名「常慚」的印光大
師。❻此時徐、周二人並未搜集到印光的文稿，直到民國六
年，徐蔚如才得到印光的三封信。此三信函分別是〈與鄧秉
鈞居士書〉兩通，〈答鄧秉權居士書〉一通。此三信是徐蔚如
從鄧君處得來的。❼

　　徐蔚如於民國六年倡印《印光法師信稿》此事，一般皆
知，並咸認此乃印光流通於世的最早文章。然而，此年亦另
有一人印行印光的信函，印光嘗言：「民六年已有二人將與友
人書排印數千送人。」❽此二人一指徐蔚如，一指印光的同鄉
王幼農。不過王幼農所印的只有一通信稿，❾內容已不得而
知。

　　《印光法師信稿》一書，僅有八頁，鉛字排印，後來的
《增廣文鈔》亦皆收入。不過鄧秉鈞居士之名改為鄧伯誠，
鄧秉權居士之名改為鄧新安，文字亦略有修改。❿

---

❻　參閱喬智如：〈印光大師高行記〉，載《全5》，頁2380；《全2》，〈嘉言
　　錄題詞并序〉，頁1257。

❼　參閱羅鴻濤：〈記印光法師信稿及商務本文鈔〉，載《全3》，卷首，頁
　　10。

❽　《全3上》，〈復化凡居士書〉，頁72。

❾　參閱《全2》，〈復游有維居士書〉，頁965。

❿　參閱羅鴻濤，前引文，頁10；《全1》，〈與永嘉某居士書〉，頁308—09。
　　按：此三通信函現收入《全1》，頁45—54。

貳、《文鈔》正、續編形成的經過

　　自《信稿》印行以來，得到四眾極大的回響，所以徐蔚如又收集印光信稿二十二篇，於次年(1918)在北京印行初編《印光法師文鈔》五百本。㉑書名自此確立，以後增訂的版本也都以《印光法師文鈔》為名，只是分別冠以「續編」、「增訂」、「增廣」等字而已。另外，王幼農來普陀山時，見此初編本的《文鈔》，有意出資刻板，但印光認為其文蕪穢，不堪傳世，固辭。㉒

　　徐蔚如印行《文鈔》初編之後，旋於三月下旬偕同其母拜謁印光大師於普陀山，欲求皈依。㉓此次他從印光處獲得更多信稿，再加上友人錄稿見寄，所得既多，即於民國八年(1919)將錄存的三十八篇信稿，在北京再印行續編。㉔是年冬天，南中緇素索閱此書者甚眾，徐蔚如便洽詢上海商務印書館重新付梓排印，以廣流通。其間又加入徐蔚如及張雲雷所徵集的文章三十四篇，並由周孟由、朱赤萌、黃幼希三居士詳為校勘，按類編次，此版本較以前初編、續編所印的更加完善。㉕此書於民國九年(1920)春正月裝訂成一冊，正式出

㉑　參閱徐蔚如：〈原跋〉，載《全1》，附錄，頁820；《全3上》，〈印公大師復高鶴年居士書〉，頁77。

㉒　參閱《全3上》，頁77。

㉓　參閱《全2》，〈復吳滄洲居士書二〉，頁902；《全3上》，頁77。

㉔　參閱徐蔚如，前引文，頁820—21。

㉕　參閱徐蔚如，前引文，頁821；《全1》，〈復四川謝誠明居士書〉，頁275

版。❷當時書館擔心銷售不出去，所以只印行二千本，但尚未正式發行，即已售罄。雖曾促其再印，但書館以急於印行時尚流行之新書為由，而一直未印第二版。後來由於請書者屢次催書，遂先印一千本以應需求。❷另外，同年十二月商務印書館又出版兩冊本的版本，❷其篇幅將近三百頁。❷

　　自商務印書館的版本流通之後，《文鈔》的讀者範圍更加擴大。由於印行的數量不多，所以馬契西於民國十一年(1922)自行募款倡印，但受到印光勸阻，❸不過馬契西仍刊板發行，其中有諦閑法師及黃涵之（慶瀾）所作的序。❸次年(1923)印光又令商務印書館另排增訂本，作四冊本發行，名為《增訂印光法師文鈔》，初次即印行二萬部，並且留板。民國十四年(1925)又令中華書局排增廣本，於民國十五年(1926)秋，以四冊本發行，名為《增廣印光法師文鈔》。據印光自言，此書印行十萬部以上，❸現今通行的《文鈔》第一冊即是此中華書

　　　—276。

❷　參閱《全1》，〈復四川謝誠明居士書〉，頁275（按：文中印光言：「去春蔚如又令上海商務印書館，……至今春正月出書，……。」前一「春」應改為「冬」）；《全2》，〈印光文鈔續編發刊序〉，頁846。

❷　參閱《全1》，〈復包右武居士書一〉，頁221；《全1》，〈復四川謝誠明居士書〉，頁276。

❷　參閱羅鴻濤，前引文，頁11。

❷　參閱《全3上》，〈復錢士青居士書〉，頁108。

❸　參閱《全1》，〈復馬契西居士書八〉，頁286。

❸　此二序文收入《全1》，〈印光法師文鈔題詞并序〉，頁10—12。

局所排印的增廣本,後來又名之為《印光法師文鈔增廣正編》,或《印光法師文鈔正編》。

　　自從中華版的增廣本發行之後,印光即有意將印行《文鈔》之事了結,往後無論所寫的何種文字,概不留稿。一則以免曠用施主錢財,一則以免徒刺明人慧眼。❸至於後來有名為《印光法師文鈔續編》的版本流通於世,據印光所言,其中原因是:

> 十九年(1930)掩關蘇(州)報國寺,當家明道師,令人偷鈔。二十四年,彼去世,遂止。二十六年,避難靈巖山,鈔者以其稿交當家妙真師。妙師又令於半月刊等報鈔錄。光知之,勢不能已,祇好詳校令排,滿彼之願。❸

　　換言之,《文鈔續編》是收集民國十四年以來印光所寫的文章,此書與前面的中華版增廣本一樣,是經過印光本人詳校而排印的,由蘇州弘化社於民國二十八年(1939)印行。此書亦是按類編排,共分為二冊,上冊為書信,下冊為序、記等文。分量約有前增廣本的五分之三的頁數。現今流通的《文

---

❸　參閱《全2》,〈印光文鈔續編發刊序〉,頁846—47;〈復楊樹枝居士書四〉,頁936;〈復宅梵居士書〉,頁1028;〈復宋慧湛居士書〉,頁1115。

❸　參閱同上注,頁846;頁936;頁1115。

❸　《全2》,〈印光文鈔續編發刊序〉,頁846。

鈔》第二冊即此版本，後來又改名為《印光法師文鈔二編》，或《印光法師文鈔續編》。

參、《文鈔三編》兩種版本的編訂始末

印光於民國二十九年(1940)圓寂之後，隸屬弘化社的《弘化月刊》同仁於次年(1941)七月，在該刊徵求印光遺札，希望未被收入於《文鈔》正、續兩編的文章能夠彙集成冊。❸但此舉未能成辦，其因不明。

後來羅鴻濤於民國三十二年(1943)八月一日開始輯錄未收入正、續兩編的文章，並於《弘化月刊》公開徵文四次。直到民國三十四年七月一日，所徵得的遺文已有七百二十件之多，字數約有三十一萬言。此時各方大德均建議羅鴻濤盡速出版，但羅居士認為歷次徵求遺教均有所獲，多延一段時日將可增輯些資料，所以此輯錄工作前後共花七年時間，於民國三十九年(1950)底才告完成，全書共四十餘萬言。❸

羅鴻濤於民國三十九年農曆十一月初二日，將《文鈔三編》交給弘化社的游有維，請他設法付印。❸但游有維礙於

---

❸　參閱《全3》，卷首，〈刊載靈巖印大師遺札辦法〉，頁1。

❸　參閱羅鴻濤：〈為編輯靈巖大師外集徵求遺著啟事〉、〈編輯大師外集二次啟事〉、〈敬編印公大師外集三次徵文啟事〉、〈敬編印公大師外集四次徵文啟事〉、〈印光法師文鈔三編序〉；游有維：〈徵印「印光法師文鈔三編」導言〉；釋廣定：〈「印光大師文鈔三編」重編記〉。以上諸文均收入《全3》，卷首。

❸　參閱釋修崙：〈以慚愧心替代紀念〉，載《全7》，頁489—90。修崙法師

當時印刷費及紙張價格昂貴，暫將原稿送到蘇州靈巖山寺。從此之後，《文鈔三編》便不知下落。《印光大師全集》的編訂者廣定和尚認為可能已在文化大革命時被「紅衛兵」燬滅。❸這對所有修習念佛法門的行者，或是關心中國近代佛教的學人而言，是件令人惋惜的事。所以，廣定和尚便著手重編，除了數次親赴國外（臺灣以外的地區），又將《弘化月刊》及各佛教月刊（佛教舊雜誌）等有關印光遺稿盡為搜輯。他自認內容沒有當時羅鴻濤所編輯的完整，但也可以說「尚無缺少」，因為羅鴻濤所蒐輯的重要遺著早已全部刊載於《弘化月刊》，❸十多年來，此重編本嘉惠緇素四眾，豈言區區！

　　然而，羅鴻濤的版本卻又於西元1980年元旦，被靈巖山寺的明學法師發現，完整無缺地藏於藏經樓的清刻龍藏櫃內。明學師於1984年12月至福建莆田廣化寺謁見圓拙老法師（早年住靈巖山寺念佛堂，親聆印光大師開示，對印光遺教崇敬備至），擬付梓流通。圓老於1989年至靈巖山寺將原稿賫回廣化，旋於1990年由福建莆田廣化寺順利梓行。❸羅鴻濤此版本與正、續二編的體例相同，前為書信，後為敘、記等雜文。廣定和尚的重編本共計357篇，與羅氏本864篇比較，僅占其

　　　對羅鴻濤的搜輯助力不少，但此處所言時間可能有誤。據羅序文寫於十一月初四日(大師圓寂日)，所以將輯稿移交游居士的時間應該更晚。

❸　參閱釋廣定，〈「印光大師文鈔三編」重編記〉，載《全3》，卷首，頁18。

❸　參閱釋廣定，前引文，頁18─19；釋廣定：〈印光大師全集編後記〉，載《全7》，頁580─81。

❹　參閱釋明學：〈印光法師文鈔三編‧跋〉，載《三編》，頁1125─26。

五分之二強。可見，羅氏本於十年浩劫(1967—1976)之後復現，實有助於吾人更加全面地瞭解印光大師。

綜合以上壹～參各小節的討論，今將《文鈔》各版本的倡印者（或編輯者）、出版地點、時間、篇數等內容，製一覽表如次：

書　名	編輯者	出版地點	出版時間	篇數	冊數	備　註
《印光法師信稿》	徐蔚如	北京	1917	3	一	
	王幼農	不詳	1917	1	一	
《印光法師文鈔》初編	徐蔚如	北京	1918	22	一	
《印光法師文鈔》續編	徐蔚如	北京	1919	38	一	
《印光法師文鈔》	徐蔚如	上海商務	1920,1月	72	一	周孟由等校
		上海商務	1921，春	不詳	二	1920年排版，並留下製板
	馬契西	不詳	1922	不詳	一	釋諦閑、黃涵之等序
《增訂印光法師文鈔》	釋印光	上海商務	1923	不詳	四	揚州藏經院木刻板同時印行
《增廣印光法師文鈔》	釋印光	中華書局	1926	419	四	即《全集》第一冊1925年冬排版
《印光法師文鈔續編》	釋妙真等	弘化社	1939	345	二	即《全集》第二冊345篇不包括頌讚、楹聯等
《印光法師文鈔三編》	釋廣定	臺北	1977	357	一	即《全集》第三冊
《印光法師文鈔三編》	羅鴻濤	福建莆田	1990	864	二	早於1950年12月編輯完成864篇不包括楹聯等

肆、《文鈔》的特色

　　《文鈔》正編約三十五萬言，續編約二十五萬言，再加上羅鴻濤所編訂的《文鈔》三編四十餘萬言，共計百萬餘言。從首篇的〈與大興善寺體安和尚書〉❹至最後的〈復龍澄徹居士書〉❹，在在顯示印光的文字以提倡念佛法門為其主要特色。印光在闡述此法門時，如實地將個人的體悟陳述出來；而其體悟又非憑空臆斷，乃是依循以往淨土宗諸祖的教誨加以推敲、實踐的結果。印光曾言：

> 《文鈔》文雖拙樸，所述者皆佛祖成言，不過取其意
> 而隨機變通說之，豈光所杜撰乎哉！光乃傳言譯語，
> 令初機易於曉了耳。然雖為初機，即做到極處，亦不
> 能捨此別修。❹

印光表示自己所扮演的角色只是佛祖的傳譯人，將佛祖的成說用容易明白的文字傳達出來，以便引導初機者進入淨土法門，所以他說《文鈔》「頗能示人修持門徑」。❹而且「多引

---

❹　見《全1》，頁23—26。此信寫於戊戌年（光緒廿四年，1898），是年印光38歲。

❹　見《全3上》，頁399—400；又收入《全5》，頁2762—65；《全7》，頁148—150。此信寫於民國二十九年十月十九日，距印光圓寂前十五日發出。

❹　《全1》，〈復戚智周居士書一〉，頁179。

❹　《全1》，〈復戚智周居士書二〉，頁180。

經論成言，或宗經論意義」，**❹⑤**「絕無杜撰之意」摻雜其中。**❹⑥**
印光信心滿滿地自認《文鈔》所言雖為初機，但做到極點也
「不能捨此別修」，表示所言的雖淺亦深，決可為不同層次的
學者破疑生信。**❹⑦**徐蔚如曾評論《文鈔》說：「師之文，蓋無
一語無來歷。」**❹⑧**梁啟超(1873—1929)亦云：

> 古德弘法，皆覷破時節因緣，應機調伏眾生。印光大
> 師文字三昧，真今日群盲之眼也。誦此後，更進以蓮
> 池、憨山、紫柏、藕益諸集，培足信根，庶解行證得，
> 有下手處。**❹⑨**

此段文字清楚說明了《文鈔》在淨土教學史上的重要地位。
透過《文鈔》，不只可以溯入蓮池等明代各祖，即使對中國歷
來弘揚淨土思想有成就者，如慧遠、曇鸞、道綽、善導、承

---

⑤　《全1》，〈復馬舜卿居士書〉，頁353。

⑥　《全3上》，〈復陳飛青居士書〉，頁159。

⑦　《今願室文存》的作者方倫居士說：「《印光法師文鈔》的價值，非常
　　貴重，淨土的最大阻礙在於疑，最大功效在於信，文中對於破疑生信
　　處，確是說得非常明白。這一部書，深入淺出，文淺理昧的人，固宜
　　多所研讀，以啟正信；文深理明的高士，亦可把它作為參考印證，以
　　增上道業。」(方倫：〈由宗仰印光大師談及老實念佛〉，載《全5》，頁
　　2719)

⑧　徐蔚如：〈印光法師文鈔·原跋〉，頁820。

⑨　梁啟超：〈印光法師文鈔弁言〉，載《全3》，卷首，頁11。

遠、法照、慧日、少康、延壽、王龍舒、彭二林、周安士等
先輩的思想，亦可透過《文鈔》而尋得入道要門。這是《文
鈔》引導淨土行者「有下手處」的殊勝地方。印光也自言：
「若不以《文鈔》文字刺眼，祈詳閱而實行之。此後再閱古
德淨土各著述，則自勢如破竹，循流得源矣。」❺⓪足見《文鈔》
的特色在於勸信行者修持淨土法門，而勸信的方法是從淨土
宗古德的思想中提煉出來。

　　《文鈔》對深奧佛法義理的闡述幾乎沒有，如有闡述也
僅是隻字片言。印光一生無任何佛學專著，他認為「《文鈔》
中所說，皆係開示」之語，❺❶而且「均屬人各能行，又能現
生親得實益者」。❺❷這是印光宏揚淨土法門的匠心獨運處，如
他所言：

　　　夫堯舜之道孝弟而已；如來之道戒定慧而已。能於平
　　實庸常之事而實行之，行之及極，其高深玄妙之理，
　　豈待別求。否則高深玄妙，但屬口頭活計，生死到來，
　　一毫也用不著。願閱者悉注意焉。❺❸

從平實庸常的地方來修持，才能導歸於實際受用，此乃印光

---

❺⓪　《全3上》，〈與張聖慧居士書〉，頁331。

❺❶　《全2》，〈復海門蔡錫鼎居士書三〉，頁997。

❺❷　《全2》，〈復姚維一居士書〉，頁907。

❺❸　《全2》，〈嘉言錄題詞并序〉，頁1259。

文字開示的主要意旨。印光希望閱其文字者——尤其是初發
心者——能對《文鈔》所發揮的「居塵學道」、「即俗修真」，
以及由學佛以至「誠、正、修、齊、治、平」等根本事理皆
有把握，以得究竟出苦之法。❺他說：

> 《文鈔》……文雖拙樸，而涉身、處世、治家、治國、
> 即俗修真、居塵學道之要，當可悉知。若能實行，何
> 善如之。若不實行，惟欲談玄說妙，以圖口快活，其
> 所得利益，亦只此口快活而已。❺

足見《文鈔》所言皆是平實庸常之日用等事，特重學者的實
際踐履，以免落入語言文字陷阱，成為一個天馬行空而缺乏
內涵的修持者。印光一再強調，《文鈔》裏所言的皆秉持這個
原則，所有修習淨土法門的人，無論初學者或是久修之士，
都須從此關透入。

　　《文鈔》多半是答覆弟子的書信，其內容以針對弟子的
實際環境，予以不同的開示，切合人生現實問題。❺圓瑛大
師說《文鈔》「開示於人，直心直語，句句皆藥石之談」。❺
亦有學人稱讚《文鈔》中的切實處是從高深處來；高深處亦

❺　參閱《全2》，〈復陳逸軒居士書〉，頁895。

❺　《全3上》，〈復楊典臣居士書〉，頁19。

❺　參閱唐湘清：〈印光大師的人生佛教〉，載《全5》，頁2727。

❺　釋圓瑛：〈印光大師西歸二周年紀念〉，載《全7》，頁65。

從切實處來。因不切實做工夫，斷不能看見高深的境界；不見高深的境界，工夫絕不能真正切實。❺⑧

　　《文鈔》流通寰宇，因寓目而起信者更難計數，可見印光以文字度人之廣也。❺⑨太虛大師的高足，也是《現代僧伽》月刊創辦人及《海潮音》雜誌主編的大醒法師(1899─1952)便曾自白：「老法師如其沒有《文鈔》行世，怎麼能令我們發生信仰」，「我出家的心念也可以說是決志，確實是初次見到印光大師的文字而發動。」⑥⓪由此得見印光《文鈔》的感染力甚強。而印光對自己的《文鈔》亦達到完全的自肯自認，他說：「果依《文鈔》而修，管保即生往生西方。」⑥① 「能按《文鈔》所說而修，亦是蓮池海會中人。」⑥②如此說詞，給淨業行者無比的信心。但須特別指出的是，這只就淨土法門而言，不包括他宗。印光強調《文鈔》所開示的是「普為一切專修淨土之總信，若泛學各宗，則非當機之論」。⑥③可見《文鈔》的特色在於勸修淨土法門，對其他諸宗來說，或有不甚當機之處。然而，這裏值得再深入說明的是，印光所謂「若泛學各宗，則非當機之論」的說法，可能是謙詞，或是為了避免不必要的諍辯而作如是說。在臺灣潛修閱藏而寫出《大藏會閱》的

---

❺⑧　參閱知非：〈熟讀《文鈔》是真紀念〉，載《全7》，頁227。

❺⑨　參閱龍澄徹：〈印光大師舍利塔銘〉，載《全7》，頁376。

⑥⓪　釋大醒：〈拜識印光大師的因緣及其印象〉，載《全5》，頁2439、2443。

⑥①　《全2》，〈復李自初居士書〉，頁925。

⑥②　《全3上》，〈復陳士牧居士〉，頁61。

⑥③　《全3上》，〈復甯志武居士書〉，頁130─31。

會性法師(1928—)曾說:「修淨業者,每日應讀《印光大師文鈔》數篇,少則一二篇,多則三五篇,奉為日課,淨業才能日益增長。不但是修淨業者所必讀,就是凡學佛者,無論是修哪一法門,學哪一宗派,也要讀一讀印公《文鈔》,以《文鈔》中不僅是闡揚念佛法門,而是法法圓備。印公雖自謙謂不是大通家,其實他老人家是無法不通,無法不曉的;如不信,請一讀《文鈔》便知。……不但是學佛者必讀印公《文鈔》,我認為只要是人,凡是想做人者,也必讀印公《文鈔》;以《文鈔》中處處闡明做人的道理;若能依照印公所示的方法來做人,才能把人做好,且能成為一個人格最完美的人!」❻❹可見印光《文鈔》所談及的,無論世間法或出世間法皆法法圓備,足供為修學者及世人之指南針。

第三節　《嘉言錄》、《菁華錄》、《永思集》的編輯

壹、《嘉言錄》及《菁華錄》

　　《文鈔》正編(《增廣文鈔》)於民國十五年(1926)正式流通,李圓淨(李榮祥,生卒年不詳)即於隔年依據此書內容,

---

❻❹　釋會性:〈讀印光大師文鈔記弁言〉,《讀印光大師文鈔記》〔臺中:青蓮出版社,1998年〕,卷首,頁3。

按類編次成一本小書,名為《印光法師嘉言錄》,印光曾為是
編作序,詳言編訂因緣。據序中所記,李圓淨數年來致力於
佛學,為《大乘起信論》、《楞嚴經》、《圓覺經》等作疏,頗
為精進。但印光告訴他:「青年人宜先著實用念佛功夫,待其
業消智朗,障盡福崇時,再行發揮。自可闡明佛意,宣傳宇
宙。」❺當時李圓淨尚不以為意,後因用心過度,導致形神日
衰,始知印光所言不謬。因此再次詳閱《文鈔》,內心不勝歡
喜,遂摘錄《文鈔》正編之要義,分門別類,編作一冊,作
為修持之規箴,以利初機。❻

編訂期間,李圓淨與印光魚雁往返,信中印光提出四點
指示:一、須多加節錄有關因果倫常等文字;二、取材可盡
量廣泛,不必只拘於書信,論、疏、序、跋等文皆可採入;
三、此錄原屬於節錄性質,所以不必擔心有斷章取義之嫌;
四、該錄所立十科,頗為通暢,但字句略有不均,所以印光
另開一標目,供其裁度。❼

有關《嘉言錄》的特點,印光作如是說明:

> 其所錄之出處某卷某頁,一一備載,庶可以《文鈔》
> 全文相對閱。由其於諸文中截取要義,匯歸一類,故

---

❺ 《全4》,〈嘉言錄重排序〉,頁1442。又收於《全2》,頁1256—59。

❻ 參閱《全2》,〈嘉言錄題詞并序〉,頁1255—59,尤其頁1256、1258。

❼ 參閱《三編》,〈復李圓淨居士書一〉、〈復李圓淨居士書二〉,頁630—
31。

每有文義稍同，而不即刪削者，冀閱者受反覆勸勖之
益，冀其直下斷疑生信也。其出處卷及頁數皆依《增
廣文鈔》，以《增廣文鈔》作永久流通之本，餘則久後
必無再印之舉也。又以《文鈔》繁廣，初機或難於簡
別其易曉了而合機宜者，欲令先得其門徑，從茲著實
進修，自至其極，免致望洋興歎，或至退屈之虞。❻❽

此書依據刊定流通的《文鈔》正編為底本，凡所錄之文字皆
標明原底本的卷數與頁碼，便於讀者按圖索驥，尋出原文的
出處，既而可以與原來的全篇文章相對閱。此外，此書於各
類之中，對於文義相同的資料，編者皆不加以刪削，乃希望
讀者於反覆閱讀之際受到勸勖與熏習，既而對淨土法門產生
斷疑生信的利益。此書共分十大部分，每部分處理一主題：

一、讚淨土超勝
二、勸信願真切：（甲）示真信切願
　　　　　　　　（乙）勸袪疑生信
　　　　　　　　（丙）勉具足信願
三、示修持方法：（甲）示念佛方法
　　　　　　　　（乙）明對治習氣
　　　　　　　　（丙）論存心立品
　　　　　　　　（丁）評修持各法
　　　　　　　　（戊）勉行人努力

❻❽　《全2》，〈嘉言錄題詞并序〉，頁1258—59。

四、論生死事大：（甲）警人命無常

（乙）勉專仗佛力

（丙）示臨終切要

五、勉居心誠敬

六、告注重因果：（甲）論因果之理

（乙）明因果之事

（丙）釋劫運之由

（丁）示戒殺之要

七、分禪淨界限

八、釋普通疑惑：（內分理事、心性、悟證、宗教、持咒、

出家、謗佛、戒律、中陰、四土、舍利、

臂香、境界、神通、外道、勝緣諸聚）

九、諭在家善信：（甲）示倫常大教

（乙）論家庭教育

（丙）勸處家宏法

（丁）勖居塵學道

十、標應讀典籍

從其所出主題觀之，《文鈔》的重點皆已收入。第一部分
泛論淨土法門的超特獨勝處，俾行者清晰認識此法門的輪廓。
第二、三部分闡述有關往生淨土的生因等問題，為修行淨土
法門者所不可不致意之重點所在。第四部分發揮佛教了生脫
死之本懷，其丙項「示臨終切要」述及對念佛行者於臨終之
際的處置方法，是淨宗非常關切的地方。第五部分涉及印光

一再強調的「誠敬」問題。第六部分談論因果事理，從因果
之事理說明禍福來自有因，以此勸信行者「諸惡莫作，眾善
奉行」，並進一步提倡戒殺、素食，以長養善心，增長福德。
第七部分明辨禪、淨的界限，揀別兩種法門的差異，俾行者
於修持時有所依據，以免陷入混淆。第八部分釋明信徒所常
提問的疑難，包括「理事」、「心性」、「宗教」、「四土」等佛
教教義問題。第九部分為對在家居士的勸導，強調在家亦可
學法，尤其國困民艱之時，在家學法乃最合時宜，認為學法
者不可對父母妻小失養，並力言家庭教育的重要性，以為社
會、國家安定與進步的根基。第十部分將印光常提及的淨土
典籍標列出來，讓有意進一步深入研究的行者知所方向。

　　此書另於書後列出《文鈔》裏的81篇文章，編者表示，
因《文鈔》以文體類別先後排列，難易輕重互見，致使初機
難以得益，因此選其易於領會的文章81篇，列出篇目讓初機
者可先行尋閱。編者又於81篇的篇目之上，以加圈的方式，
選出尤為重要的19篇，為的亦是方便初機。❻

　　印光對此書的評價甚高，因它簡省了《文鈔》的篇幅，
讓初機者易得門徑。印光曾告訴其白衣弟子云：「《嘉言錄》
比《文鈔》校為省力，祈息心閱之。其修持世出世間之方法，
俱可悉知。」❼「《嘉言錄》分門別類，頗省心力，祈以此自
行，以此化他。」❼雖然印光自認《文鈔》與《嘉言錄》都是

❻　參閱《全4》，〈印光法師文鈔選讀〉，頁1445—46。
❼　《全2》，〈復湯文煊居士書二〉，頁900。

淺近之書，**⑫**但對忙於營生奔勞，或年時已過，來日無多的人而言，《嘉言錄》又比《文鈔》要實用多多。曾有信徒欲編《文鈔摘要》一書，印光說：「既有《嘉言錄》，何必又印《摘要》。」**⑬**可見印光對此書異常重視。

　　《嘉言錄》初次印行流通一萬冊，一年內即送完，**⑭**於是接著續印二至三萬冊。在當時國困民艱，交通、郵寄均不方便的情況下，請書結緣的信徒如此熱絡，應算少有。這大概是由於此書篇幅不多，主題分類明晰，閱讀起來省力之故。

　　《嘉言錄》具簡省特色，廣受歡迎。印光圓寂翌年(1941)，陳海量(1909—1982)哀輯《印光大師永思集》時（詳見下文），呼籲同道節錄《文鈔》續編的精華，以成《嘉言錄》續編。**⑮**因此，印光生西後的第三年(1943)，釋廣覺和徐志一合作，編成《印光法師嘉言錄續編》。此書以印光圓寂前一年(1939)編訂印行的《印光法師文鈔續編》為底本，編排形式跟《嘉言錄》大致相同，僅第八項的標題改為〈顯正辨誤〉。**⑯**由釋德森鑑定，弘化社印行流通。

　　《嘉言錄》正、續編將印光在世時，印行流通的《文鈔》正、續編作出整理。後來李淨通（1878—?）加入羅鴻濤編訂

---

⑪　《全2》，〈復宋六湛、褚蓮淨、張子淨三居士書〉，頁1062。

⑫　參閱《全2》，〈復修淨師書〉，頁1134。

⑬　《全3下》，〈文鈔摘要序〉，頁2。

⑭　參閱《全2》，〈復宋六湛、褚蓮淨、張子淨三居士書〉，頁1062。

⑮　參閱《印光大師永思集》，〈大師遺教‧編者案語〉，載《全5》，頁2389。

⑯　參閱《全4》，頁1685。

的《文鈔三編》，重新整理出版，名為《印光大師文鈔菁華
錄》。**⑰**此書的編次亦與《嘉言錄》相同，分為十科，於百萬
言的《文鈔》正、續、三編中，擷取精要三百三十三則，所
收錄的不及原文十分之一，**⑱**而且語無重見，至精極粹。**⑲**此
書經由釋德森、釋了然二位法師鑑定，於1954年印行流通。
民國五十七年(1968)趙茂林於臺灣重新製作板模刊行，前有
李炳南(1890—1986)之序。**⑳**此版本收入資料全面，甚得讀者
喜愛，在臺灣流通極廣，印行數量遠遠超出《嘉言錄》。另外
筆者又於1995年，以臺灣版為底本，在香港重新標點排印，
由香港佛經流通處印行流通，印行量幾達一萬冊。可見印光
的文章在臺、港甚至華人地區，甚受愛重。

　　另外值得一提的是，《菁華錄》裏有關《文鈔三編》的資
料來源問題。李淨通在編輯《菁華錄》時，曾商求妙真法師
將未付梓的《文鈔三編》供其採掇。**㉑**及至《菁華錄》刊行，
臺北的廣定和尚讀得《文鈔三編》的遺教，遂以為《三編》
已經出版流通，但他在國內外遍尋不獲，偶於《弘化月刊》
得知此書乃羅鴻濤所編訂，而尚未付印出版。當時廣定和尚
判斷羅鴻濤編訂的版本已毀於文化大革命期間（如上文所

---

⑰　參閱〈編者之言〉，載《全4》，頁2076。

⑱　參閱同上注，頁2076。

⑲　參閱釋圓瑛：〈印光大師文鈔菁華錄序〉，載《全4》，頁1922。

⑳　參閱李炳南：〈重刊印光大師文鈔菁華錄序〉，載《印光大師文鈔菁華
　　錄》〔臺北：華藏佛教圖書館，1994年〕，卷首，頁1—2。

㉑　參閱〈編者之言〉，載《全4》，頁2076。

述)，因此決志重編。❽可見，由於《菁華錄》的因緣，致使現今有兩種《文鈔三編》流通於世。

貳、《永思集》及紀念文集

以上所述《嘉言錄》等諸集，均屬印光大師的文字。以下介紹者，乃紀念印光的文章，共計六種。

(一)《印光大師永思集》

印光大師圓寂不久，緇素七眾紛紛發表紀念文章，陳无我即於當時《覺有情半月刊》雜誌徵求海內外的追悼文章，以專刊的形式刊行，並且囑咐任職於大法輪書局的陳海量負責蒐輯，名為《印光大師永思集》。❽此書經寶存我校對後，❽於民國三十年(1941)初發行。

《永思集》除收入印光遺影七幀(包括印光之禮佛室、閱經室、寢床、舍利等)及墨蹟〈楞嚴經大勢至菩薩念佛圓通章〉一幀外，❽尚有傳記數篇、遺教數則，以及七眾愴辭、附錄等。傳記部分包括真達、妙真、了然、德森等法師合撰

---

❽　參閱釋廣定：〈「印光大師文鈔三編」重編記〉，載《全3》，卷首，頁17
　　──19。

❽　參閱釋德森：〈印光大師永思集·跋〉，載《全5》，頁2608；陳海量：
　　〈輯後誌感〉，載《全5》，頁2612。

❽　參閱寶存我：〈校後贅語〉，載《全5》，頁2608。

❽　載《全5》，頁2349──2354；文字說明見〈印公紀念堂布置就緒並徵求
　　遺稿照片〉，載《全7》，頁556──57。

的〈中興淨宗印光大師行業記〉、張慧容〈印光大師略傳〉、
陳海量〈印光大師小史〉、高鶴年〈印光大師苦行略記〉、喬
智如〈印光大師高行記〉、胡松年〈印光大師荼毘記〉、范古
農〈印光大師舍利記〉，以及靈巖山寺護關侍者同撰的〈印光
大師示寂記〉等文。❽其中以〈中興淨宗印光大師行業記〉
一文最為詳盡，因為四位撰者跟隨印光多年，對於印光事蹟
比他人熟悉，後來談及印光事蹟的文章大抵參酌此篇傳記裏
的資料。另外，高鶴年亦親近印光多年，且與印光接觸頻繁，
其〈印光大師苦行略記〉一文裏的資料頗為珍貴。

　　遺教部分內容包括印光自述一則、信札十二通以及最後
訓示一文，❽乃《文鈔》正、續編未收之文，❽後來《文鈔》
三編皆收入。

　　在《永思集》裏篇幅占最多者，乃七眾愴辭部分，包括
悼文、贊詞、輓聯、詩偈、書簡以及跋語。❽其中58篇的悼
文是追念者憶述自己與印光的交往因緣，可視為印光個人史
料的部分來源。此外，所收贊詞、輓聯、詩偈等共124首，大
抵以印光生平事蹟為主題，詳閱這些作品可體會出印光一生
的作略。而且有些作者加上案語，對於瞭解印光與作者間的
關係有很大的幫助。書簡部分所收書函大都有關印光圓寂後，

---

❽　以上傳記皆收入《全5》，頁2355—2386。

❽　收入《全5》，頁2389—2415。

❽　參閱《全5》，頁2389。

❽　收入《全5》，頁2416—2612。

籌劃紀念等事誼。跋語則說明《永思集》的裒輯始末。

　　附錄部分共收三篇文章，**⑳**其中弘一大師(1880—1942)寫於民國十三年(1924)的〈覆王心湛居士書〉一文，後人在論述弘一與印光的關係時，常加以引用。**⑨**

(二)《印光大師永思集續編》

　　《永思集》出版於印光圓寂後不久(1941)，及至印光圓寂三十週年(1970)，臺北大乘精舍、《慈雲》月刊創辦人樂崇輝(1929—)又編訂《印光大師永思集續編》。其編輯因緣乃印光圓寂三十週年時，各道場雖籌備各種紀念措施，如打佛七、念佛法會等，卻無人倡議發表紀念文章，樂居士深感遺憾之餘，遂致函《大眾日報》佛教副刊主編成一法師(1914—)請他倡導。 成一法師即在該報副刊第一六六期， 徵集紀念文章。**⑨**

---

⑳　收入《全5》，頁2613—2617。

⑨　文中弘一談到：「朽人於當代善知識中，最服膺者，惟（印）光法師。前年嘗致書陳情，願廁弟子之列，法師未許。去歲阿彌陀佛誕，於佛前然臂香，乞三寶慈力加被，復上書陳請，師又遜謝。逮及歲晚，乃再竭誠哀懇，方承慈此攝受。」（釋弘一：〈覆王心湛居士書〉，載《全5》，頁2616）三次陳情乞為弟子，皆述及時間，二人交往經過，於茲可詳。

⑨　參閱釋南亭：〈從賢首五教論淨土宗的價值——代序〉，載《全5》，頁2623；釋成一：〈推行人生佛教建設人間淨土〉，載《全5》，頁2638—39。

　　樂崇輝致函成一法師時,附寄《弘化月刊》第七期(1941
年出版)一冊,該期為紀念印光圓寂週年之專刊,收入圓瑛、
興慈、妙真、了然、德森、廣覺諸法師等三十多篇文章,以
及印光復應脫法師的遺教六通。這些資料查對《文鈔》及《永
思集》等,均未被收入,樂居士有見該刊物已留存不多,即
全部收入《永思集續編》。❾❸

　　此外,樂崇輝於《菩提樹》第97期(印光大師生西二十
週年紀念專號),見有紀念文章十多篇,皆屬在臺緇素大德追
思之作,亦皆編入。另外,趙茂林藏有《弘化月刊》第17期
(按:應為第77期),為印光塔院落成專輯,並有印光遺教書
札兩通,成一法師徵得趙居士同意,一併編入。❾❹

　　綜觀《永思集續編》構成的內容,大部分是來自紀念專
刊的文章,樂崇輝的編訂目的,除了承接《永思集》的紀念
意義外,亦希望這些文章得以廣泛流通和保存,因為此類刊
物漸漸失傳,現今各大佛教團體或學術機構亦皆無此等資料,
除了個人收藏外,❾❺恐湮沒無遺。

---

❾❸　參閱樂崇輝:〈印光大師永思集續編引言〉,載《全5》,頁2629—30;
　　釋成一,前引文,頁2639。

❾❹　參閱樂崇輝,前引文,頁2630。按:印光大師塔院落成於民國三十六
　　年(1947),十一月一日舉行靈骨入塔典禮,因此《弘化月刊》的「印公
　　塔院落成專號」乃第77期,不是第17期(參閱〈印公塔院落成典禮〉,
　　載《全7》,頁570),樂居士所言有誤。

❾❺　廣定和尚編訂《文鈔》三編時,即借助香港石純福居士珍藏的《弘化
　　月刊》,自民國三十年(1941)七月一日創刊號起,至民國四十五年(1956)

㈢《印光大師紀念文集》

《印光大師紀念文集》與《永思集》、《永思集續編》性質相同。此書是廣定和尚編訂《文鈔》三編時，於各佛教舊雜誌見有紀念印光的文章，陸續搜集成冊。❾❻民國六十八年(1979)出版時定名為《印光大師紀念文集(增訂本)》，並為《全集》的第七冊。該書依年代順序編排，其中包括卷首的印光大師永久紀念會成立章程等文，及生西週年、二週年、三週年、四週年、五週年、六週年（僅一篇詩讚）、七週年、八週年（僅一篇徵文啟事）、十週年、十二週年等紀念文章和附錄等。

此書所收內容與《永思集》、《永思集續編》對校，僅有兩首詩偈重複，❾❼因此可視為前二書的補充本，聯璧輝映，發揚印光精神。但其不夠理想之處有二：一則九週年、十一週年及十二週年以後之文章未見收集，而且六週年與七週年也都僅有一篇；一則有些文章未依年代編排，顯得混亂。例如：

1. 第一部分太虛大師〈蓮宗十二祖印光大師塔銘〉一

二月一日停刊為止，計176期（參閱釋廣定：〈「印光大師文鈔三編」重編記〉，載《全3》，卷首，頁19）。

❾❻ 參閱釋廣定：〈「印光大師全集」編後記〉，載《全7》，頁581。

❾❼ 杜德和、施宗仁二居士各一首重複，見《全7》，頁405；及《全5》，頁2698—99。

文，❾❽應收入七週年(1947)紀念之內。十二週年有關印
光靈骨入塔等數篇文章，❾❾及附錄之〈印公塔院落成
典禮〉一文，❿亦應收入七週年內，因為印光塔院落
成及靈骨奉安典禮在此年舉行。

2. 十週年有高鶴年〈印光大師畫傳跋〉，❿❶此文應挪至十
二週年(1953)處，因為《印光大師畫傳》一書成於此年，
而且有關畫傳的文章都收在此部分。

3. 十二週年有錢文選〈驚聞印師坐化賦此誌哀〉，❿❷應移
至卷首或附錄。

4. 十週年有妙真和尚的〈靈巖僧眾自警羯磨〉等三文，❿❸
寫於民國三十八年(1949)，　所以應為印光生西九週年
的紀念文章。

5. 有關《弘化月刊》等發刊詞、徵文、紀念感言散見各
處，應集中一起，俾於讀者一目了然。

---

❾❽　見《全7》，頁4—5。

❾❾　例如《全7》，〈印公塔院上樑法語〉，頁535；《全7》，〈印公老法師靈骨
　　奉安通告〉，頁542；《全7》，〈靈巖印公塔院啟建報恩佛七緣起〉，頁552
　　—53。

❿　見《全7》，頁570。

❿❶　見《全7》，頁452—54。

❿❷　見《全7》，頁555。

❿❸　見《全7》，頁459—471。

㈣《印光大師遺教摘要》

《印光大師遺教摘要》列為《全集》第六冊，乃《全集》篇幅最短的一本（僅416頁），但亦有其重要性。此書的編訂原委不明，恐亦是廣定和尚編訂《文鈔》三編時，於佛教舊雜誌中所見而彙集成冊的。此書共收十五篇文章，可分兩大類：

其一乃摘錄印光《文鈔》正、續編相關論題的文字，成一主題性的文章。例如欣猒（即應脫法師）所摘錄的〈闢程朱〉、⑩〈家庭教育〉，⑩此類編輯與《嘉言錄》、《菁華錄》等相似，但比前者詳細。觀〈闢程朱〉一文，篇幅達四十餘頁，收錄印光言及宋明儒的相關文字，鉅細靡遺。

其二乃循古德註經方式，逐句釋論印光的文章。例如懺生〈印祖「淨土決疑論」淺解〉、⑩誠之〈印祖遺教管窺〉、⑩〈印祖遺教管窺（續）〉、⑩竇存我〈二千年來淨宗傳弘之大勢〉。⑩此類文章可視為後人理解印光思想的一個側面。它們的篇幅相當長，例如懺生一文達114頁，誠之兩篇共168頁，因此都以分期方式刊登於佛教刊物。⑩

⑩　見《全6》，頁1—42。
⑩　見《全6》，頁44—80。
⑩　見《全6》，頁81—194。
⑩　見《全6》，頁195—270。
⑩　見《全6》，頁271—362。
⑩　見《全6》，頁363—375。

除了以上兩大類，其餘文章如〈印光大師破邪論〉、⑩〈學佛與做人的關係〉，⑪及〈敬錄勸念觀音之遺教〉等，⑬雖將印光遺稿彙錄一起，但篇幅皆很短，有的僅兩頁篇幅。

㈤《印光大師畫傳》

《印光大師畫傳》由妙真和尚發起，了然、德森、廉音、如岑諸法師，與周孟由、吳谷宜、費範九、袁伯庸、竇存我、游有維等居士通力合作，為紀念印光，傳播遺教，宏揚淨土，而籌劃的一本集子。⑭

此畫傳採用如岑法師編撰的二十四篇傳文——從誕生、出家、受戒、參學、潛修，直到生西、建塔等——用簡明扼要的文字，說明印光每段時期的行事。並聘請當時名書法家沈尹默、吳湖帆、黃葆戌、鄧散木、馬公愚等，分別以隸、行、楷各種字體書寫，唯鑒於篆書和草書不易辨識，所以沒有採用。⑮

圖畫創作方面，聘請當時國畫名家杭州唐雲、曲阜孔小

---

⑩　參閱誠之：〈印祖遺教管窺（續）〉，頁362。
⑪　見《全6》，頁404—405。
⑫　見《全6》，頁406—407。
⑬　見《全6》，頁412—415。
⑭　參閱釋虛雲：〈印光大師畫傳序〉，載《全5》，頁2787；此文又載於《全7》，頁527—28。
⑮　參閱仁梁：〈參觀「印公畫傳」的寫繪工作〉，載《全7》，頁523—24；釋塵空：〈讀印光大師畫傳〉，載《全7》，頁529。

瑜兩位先生擔任。⑯原畫傳色彩鮮明，並裱製成冊，收藏在靈巖山寺。而影印流通的版本，僅有兩頁用七色版印製，餘為單色。⑰

此畫傳乃集合書畫藝術和宗教於一冊，塵空法師(1908—1979)說：「是畫冊，是法帖，是高僧傳，也是淨土宗的寶典。」⑱虛雲大師(1840—1959)〈印光大師畫傳序〉云：「吾國各宗歷代祖師都有畫像，或塑像流傳，然未若今此畫傳，以生華之筆，用色彩寫真，將大師一生事蹟，躍然表現於紙上，是亦現代藝林之大觀，而我佛門之盛事也！」⑲對此畫傳評價甚高。

畫傳的創作是我國佛教界的首次嘗試，可說開佛教出版界新紀元，⑳於民國四十二年(1953)由弘化社印行。

㈥《印光大師言行錄》

為了紀念印光生西十四週年(1954)，妙真和尚又刊行《印光大師言行錄》，除了收入如岑法師所編撰的《大師史傳》(即《印光大師畫傳》那篇傳文)外，還包括印光德相、遺墨、舍利、紀念室等影像（與《永思集》所收錄大致相同），以及

---

⑯ 參閱釋虛雲，前引文，頁2787；仁梁，前引文，頁523—24。

⑰ 參閱釋塵空，前引文，頁529。流通的版本以〈雙溪受戒〉、〈普陀潛修〉二幅為彩色，其餘為單色（參閱《印光大師畫傳》〔香港：香港佛經流通處，1969年〕。〔注明〕原編繪者：蘇州靈巖山寺)。

⑱ 釋塵空，前引文，頁529。

⑲ 釋虛雲，前引文，頁2788。

⑳ 參閱釋塵空，前引文，頁529。

印光法語（編撰體例與《嘉言錄》同）。

　　游有維序文云：「『言』，則精選大師極簡要之法語，以便於受持。『行』，則根據大師八十年之實踐，而重點示範。」⑫前指印光法語部分，後指如岑法師所撰的傳文。此書亦由弘化社印行，與《印光大師畫傳》同樣具有感召功用，令讀者信受印光言行，既而切實修持。

㈦結　語

　　印光圓寂之前，曾致函德森法師云：「光死，決不與現在僧相同，瞎張羅、送訃文、開弔、求題跋，斂些大糞堆在頭上以為榮。」⑫印光生平不喜人譽，亦不過譽人，⑫對於虛妄讚譽，深惡痛絕。今觀《永思集》等諸集內容，無非稱揚讚譽之詞，適與印光素志相反，因此陳海量哀輯《永思集》時，即為此斟酌再三，猶恐違反師意。但為利益眾生計，實非得已。⑫德森法師認為：「只要一意專修，上求下化，不涉世間名利恭敬，實紹隆三寶者之正務。（而且）表彰道行，歌功頌德，普令四眾見聞景仰，亦主司宣傳者之當然。」⑫此言極是。

---

⑫　游有維：〈印光大師言行錄序〉，載《全5》，頁2264（此文又載於《全7》，頁525—27）。

⑫　《全3上》，〈致德森法師書〉，頁323。

⑫　羅鴻濤：〈印公大師盛德之一〉，載《全7》，頁363—367。該文將《文鈔》中有關印光不喜人譽及不過譽人的文字，撮錄一起。

⑫　參閱竇存我：《永思集》·校後贅語），載《全5》，頁2609。

⑫　釋德森：《永思集》·跋〉，載《全5》，頁2608。

綜觀《永思集》等六種紀念文集的編輯用意，皆期望讀者深入瞭解印光遺教，以印光一生言行為榜樣，各各真修實踐，言行相應。

第四節　《四大名山志》的修撰過程及其內容檢討

我國佛教四大名山——山西五臺山（又名清涼山）、四川峨嵋山、浙江普陀山及安徽九華山，自明代(1368－1644)以降各有志書修撰，書中通常收輯有關歷史地理、菩薩聖迹、高僧事迹、塔銘、護法詩文等。民國十九年(1930)至二十六年(1937)，印光大師根據舊志，主持重新修撰，名為《四大名山志》。以下依序說明修撰原因、過程，及內容檢討。

壹、促成修撰四大山志的原因

印光修撰山志的想法早於光緒十二、三年間(1886－1887)即已萌芽，當年印光27歲，在紅螺山資福寺修行，曾告假朝禮五臺山，前往之先，至北京琉璃廠各舊書店遍尋《清涼山志》，結果僅得一部，因此有意重修，以廣流通。⑫⑥後來

---

⑫⑥　參閱《全2》，〈重修清涼山志序〉，頁1176；《全3上》，〈復陳伯達居士書〉，頁125。按：以上二處所言時間不一，實際情形是，印光在光緒十二年冬告假朝五臺山，由於天氣寒冷，至光緒十三年三月初才到達。

印光於33歲(1893)移住普陀山，見普陀舊志所載皆是道場興廢及一般尋常之事，關於觀音大士往劫本迹之事理，以及在此地之感應因緣等，悉皆闕略，**⑫**因此有意遍閱群籍，詳悉會萃，以重新輯錄該志。**⑱**及至民國六年(1917)，陳錫周到普陀山拜訪印光，提及山志久未修訂，而且板槾已模糊，如果印光願意重修，他將負刊刻之資，於是印光應允。此時修撰的因緣大致成熟，但印光認為自己因宿業關係罹患眼疾，須先再懺悔一二年，待業消智朗，障盡目明時才能著手進行。如果業重，不能感格，希望陳錫周另請江西黎端甫代了此事。及後黎端甫不幸於民國八年(1919)去世，致使先前與陳錫周商議之事，皆成空談。逮至民國十一年(1922)春，定海縣縣長陶鏞至普陀拜會印光，談及山志流通能令人由信向而改惡遷善，實為挽回世道人心之根本要務，所以急宜重修。**⑲**印光樂助其成，並從旁助理（印光未親自主理，後來又重新修撰，其中原委詳見下文）。至於其他三部山志，乃民國廿一年(1932)，經李圓淨（李榮祥，生卒年不詳）建議而陸續修撰，**⑳**於民國廿六年(1937)全部修撰完竣。

---

⑫　參閱《全2》，〈普陀洛迦新志序〉，頁1173。
⑱　參閱《全3上》，〈復丁福保居士書〉，頁83。
⑲　參閱《全2》，〈普陀洛迦新志序〉，頁1174。
⑳　參閱《全2》，〈重修清涼山志序〉，頁1177。

貳、確立修撰內容及修撰過程

　　陶鏞縣長在普陀山會見印光大師之後，印光因陶縣長護法心切，救世情殷，即令普濟、法雨兩寺住持出面，請陶縣長親任修志之事。陶縣長以公事繁忙，無法顧及而請辭，邀請邑紳王亨彥（王雅三，生卒年不詳）主其事。⑬¹陶縣長認為王亨彥剛於去年(1921)主修縣志完竣，並在修縣志時已留意《普陀山志》，所以延聘他最為合宜。⑬²而且王亨彥本人早於宣統元年(1909)即有意重修該志。⑬³基於以上因素，陶縣長遂致書印光云：「師長西序，僕宰地方。對於此事，只可居於提倡之列。」⑬⁴此乃印光未親自主理其事的原因之一。

　　另外一個原因乃有關修撰內容，彼此意見不合。前言印光應允陳錫周修撰《普陀山志》，當時曾說明內容應如何處理，他說：

　　　　此事頗不容易，若照舊例，則文人皆能為之。若將大
　　　　士往劫本迹修證，及此方感應事迹，一一略敍大端，

---

⑬¹　參閱《全2》，〈普陀洛迦新志序〉，頁1174—75。

⑬²　參閱釋印光：《普陀洛迦新志》〔收入《四大名山志》，第二冊，臺北：佛教書局，1978年〕，卷12，〈定海縣知事陶鏞「致普陀印光法師」函〉，頁627。

⑬³　參閱《普陀洛迦新志》，卷12，〈跋〉，頁635。

⑬⁴　《普陀洛迦新志》，卷12，〈定海縣知事陶鏞「致普陀印光法師」函〉，頁627。

令閱者咸知大士恩周沙界，慈濟無疆，若不發揮大士
本迹感應諸事理，則成遺主志賓，捨本逐末，與尋常
山經、水志何異！何以顯普陀為大士應化道場，又何
以顯大士為法界眾生之大慈悲父母，而與娑婆眾生因
緣最深。🅰

就印光的立場而言，他希望以觀世音菩薩為山志的主體。後
來印光致書陶縣長，亦明言若欲廣為搜羅大士本末之事理，
及隨類現身、尋聲救苦之感應事迹，非有相當深厚的內典功
夫不可，🅱所以延聘的人選須從長計議。這是印光就人選方
面的看法。然而陶縣長雖也贊成《普陀山志》當以大士為主
體，但他認為只輯錄感應等事迹，恐怕僅成「觀音世家」，而
非山志了，於是採取折衷辦法，將山志分內外兩篇。🅲

　　其實陶縣長不太贊成印光的修撰看法，他採折衷辦法，
一方面為了表示敬重印光，另方面則為了使山志與一般的志
書體例相合。他曾致書王亨彥，云：「竊維志普陀以觀音為主，
自屬言之成理，與各門編纂，事不相妨。」🅳這已顯出他牽就
印光的看法。另外王亨彥覆陶縣長函，云：

🅰　《全2》，〈普陀洛迦新志序〉，頁1174。

🅱　參閱《普陀洛迦新志》，卷12，〈定海縣知事陶鏞「致普陀印光法師」
　　函〉，頁626。

🅲　同上注，頁627。

🅳　《普陀洛迦新志》，卷12，〈陶知事鏞「致雅三、樵曒、爾規、釐卿」
　　函〉，頁628。

> 印師身入空門，導揚宗風。修山志以觀音為主體，亦
> 固其所。但既名為志，將以顯山川之名勝，表創造之
> 功勳，以及建革之由、中興之業，自應詳為羅列，俾
> 無遺憾。我公（指陶鏞）答以折衷辦法，分內外兩篇，
> 始有志例可言。⑬

王氏的看法完全為陶縣長採納，陶縣長曾致書會稽道尹黃慶
瀾，云：「印光法師佛學精深，而於修訂體例，與鏞見，尚未
臻密合。」⑭他致王亨彥的另一通信函，云：「印光佛學極深，
而著述似非所長。然為人坦白，肯受商量。志之體例，因徇
其觀音為主之義，略分內外篇，即弟（指王亨彥）所擬。將
來即照此意做去，但仍宜隨時與渠（指印光）商之。」⑭此段
話正可作為他提出所謂「折衷辦法」的一個註腳。

　　基於上述因素，印光此後對於志書的修撰工作「絕不過
問」。⑭又印光雖然未參與正式修撰工作，但該志於民國十三

---

⑬　《普陀洛迦新志》，卷12，〈王亨彥「覆陶知事鏞」函〉，頁629。

⑭　《普陀洛迦新志》，卷12，〈陶知事鏞去任時「函請會稽道尹黃慶瀾主
　　持三事」〉，頁631。

⑭　《普陀洛迦新志》，卷12，〈陶前知事鏞「覆王亨彥」函〉，頁633。

⑭　《全2》，〈普陀洛迦新志序〉，頁1175。其後於民國二十一年(1932)，印
　　光又重新修撰《普陀志》，曾如此說：「《普陀志》，從前係請一不知佛
　　法，不信佛者所修。而且為光（指印光）亦作一傳以附之，光極斥其
　　非。後以一二事，彼不依光，光遂完全辭之，不過問。及彼修好，交
　　與法雨（寺）退居（法師），放大半年，才求光鑑訂。光以無暇，故遲

年(1924)修成之後，印光亦為之作序，名為〈普陀洛迦新志序〉。此序的文字雖與〈觀世音菩薩本迹感應頌緣起序〉一文完全相同，**⓭**但也符合《普陀洛迦新志》的內容，因為該志的體例分內外篇，而內篇的資料就是採自《觀世音菩薩感應頌》一書。**⓮**此外，綜觀該志卷首所收錄的諸篇序文，除了陸軍中將李根源(1879—1965)一篇外，其餘都與《觀世音菩薩本迹感應頌》一書所錄的序文相同，此亦可明白其採用〈觀世音菩薩本迹感應頌緣起序〉之原因。

　　關於《觀世音菩薩本迹感應頌》的來龍去脈，須溯及印光於民國十一年與陶縣長議成修志之後，不到一個月，江西許止淨（？—1938，清光緒甲辰〔1904〕翰林）攜所著〈禮觀世音菩薩疏〉一文**⓯**至普陀山拜見印光，與印光一見如故，

　　幾年。故此書絕無光之名字，以彼所錄光之書，並名者，通去之不存。」
　　（《全3上》，〈復邵慧圓居士書〉，頁317）不信佛對於修山志倒無妨；
　　不知佛法則恐怕有些阻礙，王亨彥先生自己也坦誠此點（參閱《普陀
　　洛迦新志》，卷12，〈王亨彥「致陶前知事鏞」函〉，頁632），可見人選
　　問題為引發雙方意見不合的導火線。

⓭　見《全1》，頁567—69。

⓮　依該志〈例目〉一條所云：「普陀之名，原由大士而著，實以大士為主
　　體。今輯山志，應先從大士本迹感應敘起。故將許止淨居士所撰之《觀
　　世音菩薩本迹感應頌》，列於第一，名〈本迹門〉，為一卷，是為內篇。」
　　（《普陀洛迦新志》，卷首，〈例目〉，頁22）其實這是依照陶縣長的意
　　思而如此為之（參閱《全2》，頁1175），而陶縣長的意見是受到印光的
　　影響而有。

⓯　見許止淨：《觀世音菩薩本迹感應頌》〔臺北：華藏佛教圖書館，1993

成為莫逆之交。當時印光跟許居士談論修撰山志之事，託他編撰有關觀世音菩薩的本迹、感應等頌。⑭此頌文兩年後(1924)完成，原文近兩萬言(《普陀洛迦新志》即採用此部分)，並在原文各聯之後注釋其意（共三卷），讓閱者知其所以，且節錄各種經文（一卷），以為證言。⑭許止淨在卷首說：「山志加修大士頌一篇，師（指印光）蓋懷之數年矣。」⑭而在給許止淨的信中，印光也曾表示欲自己親自編纂，他說：「願盡五六年力，將《大藏》所有觀音事迹，悉分門別類，排成賦式，詳錄本文於（山志）下。」⑭足見印光對於大士本迹、感應等事理異常重視。他又請許止淨編纂《歷史感應統紀》，⑮難怪他要堅持山志須加修大士頌，這種堅持促使陶縣長等人

年〕，卷首，頁7下─8上。

⑭ 參閱《全1》，〈觀世音菩薩本迹感應頌緣起序〉，頁568；許止淨：《觀世音菩薩本迹感應頌》，卷首，〈觀世音菩薩本迹感應頌序〉，頁1上─下。

⑭ 參閱《全1》，〈觀世音菩薩本迹感應頌緣起序〉，頁568─69。

⑭ 許止淨：《觀世音菩薩本迹感應頌》，卷首，〈觀世音菩薩本迹感應頌序〉，頁1下。

⑭ 《全1》，〈復永嘉某居士書四〉，頁104。亦可參閱《全1》，〈石印普陀山志序〉，頁443。

⑮ 許止淨：《增修歷史感應統紀》〔臺北：財團法人佛陀教育基金會，1992年〕，民國十八年(1929)成書，十九年(1930)增修，並印行流通。印光〈序〉云：「（該書）使世人咸知因果報應，絲毫不差。由是而『敦倫盡分，閑邪存誠，諸惡莫作，眾善奉行』，庶可天下太平，人民安樂。」（頁4）

不得不屈就，而採內外篇同修的折衷辦法。

　　民國十三年，《普陀洛迦新志》與《觀世音菩薩本迹感應頌》二書相繼編成，印光於翌年(1925)秋季開始校訂《普陀洛迦新志》，預計民國十五年(1926)付梓流通。⑮此外，印光為使《觀世音菩薩本迹感應頌》能夠廣布，故先於民國十四年(1925)秋季別出印行。⑮

　　及至民國十九年(1930)，印光暫時撇開刻排其他經書的繁忙事務，又著手重修《普陀洛迦新志》，⑮翌年(1931)十月出書，⑮名為《重修普陀山志》。民國廿一年(1932)李圓淨建議印光說，既已改修王亨彥之普陀志，何不將《四大名山志》的其餘三部，按照此體例而一併重修。⑮印光遂請許止淨標示綱要，預計自己著手修撰，校對則委請德森法師(1883—1962)與陳无我擔任。⑯由是陸續於民國二十二年(1933)、二十三年(1934)、二十六年(1937)，完成《清涼》、《峨眉》及《九華》等山志。

---

⑮　參閱《全1》，〈復馬舜卿居士書〉，頁352。

⑯　參閱《全1》，〈復馬舜卿居士書〉，頁352；《全2》，〈觀世音菩薩本迹感應頌序〉，頁569。

⑮　參閱《全2》，〈重修峨眉山志序〉，頁1183。

⑭　參閱《全2》，〈復姚維一居士書〉，頁907。

⑮　參閱《全2》，〈重修清涼山志序〉，頁1177；《全2》，〈重修峨眉山志序〉，頁1183。

⑯　參閱《全2》，〈重修清涼山志序〉，頁1177；《全2》，〈重修峨眉山志序〉，頁1183。

參、內容檢討

　　印光對他修撰四部山志所依據的寫本評價云：「《清涼》
最嘉，《普陀》次之，《峨眉》又次之，《九華》最居其下。」⓯⓱
除清涼山志外，其餘三部志書皆由不通佛學的儒士所修，因
此導致「買櫝還珠，敬卒隸而慢主人」之不當。⓯⓲簡言之，
印光認為「志山而不志佛，顛倒行事。雖有其志，不能令見
者、聞者增長善根，種菩提因」。⓯⓳一般儒士所修的山志，往
往「只在山之形勢變幻處致力，不在菩薩興慈運悲，拔苦與
樂處形容」。⓰⓪宋、元以來，文人修撰志書不是將之誤認為志
理專書，即是當作文墨應酬的工具。⓰⓵長吏及邑紳的詩、賦、
記、序及雜文等充斥其間；風雲月露而與懲戒創建無關者，
生祠碑頌而全無事實根據者，竟全數收入。⓰⓶《四庫全書》
的總纂官紀昀(1724—1805)亦於《四庫全書總目提要》提出相

⓯⓱　　《全2》，〈重修峨眉山志序〉，頁1183。

⓯⓲　　參閱同上注，頁1183。

⓯⓳　　同上注，頁1183。

⓰⓪　　參閱同上注，頁1183。

⓰⓵　　焦循(1763—1820)云：「志書以詩文為藝文，最是陋習。一開此門，而
　　　　山魈、木客皆可以七言惡詩，夤緣收入。此志之所以煩冗而不貴也。
　　　　竊謂文與詩，必有關於事實者，隨類取入。」(《雕菰集》〔臺北：鼎文
　　　　書局，1977年〕，卷13，〈覆姚秋農先生書〉，頁209)

⓰⓶　　參閱章學誠(1738—1801)：《文史通義》〔葉瑛校注，北京：中華書局，
　　　　1985年〕，卷8，〈答甄秀才論修志第一書〉，頁819。

似的意見，認為元、明以後所修撰的志書，其列傳部分成為
家譜，藝文部分成為個人總集，形成末大於本的缺失。❸曾
經修撰過多部志書的清儒章學誠(1738—1801)亦對志書的蕪
雜表示不滿：「志名山……，彼以形勝景物為主，描摹宛肖為
工。崖巔之碑，壁陰之記，……與夫今古名流游覽登眺之作，
收無孑遺。即徵奧博，蓋原無所用史法也。」❹可見宋、元以
來修撰的地方志書，通常犯有數種弊病：一、誤認為志理專
書；二、當作應酬工具；三、缺乏懲戒與創建之舉；四、收
入的藝文與本地無關；五、人物傳成為個人式家譜。❺而此
五項缺失，其原因可歸之於漠視史法體例。

　　就史法而言，體例應以修志宗旨為依歸。一般咸認，「著
（志）書者，以義為體，而例從之」。❻通常「義」指修志宗
旨，而欲將此宗旨呈現出來，僅由記載區域廣狹大小的沿革，
以及記載名勝以供流連觀覽，恐難達成目的。由是須將有益
於世道人心的大經大法，推闡開來，以正其義。由於義正，

❸　參閱紀昀：《四庫全書總目提要》〔北京：中華書局，1992年〕，卷68，
　　〈史部・地理類序〉，頁594下。

❹　章學誠：《文史通義》，卷8，〈修志十議〉，頁848。

❺　傅振倫（1906— ）評清代方志有三點通病：一、有不得體要，無裨實
　　用者；二、有廣徵文獻，猥煩不節者；三、多宣揚親厚偽迹，妄希名
　　重千古者（見氏著：《傅振倫方志論著選》〔杭州：浙江人民出版社，
　　1992年，頁34—37〕，所論足供參考）

❻　程廷祚（1691—1761）：《青溪集》〔上海：上海古籍出版社，1990年〕，
　　卷5，〈修一統志議〉，頁87。

名隨之而正，義正名正則體例可依之而舉。

　　印光運用大量資料，希望能在配合體例的要求下，具有豐富內容，但他意識到如此修撰頗不容易。況且如依照以往舊例，則文人皆能為之，所以他認為「非遍閱大藏，備考群籍不可」。**⑯**今人闡述古史，有賴書檔，所以考據援引，勢所必然。這是就所搜集的書籍資料進行核實考辨而言。然而，就當時現況來說，除了《普陀洛迦新志》之外，**⑱**其餘三部則缺少實地調查。印光對此亦坦誠不諱，他說：「至於近世之事，以身既不在其地，而以朝不保夕之年，亦不敢託人采訪。恐事未集而人已逝，致成空談。故將近事，留與後來之哲人耳。」**⑲**又云：「以未曾親歷其境之人（指自己），不能詳加詢訪，故只按舊志及諸經傳而為證訂。至於近來名德及新建築，概不加入，以免逸軼名德之咎，挂一漏萬之譏。具眼知識，當能諒之。」**⑳**足見其內容存有未實地考察的缺點。

　　今觀重修的四部山志，不像一般史書堆砌大量材料。新志大量刪削舊志原文，除《普陀山志》仍本王亨彥之十二卷外，其餘三部皆刪縮成八卷本。在考訂方面，《普陀洛迦新志》是依循王亨彥的版本，而王志的體例雖以印光的意見為主，

⑯　《全2》，〈普陀洛迦新志序〉，頁1174。
⑱　王亨彥修此志時曾收入不少採訪資料，而印光身居普陀三十餘年，對於普陀山的民情、風俗、人物、地理等瞭若指掌，修訂王志時，刪改過這些採訪資料。
⑲　《全2》，〈重修清涼山志序〉，頁1178。
⑳　《全2》，〈重修峨眉山志序〉，頁1183。

但德森法師說印光在重修此志時，「全不露有改正之迹」，**⑰**
因此我們無法得知印光曾考訂過些什麼資料。不過印光曾自
言修訂該志時，凡遇自己的名字及著作通通刪除，甚至王氏
為其所作的傳亦除去。**⑫**

　　至於《清涼山志》，印光認為鎮澄法師所修撰的，大體甚
好，但有兩方面不理想：一、考證方面有所缺失；二、鎮澄
法師同時代的憨山、紫柏、妙峰等大師，與清涼山有絕大因
緣，對於佛法世道亦大有關係，但均未加以立傳。**⑬**此外，
清康熙間之重修者，任意刪削與清涼山有關係之重要文字，
導致流通不廣。**⑭**這些都加以改正。

　　有關《峨眉山志》的考訂，印光認為一班不知菩薩德相
者，謬引《華嚴經・諸菩薩住處品》「西南方有處，名光明山，
從昔已來，諸菩薩眾，於中止住。現有菩薩，名曰賢勝，與
其眷屬，諸菩薩眾，三千人俱，常在其中，而演說法」**⑮**一
段經文，將「光明山」誤指為中國之峨眉；於「現有菩薩，
名曰賢勝」下，妄加註曰：「即普賢也。」然而普賢亦名「偏

---

⑰　釋德森：〈新編後跋〉，《重修九華山志》，卷8，頁378。

⑫　參閱《全3上》，〈復邵慧圓居士書〉，頁317。

⑬　參閱《全2》，〈重修清涼山志序〉，頁1177；《重修清涼山志》，卷3，頁
　　142—148、158—162。按：此志亦為鎮澄法師立傳，見頁157—158。

⑭　參閱《全2》，〈重修清涼山志序〉，頁1177；《全2》，〈致廣慧和尚書〉，
　　頁1123—24。印光引蓮宗四祖法照大師至清涼山竹林寺，親見文殊菩
　　薩，示以念佛法門之事為例。

⑮　《八十華嚴》，《大正藏》，第10冊，頁241中—下。

吉」，未見又名「賢勝」。印光深斥此種援經而深悖於經的作
法，導致欲令人生信反而起疑的缺失。❿此外，舊志中所載
之訛謬，如：⑴記載迦葉摩騰（？─73）、竺法蘭（生卒年不
詳，寂於洛陽）二師至中國之時間有誤；⑵智者大師(538─
597)一生未至西蜀，亦未與茂真尊者、孫真人等弈碁於呼應
峰下的碁盤石上；⑶玄奘大師（602？─664）往西域求經途
中，未曾至峨眉九老洞，更無遇聖真說偈授經之事；⑷黃帝
往空同（崆峒）山，問道於廣成子，載於《莊子‧在宥篇》，
何曾又往峨眉，復問道於天皇真人。⓱

　　四山舊志中，印光認為九華山最劣（前已述及），因其妄
改字句，有心滅佛。⓲尤其光緒年間周山門修撰該志時，曾
作許多毀謗佛教的文章，以彰顯自己知見高明，並令僧人出
資而板存縣署，不許翻刻。印光認為這種作為實令人不知其
意為何，⓳所以重修時，印光的助理德森法師將各門重新編
輯。與他志相較，編修該志費時最多，⓴而且考訂的按語極
多，散置在各處。

　　雖然重修的新志不輕信舊志，發現可疑即認真考證，具
有糾謬補缺的優點，但它們的內容是以佛教立場為主，難免

❿　參閱《全2》，〈重修峨眉山志序〉，頁1179。

⓱　參閱《全2》，〈重修峨眉山志序〉，頁1180─82。

⓲　參閱《重修普陀山志》，卷12，〈定海縣知事陶鏞「致普陀印光法師」
　　函〉，頁626。

⓳　參閱《全2》，〈重修九華山志序〉，頁1187。

⓴　參閱釋德森：〈新編後跋〉，《重修九華山志》，卷8，頁379。

給人一種「護教」的印象。所以，將之視為佛教的史志，也
是很自然的看法。

附　錄
印光論念佛三昧

一、前　言

　　「念佛三昧」是禪觀的一種，指以念佛為觀想內容的一種禪定，其發得三昧的方法通常有觀念佛德或稱念佛名兩種。據善導大師依《觀經》判立「一經兩宗」說：「今此《觀經》即以觀佛三昧為宗，亦以念佛三昧為宗，一心迴願往生淨土為體。」❶提出觀佛三昧及念佛三昧（這裏指稱名念佛）兩種證入三昧的方法。❷印光大師雖以「都攝六根，淨念相繼」為親證念佛三昧之要門，可是印光在陳述這方法時並未對念佛三昧作出具體說明。以下依〈念佛三昧摸象記〉一文，討論印光對念佛三昧的見解。此外，有些淨業行者認為念佛三昧及一心不亂得以等同，然印光有不同看法，認為二者有深

---

❶　釋善導：《觀經疏・玄義分》，《大正藏》，第37冊，頁247上。

❷　此外，淨影寺慧遠大師(523—592)認為《觀經》以「觀佛三昧為宗」(《觀無量壽佛經疏》，《大正藏》，第37冊，頁173上)；又懷感大師（生卒年不詳）之《釋淨土群疑論》卷7，〈念佛證據章〉舉出諸大乘經典所論及的念佛三昧（《續藏經》，第107冊，頁300上），足見念佛三昧的說法甚多。

淺層度之不同。

二、念佛三昧的體、相、用

「體、相、用」分別指法之本體、法所顯現之現象與特質、法的作用等，即《大乘起信論》所言之體大、相大、用大等三大。❸在〈念佛三昧摸象記〉一文中，印光分體、相、用三門為念佛三昧作出解說。首先印光談修習念佛三昧的方法云：

> 若論其法，必須當念佛時，即念返觀。專注一境，毋使外馳。念念照顧心源，心心契合佛體。返念自念，返觀自觀。即念即觀，即觀即念。務使全念即觀，念外無觀。全觀即念，觀外無念。觀念雖同水乳，尚未鞫到根源。須向者（這）一念「南無阿彌陀佛」上，重重體究，切切提撕。越究越切，愈提愈親。及至力極功純，豁然和念脫落，證入無念無不念境界。所謂「靈光獨耀，迴脫根塵，體露真常，不拘文字；心性無染，本自圓成，但離妄念（緣），即如如佛」者，此之謂也。工夫至此，念佛法得。感應道交，正好著力。❹

---

❸ 關於《大乘起信論》的體大、相大、用大，參閱《大正藏》，第32冊，頁579上、575下。

❹ 《全1》，〈念佛三昧摸象記〉，頁816—17。

印光提出的方法屬於體究念佛法。他說當念佛的時候須句句
返觀，且須專注一境，勿令心念外馳，而「專注一境」之「境」
乃指佛念。在返觀的過程裏須做到觀、念同時，即觀即念，
即念即觀，全部心力須用於觀照，所有觀照須用全部心力，
達到全念即觀，全觀即念。此際之「觀」與「念」猶如水與
乳，相互融合無間。不過，印光強調此際尚未窮盡到根源，
亦即尚未覓見本性，仍只是凡情用事、知見分別而已，❺仍
須向此「南無阿彌陀佛」的念頭上重重體究，切切提撕，直
到用力之極、功夫純然之地，頓然脫落此佛念，證入「無念
無不念」的境界。❻印光引用百丈懷海(720－814)門下古靈神
贊禪師的話：「靈光獨耀，迥脫根塵，體露真常，不拘文字；
心性無染，本自圓成，但離妄緣，即如如佛」，❼說明此境界，
並強調工夫至此才算得上真正進入念佛法門，得與佛感應道

---

❺　例如大師解釋「行起解絕」時云：「佛法諸宗修持，必到行起解絕，方
　　有實益。不獨淨宗修觀為然。……愚謂『起』之一字，義當作『極』。
　　唯其用力之極，故致能所雙忘，一心徹露。行若未極，雖能觀念，則
　　有能有所。全是凡情用事，全是知見分別，全是知解，何能得其真實
　　利益。唯其用力及極，則能所情見消滅，本有真心發現。」（《全1》，〈復
　　范古農居士書一〉，頁182）若用力不夠，未能向上一著去體究，即使
　　觀念，亦只是凡情用事，知見分別而已，得不到真實利益。

❻　「無念」指無妄念，去除世俗世界的憶念分別，保持符合真如的念頭。
　　「無念無不念」指念而不執取，於念時頓然脫落佛念（參閱釋蕅益：
　　《佛說阿彌陀經要解》，《大正藏》，第37冊，頁364－65）。

❼　見釋道原：《景德傳燈錄》，卷9，〈古靈神贊章〉，《大正藏》，第51冊，
　　頁268上。

交。❽

印光接著說明念佛三昧的體、相、用云：

> 其相，如雲散長空，青天徹露。親見本來，本無所見。
> 無見是真見，有見即隨塵。到此則山色溪聲，咸是第
> 一義諦。鴉鳴鵲噪，無非最上真乘。活潑潑應諸法，
> 而不住一法。光皎皎照諸境，而了無一物。
> 語其用，如旭日之東升，圓明朗照。
> 語其體，猶皓月之西落，清淨寂滅。即照即寂，即寂
> 即照。雙存雙泯，絕待圓融。譬若雪覆千山，海吞萬
> 派。唯是一色，了無異味。無罣無礙，自在自如。❾

印光說念佛三昧的本體，猶如皓月西落、❿清淨寂滅、⓫

---

❽　這裏值得一提的是，大師〈念佛三昧摸象記〉一文的寫就因緣，是聽
　　諦閑法師講蓮池大師的《阿彌陀經疏鈔》而感發。故大師此段所言與
　　《疏鈔》一段話極為相似，《疏鈔》云：「體究者，聞佛名號，不惟憶
　　念，即念反觀，體察究番。鞫其根源，體究之極，於自本心，忽然契
　　合。」（釋蓮池疏鈔，釋古德演義：《阿彌陀經疏鈔演義》〔高雄：高雄
　　淨宗學會，1994年〕，卷3，頁450）可見蓮池的體究念佛法對大師影響
　　很大。

❾　《全1》，〈念佛三昧摸象記〉，頁817。

❿　皓月又名玄月，即以當空之皓月比喻清明朗淨之真理。玄叡（日僧，
　　生卒年不詳）《三論大義鈔》卷1云：「舉此祕指，以示彼玄月。」（《大
　　正藏》，第70冊，頁120上）

⓫　寂滅指度脫生死，進入寂靜無為之涅槃境地。龍樹《大智度論》卷87

寂照同時、❷無罣無礙。❸印光譬之為覆遍千山的雪，只呈現出一種白的顏色；吞納百川的大海，終究是一種鹹味；表現出念佛三昧絕待圓融之境。

　　談到念佛三昧的境相，印光說它能叫人親見本來面目。他又進而表示，雖言「親見」，實則「無見」，無見方名真見，因有見即已落入執取，執取便是隨順客塵，❹故雖言親見本性，實則無所見，而無所見才是真見。印光引用蘇軾(1036—1101)之「山色清淨身」、「溪聲廣長舌」，以及慈照子元（?—1166）之「慈鴉鳴叫」一類的話，❺表示能做到無所見，

云：「涅槃即是寂滅相。」（《大正藏》，第25冊，頁668中）又寂滅遠離一切差別之相，故稱為寂滅無二，如《圓覺經》云：「圓覺普照，寂滅無二。」（《大正藏》，第17冊，頁915上）前言力用時，大師指出「圓明朗照」，與《圓覺經》所云「圓覺普照」相同。

❷　寂，指「寂靜」；照，指「照鑑」。分別為智之本體與作用，《大乘無生方便門》云：「寂而常用，用而常寂；即用即寂，離相名寂，寂照照寂。寂照者，因性起相；照寂者，攝相歸性。」（《大正藏》，第85冊，頁1274中）據此而言，妙用之當相為寂體，稱為照寂；寂體之當處為妙用，稱為寂照。

❸　《大智度論》卷6云：「此諸法相即是諸法實相，無所罣礙。以是方便教諸弟子，入一相智。」（《大正藏》，第25冊，頁107中）

❹　客塵指煩惱。煩惱並非心性所固有，而是因不明真理而起，故名。僧肇(384—414)《注維摩經·問疾品》云：「心遇外緣，煩惱橫起，故名客塵。」（《大正藏》，第38冊，頁378中）

❺　蘇東坡在元豐三年(1080)，訪江州東林禪院常總禪師(1025—1091)，於對談中有悟，遂贈詩偈一首：「溪聲便是廣長舌，山色豈非清淨身；夜來八萬四千偈，他日如何舉似人?」（宋·釋正受：《嘉泰普燈錄》，卷

便能活潑潑地應對一切法，而不被任何一物所罣礙，進入萬
有齊一之境。

關於念佛三昧的力用，印光陳述的很短，僅云如旭日東
升，圓滿光明地普照一切。尋其意，是說它圓明具德，能洞
徹一切，無有散亂。

接著印光又論及念佛三昧的利益，說：

> 論其利益，現在則未離娑婆，常預海會。臨終則一登
> 上品，頓證佛乘。❶

印光認為證入念佛三昧的人，即使尚未命終，亦可常常預臨
彌陀的蓮池海會，而在命終後，即頓時往生，速登佛果。有
關這方面的說法，在《文鈔》中常出現，如：

> 證念佛三昧，現生便已超凡入聖矣。切勿等閒視之。❷
> 現證三昧，固已入於聖流，自身如影，刀兵水火，皆
> 不相礙。縱現遇災，實無所苦。而茫茫世界，曾有幾

23，《續藏經》，第137冊，頁159下）又，白蓮宗之創始者慈照子元，
一日於正定中聞鴉聲大悟，作頌曰：「二十餘年紙上尋，尋來尋去轉沉
吟，忽然聽得慈鴉叫，始信從前錯用心。」（元‧釋普度：《廬山蓮宗寶
鑑》，《大正藏》，第47冊，頁326上）爾後，於順逆境中未嘗動念。慕
廬山慧遠之遺風，勤修淨業。

❶　《全1》，〈念佛三昧摸象記〉，頁817。

❷　《全3上》，〈復陳士牧居士（三）〉，頁57。

人哉！ **⓲**

現生親證念佛三昧，臨終決定往生上品。 **⓳**

已得三昧，及已斷煩惱者，則一得往生，即入大菩薩位。 **⓴**

　　證得念佛三昧的人，現生便已是了脫生死的聖人，具有刀兵水火皆不相礙的神通力，命終時必能往生上品。因此，印光尊念佛三昧為三昧之王，**㉑**認為親證念佛三昧者「自知西方宗風」，**㉒**於「百千法門，無量妙義，咸皆具足」。 **㉓**

　　在該文最後，印光用設問的方式，直接以《華嚴》重重無礙的說法，來說明此三昧的境界：

　　問：人于日用，普應諸緣。何能觸目菩提，頭頭是道

⓲　《全1》，〈復永嘉某居士書三〉，頁102。

⓳　《全2》，〈彌陀聖典序〉，頁1159。

⓴　《全2》，〈致阮和卿居士書〉，頁957。

㉑　大師說：「念佛三昧乃三昧中王，且勿視為易易。」（《全3上》，〈復張聖慧書（三）〉，頁208）淨土宗認為，念佛三昧乃最高最上之三昧，故稱之為寶王三昧。例如為印光大師所推崇的蕅益大師，在其〈重刻寶王三昧念佛直指序〉云：「念佛三昧所以名為寶王者，如摩尼珠普雨一切諸三昧寶，如轉輪王普統一切諸三昧王，蓋是至圓至頓之法門也。」（明·釋妙叶：《寶王三昧念佛直指》，《大正藏》，第47冊，頁354中；又見《淨土十要》，頁294）

㉒　《全3下》，〈禪與淨土〉，頁58。

㉓　《全1》，〈復高邵麟居士書二〉，頁59。

乎?

答: 心生則種種法生, 心滅則種種法滅。萬境不出一
心, 一心融通萬境。若了心體本空, 何妨該羅萬象。
須知萬象如幻, 生滅唯是一心。諸緣無縛, 本自解脫。
六塵不惡, 還同正覺。心境一如, 有何罣礙。不見《華
嚴》事事無礙法界。所謂一一塵中一切剎, 一一心中
一切心。一一心塵復互周, 重重無盡無障礙。以故器
界毛塵, 雲臺寶網。咸宣性海, 悉演真乘。豎窮三際,
橫徧十方。覓一毛頭許不是道者, 亦不可得。則法法
頭頭, 無非大寂滅場。心心念念, 悉契薩婆若海。唯
心妙境, 唯境妙心。離四句, 絕百非, 絕待圓融, 何
可得而思議也哉。㉔

印光以華嚴宗的法界一心, 來詮釋念佛三昧, ㉕這是因為〈念

㉔ 《全1》,〈念佛三昧摸象記〉, 頁817—18。

㉕ 華嚴宗把法界分為四種: 一、事法界 (常識上的現象世界); 二、理法
界 (形而上的本體界, 例如空或真如); 三、理事無礙法界 (本體與現
象圓融的世界); 四、事事無礙法界 (現象圓融的世界) (參閱李世傑:
《華嚴哲學要義》〔臺北: 佛教出版社, 1978年〕, 頁79—81)。這四種
法界, 唯似客觀的世界, 但究竟原理乃不出一心, 而此一心是法界性
的一心, 這「一心」的「法界」稱為「一真法界」, 而「一真法界」即
是「一心的法界」, 故華嚴宗的一心是「法界的一心」(見李世傑, 前
引書, 頁71—77; 另可參閱賢首法藏 (643—712):《華嚴一乘教義分
齊章》(又名《華嚴五教章》), 卷4,《大正藏》, 第45冊, 頁499—509;

佛三昧摸象記〉一文是聽諦閑講蓮池的《彌陀疏鈔》而引發，而《疏鈔》是以華嚴義理為主體，故印光闡述其證得之三昧時，自然而然地會借用華嚴宗的成說來表達。例如這裏說「《華嚴》事事無礙法界……重重無盡無障礙」❷❻、「器界毛塵」❷❼、「雲臺寶網」❷❽、「咸宣性海」❷❾、「大寂滅場」❸❿、「薩婆若

圭峰宗密(780—841)：《註華嚴法界觀門》，《大正藏》，第45冊，頁684—692）。

❷❻ 華嚴宗以「法性融通」、「緣起相由」二門為根本教義，由此論說諸法「一即一切」之理及重重無盡之緣起性。其中，「法性融通」說明理事無礙，「緣起相由」說明事事無礙。二門之關係，以一事之中賅攝全理，故於一事之中顯現多事；此即理事無礙，故事事亦無礙。以此二門說明一切諸法，故一切法皆盡攝於「一即一切」之理中。另外蓮池大師《疏鈔》亦云：「圓滿具足，所說唯是無盡法界；性海圓融，緣起無礙，相即相入，帝網重重，主伴交參，無盡無盡故。」（釋蓮池：前引書，頁105）大師引文所論，即是此等意義。

❷❼ 器界，指有情所依處之山河、大地、草木等世界。如來以不可思議之神力，能使草木、國土說法，稱為器界說。據華嚴宗四祖澄觀(738—839)之《華嚴經普賢行願品疏》（又稱《貞元新譯華嚴經疏》）卷1所言，佛、菩薩、聲聞、眾生、器界等五種，宣說《華嚴經》之教法，稱為五類說或五類說法（參閱《續藏經》，第7冊，頁479上）。

❷❽ 「雲臺」，據《禮佛儀式》云：「戒香定香解脫香，光明雲臺遍法界，供養十方無量佛，聞香普熏證寂滅。」（《續藏經》，第129冊，頁118上）此偈出自《華嚴經》，是五分法身之香。另「寶網」謂珍寶結成之羅網。又稱為「帝網」、「因陀羅網」，乃莊嚴帝釋天宮殿之網。網之一一結皆附寶珠，其數無量，一一寶珠皆映現自他一切寶珠之影，又一一影中亦皆映現自他一切寶珠之影，如是寶珠無限交錯反映，重重影現，互顯互隱，重重無盡。《華嚴經》以因陀羅網譬喻諸法之一與多相即相入、

海」**❸**，等等皆是。**❸**

重重無盡之義。若依境而言，稱為因陀羅網境，依定而言，稱為因陀羅網定，依土而言，稱為因陀羅網土，此皆為顯示事事無礙圓融之法門。又《無量壽經》卷上亦有云：「珍妙寶網，羅覆其上。」（《大正藏》，第12冊，頁271上）

㉙ 性海指本性（或實性）之海，以此比喻真如之理性深廣如海。又稱果海，乃如來法身之境。日本華嚴宗僧凝然(1240─1321)《五教章通路記》卷2云：「性海果分者，舍那諸佛，內證窮極，所得則諸法本源，能證則該焉大智。能所得是，橫遍豎徹，心境契合，一體不二。冥一究竟，玄極大果，深奧無底，廣博無涯，是故喻海以為其號。（中略）此性是極，更無應到。窮究涯底，是故名果。所言分者，是分齊義。究竟盡極，無所濫故。性海即果，果即分故。」（《大正藏》，第72冊，頁302下）

㉚ 寂滅道場又作阿蘭若法菩提場，指位於中印度摩揭陀國伽耶城南菩提樹下之金剛座，為釋尊成道之處。又釋尊成道後三七日間於寂滅道場菩提樹下，對法身大士說《華嚴經》。

㉛ 薩婆若又稱薩般若，意譯一切智，指了知內外一切法相之智。關於其義，《仁王護國般若波羅蜜多經》卷下云：「滿足無漏界，常淨解脫身，寂滅不思議，名為一切智。」（《大正藏》，第8冊，頁843上）《瑜伽師地論》卷38云：「於一切界、一切事、一切品、一切時，智無礙轉，名一切智。」（《大正藏》，第30冊，頁498下）即如實了知一切世界、眾生界、有為、無為事、因果界趣之差別，及過去、現在、未來三世者，稱為一切智。又善導之〈往生禮讚偈〉載，歸依三寶時須唱：「歸佛得菩提，道心恆不退，願共諸眾生，回願往生無量壽國；歸法薩婆若，得大總持門，願共諸眾生，回願往生無量壽國；歸僧息諍論，同入和合海，願共諸眾生，回願往生無量壽國。」（《大正藏》，第47冊，頁440下）

㉜ 蓮池大師《彌陀疏鈔》中亦云：「華嚴器界塵毛，形無形物，皆悉演出妙法言音。此則水鳥樹林，咸宣根力覺道諸法門故。……華嚴一微塵

　　不過，這裏有一點須注意，印光在46歲寫就的〈念佛三昧摸象記〉，藉蓮池《疏鈔》的內容來闡述個人的實證經驗，可見他不反對蓮池所示的體究念佛法。但不久後，他發現「返念自念，返觀自觀」的觀法跟《首楞嚴經·大勢至菩薩念佛圓通章》所說的「都攝六根，淨念相繼」的教法，❸❸可以互證，說：「都攝六根，淨念相繼……即是以勢至反念念自性，觀音反聞聞自性，兩重工夫，融於一心。」❸❹又說：「都攝六根為念佛最妙之一法，念時無論聲默，常須攝耳諦聽，此乃合『返念念自性』，與『返聞聞自性』之二義而兼修者。返聞單屬自力，返念兼有佛力，則為益大矣。」❸❺印光將「返念返觀」轉換成「返念返聞」，以為念時之心觀與念時之聞性是相同，故自此以後便以〈圓通章〉的「都攝六根，淨念相繼」來教授念佛法門。這中間可看出印光教人證入念佛三昧的方法已簡化，不再教人用體究或觀心的方法來念佛。以上的說明，可以冰釋不少誤解，因有人認為印光在〈念佛三昧摸象記〉所提出的體究念佛法才是最為徹底，只是為了顧及末法眾生根機不夠，才不加以提倡，而僅以稱名念佛為訓，叫人

___

　　中，具足十方法界，無盡莊嚴，此則如大本云，於寶樹中見十方佛剎，猶如鏡像故。……華嚴不動寂場，徧周法界，故云體相如本無差別，無等無量悉周徧，此則如大本云，阿彌陀佛常在西方，而亦徧十方故。」

　　（釋蓮池：前引書，卷1，頁110—111）

❸❸　見《首楞嚴經》，卷5，《大正藏》，第19冊，頁128上。

❸❹　《全2》，〈大佛頂首楞嚴經楷書以供眾讀誦序〉，頁1154。

❸❺　《全3上》，〈復張聖慧書三〉，頁208。

種善根，冀望於帶業往生。實則，印光的意思正好與此相反，他認為只修稱名一法就可證入三昧，而方法便是〈圓通章〉所示，以「攝耳諦聽」來實踐「都攝六根」，既而達到「淨念相繼」，證入念佛三昧。

三、分辨念佛三昧與一心不亂

中國淨土宗談到淨業行者的修持目標，往往提及一心不亂和念佛三昧。**㊱**關於一心不亂跟念佛三昧是否相同，有許多不同看法。印光所論之念佛三昧的體相用雖依蓮池《彌陀疏鈔》而來，但不同的是，蓮池的念佛論是以一心不亂為主，**㊲**並將一心分為理一心及事一心，說：「今謂一心不亂，有事有

㊱ 「一心不亂」的觀念來自《阿彌陀經》：「聞說阿彌陀佛，執持名號，若一日，若二日，若三日，若四日，若五日，若六日，若七日，一心不亂。其人臨命終時，阿彌陀佛與諸聖眾現在其前。是人終時心不顛倒，即得往生阿彌陀佛極樂國土。」(《大正藏》，第12冊，頁347中) 而「念佛三昧」觀念出自《觀無量壽佛經》：「更觀無量壽佛身相光明，(中略) 其光相好及與化佛不可具說。但當憶想，令心明見，見此事者，即見十方一切諸佛，以見諸佛，故名念佛三昧。」(《大正藏》，第12冊，頁343中)

㊲ 蓮池大師云：「一心不亂，言執持之極也，是為一經要旨。『心』者揀口誦而心不念也；『一』者揀心雖念而念不一也；『不亂』者揀念雖一而有時乎不一也。一心不亂，淨業之能事畢矣。」(釋蓮池：前引書，卷3，頁446) 又云：「一則不亂，亂則不一，有其一心，無其亂心。《華嚴·十回向》，第四文云，所謂不亂回向，一心回向。釋云一心者，專注正境也；不亂者，不生妄念也。」(同上書，卷3，頁447)

理。」❸又說：「事理雙備，故同名一心，有事有理，如大本云一心繫念，正所謂一心不亂也。」❸又蓮池除分辨理一心和事一心外，還認為執持名號之「執持」，有事持（憶念無間）跟理持（體究無間）之別。事持配合事一心而言，是指聞佛名號，常憶常念，字字分明，行住坐臥，唯此一念，不被貪瞋煩惱所亂。不過其程度僅是成就了信力，尚未得慧，仍是處於伏妄的階位。❹至於理持，它是配合理一心而言，是指更進一步的程度，此中有兩種情形：一是能念所念無二，除了能念之心，別無所念之佛；除了所念之佛，別無能念之心（可說只是一心）。二是能所二念，非有非無，絕離四句，有無俱盡，言語道斷，唯此一心，契合清淨本然之體。❹基本上，印光未依蓮池的作法，將「一心不亂」分成事一心及理一心。

印光認為念佛三昧跟一心不亂不同，這點從以下的話可以看出：

（閑）法師專修淨業，予料其必得大利益。……恐彼深得三昧，我尚未能一心。他日何顏見彼。❹

❸　釋蓮池，前引書，卷1，頁114。
❸　釋蓮池，前引書，卷3，頁447。
❹　參閱釋蓮池，前引書，卷3，頁447。
❹　參閱釋蓮池，前引書，卷3，頁449。
❹　《全1》，〈與融明大師書〉，頁28。

若能常「都攝六根」而念，是名「淨念相繼」。能常常淨念相繼，則一心不亂，與念佛三昧，均可漸得矣。**⑬**
往生淨土全仗信、願，有信、願，即（使）未得三昧，未得一心不亂，亦可往生。且莫只以一心不亂，及得念佛三昧為志事，不復以信、願、淨念為事。**⑭**
念佛法門，以信、願為先鋒，若無真信、切願，勿道不相應不能往生，即相應亦不能決定往生。一心不亂、念佛三昧，亦不易得。**⑮**

以上四段話同時提到一心不亂及念佛三昧，印光如果認為二者相同，則不必二者一併說出，僅須舉其一。可見印光認為念佛三昧跟一心不亂不同。又從第一段話云「恐彼深得三昧，我尚未能一心」，看出印光認為一心不亂的境界比念佛三昧為低，關於這高低之別，印光曾說：

淨念若能常常相繼，無有閒斷，自可心歸一處。淺之則得一心，深之則得三昧。**⑯**
能常常相繼，便可淺則得一心不亂，深則得念佛三昧矣。**⑰**

⑬　《全2》，〈復幻修大師書〉，頁873。

⑭　《全2》，〈復郁智朗居士書〉，頁1010。

⑮　《全2》，〈復慧空大師書〉，頁1053。

⑯　《全2》，〈復楊煒章居士書〉，頁1129。

　　上舉二例皆是印光闡述〈大勢至菩薩念佛圓通章〉之「都攝六根，淨念相繼」義而提出的。「淨念」令心歸於一處，定境淺的稱為一心，定境深的則是三昧。但是深、淺的程度如何，印光並未進一步說明。如果推論來說，一心是三昧的前方便，那麼，證得念佛三昧者必定須先有一心不亂的定境。

四、結　語

　　印光依據蓮池《疏鈔》的內容來闡述他的實證經驗，並寫就〈念佛三昧摸象記〉，足見他不反對蓮池所示的體究念佛法。但他後來結合「返念自念，返觀自觀」觀法跟「都攝六根，淨念相繼」的教法，是將「返念返觀」轉換成「返念返聞」，教人證入念佛三昧的方法已簡化，不再教人用體究或觀心的方法來念佛。這點是吾人所須特別把握的，絕不可誤認印光的〈念佛三昧摸象記〉是體究念佛法，他的意思正好與此相反。再者，念佛三昧跟一心不亂，二者是就定境的深淺來劃分，而證得念佛三昧者必定須先有一心不亂的定境。印光這樣的詮釋有別於蓮池或蕅益所提一心不亂，這點亦是吾人所須注意之處。

---

❹　《全3上》，〈示夏壽祺居士書〉，頁36。

徵引及主要參考書目

編排方式附識：

㈠先列著、譯者，次列書名，後列出版地、出版社、出版日期，期刊論文另加標頁碼。

㈡原書出版日期如以「民國」、「昭和」等計年，皆改以西元。

㈢本書曾經徵引者，在作者前加"※"標出。

壹、叢書及工具書（以作者姓氏筆劃排列）

※中野達慧編：《卍續藏經》，香港：香港影印續藏經委員會，1967—68年。

方詩銘編：《中國歷史紀年表》，上海：上海辭書出版社，1991年。

※李經緯、鄧鐵濤主編：《中醫大辭典》，北京：人民衛生出版社，1995年。

姜亮夫編：《歷代名人年里碑傳總表》，臺北：臺灣商務印館，1975年。

※高楠順次郎、渡邊海旭編：《大正新脩大藏經》，東京：大正一切經刊行會，1924—1935年。

望月信亨、塚本善隆等編：《望月佛教大辭典》，東京：世界聖典刊行協會，1973年。

梁廷燦編：《歷代名人生卒年表》，臺北：臺灣商務印書館，1979年。

※淨土宗大辭典編纂委員會編集：《淨土宗大辭典》，東京：山喜

房仏書林，1987年。

※謝觀主編：《中華醫學大辭典》，瀋陽：遼寧科學技術出版社，
　　1994年。

※藍吉富主編：《中國佛教百科全書》，臺南：中華佛教百科文獻
　　基金會，1994年。

　　釋智諭主編：《淨土藏彙粹》，臺北：西蓮淨苑，1991年。

※釋慈怡主編：《佛光大辭典》，高雄：佛光出版社，1988年。

貳、印光著作及相關論著（以作者姓氏筆劃排列）

仁滌：〈淨土宗直說法要〉，載《內明》第236期，1991年11月，
　　頁38—41。

毛昌蒸：〈從印光法師所釋之四料簡偈要義來看淨土法門的無
　　比穩妥和殊勝〉，載《廣東佛教》第5期，1994年10月，頁
　　29—31。

王鳳珠：《印光法師念佛法門研究》，臺北：師範大學國文研究
　　所碩士論文，1993年。

江燦騰：〈試論印光大師的淨土思想〉，載氏著：《人間淨土的
　　追尋——中國近世佛教思想研究》，臺北：稻鄉出版社，
　　1989年，頁165—176。

※李向平：《淨土宗第十三祖——印光大師傳》，高雄：佛光文化
　　公司，1998年。

李炳南：〈印光大師圓寂十週年紀念的回憶〉，載《菩提樹》第
　　403期，1986年6月，頁33—34。

李炳南：〈吾師印公淨宗第十三代祖涅槃二十週年追思〉，載《菩

提樹》第403期，1986年6月，頁35。

赤翁克埃：〈印光大師與上海近代淨土宗的弘揚〉，載《法音》
　　總第111期，1993年11月，頁23—25。

法空：〈蓮宗巨匠在法雨寺〉，載《香港佛教》第433—435期，
　　1996年6—8月，頁13—15、頁22—24、頁22—24。

邱垂政：〈印光大師「示修持方法」讀後感〉，載《慧炬》第199
　　期，1981年1月，頁4—10。

※邱傑：《謙虛的大和尚——印光大師》，臺北：法鼓文化公司，
　　1996年。

俞朝卿：〈淨土宗祖靈岩高僧印光佛學思想及其歷史地位初
　　探〉，載《香港佛教》第448—449期，1997年9—10月，頁
　　3—6、頁27—29。

拾文：〈印光法師一批書信手稿在京發現〉，載《法音》總第75
　　期，1990年11月，頁27。

柳絮：〈印光祖師〉，載《菩提樹》第360期，1982年11月，頁
　　9。

胡秀美：〈讀印光大師法語有感〉，載《慧炬》第196期，1980
　　年10月，頁4—7。

※原編繪者：蘇州靈巖山寺：《印光大師畫傳》，香港：香港佛經
　　流通處，1969年。

※夏金華：〈印光與虛雲、太虛和弘一的交往〉，載《內明》第288
　　期，1996年3月，頁34—37。

※張一留：〈淨土教勢之演進及印光大師之教理觀〉，載張曼濤主
　　編：《淨土思想論集㈠》，《現代佛教學術叢刊66》，臺北：

大乘文化出版社，1978年，頁131─140。

淨廬：〈印光祖師法語──發感恩心善為子孫謀〉，載《慧炬》
　　第289期，1988年7月，頁14─15。

※陳慧劍：〈印光大師年譜簡編〉，載氏著：《當代佛門人物》，臺
　　北：東大圖書公司，1994年，頁344─365。

※智慧劍：〈印光大師（1861─1940)〉，載佛教編譯館編輯：《佛
　　教名人傳》，臺北：佛教出版社，1987年，頁416─418。

※著者不詳：〈蓮宗十三祖──印光〉，載何茲全主編：《中國歷
　　代名僧》，鄭州：河南人民出版社，1995年，頁662─667。

黃素女：〈印祖「放生殺生現報錄戒殺放生各文合編序」讀後
　　感〉，載《獅子吼》第22卷第11期，1983年11月，頁30─
　　32。

楊繼盛：〈印光大師「示修持方法」讀後感〉，載《慧炬》第209、
　　210期，1981年11、12月，頁15─21、頁8─15。

道元：〈詠懷印光大師〉，載《菩提樹》第428期，1988年8月，
　　頁28─29。

蔡惠明：〈至誠恭敬，修習淨業──紀念印光大師圓寂五十週
　　年〉，載《法音》總第75期，1990年11月，頁22─24。

釋正如：〈印光大師故事四則〉，載《香港佛教》第371期，1991
　　年4月，頁12─13。

釋正如：〈淨土宗師印光大師〉，載《普門》第137期，1991年2
　　月，頁18─26。

釋正如：〈淨土法門的優越性──拜讀《印光大師文鈔》有感〉，
　　載《內明》第222期，1990年9月，頁21─23。

釋正如：〈談印光大師的崇高品德〉，載《內明》第215期，1990
　　年2月，頁35—36、17。

釋印光：《印光法師文鈔全集》，臺北：新文豐出版社，1983年。

釋印光著，王靜蓉選編：《信願念佛——印光大師文選》，臺北：
　　圓明出版社，1993年。

※釋印光著，李圓淨編，陳劍鍠點校：《印光大師文鈔菁華錄》，
　　香港：香港佛經流通處，1995年。

※釋印光著，李圓淨編：《印光大師文鈔菁華錄》，臺北：華藏佛
　　教圖書館，1994年。

釋印光著，洪啟嵩，黃啟霖主編：《印光文集（選集）》，臺北：
　　文殊文化公司，1989年。

釋印光著，緣生編：《印光大師語摘》，臺北：漢藝色研出版社，
　　1992年。

釋印光著，鄭南薰選輯：《印光大師文鈔選讀》，臺北：世樺出
　　版社，1991年。

釋印光著，藍吉富主編：《釋印光選集》，收入《現代佛學大系
　　52》，臺北：彌勒出版社，1983年。

※釋印光著，羅鴻濤編：《印光法師文鈔三編》，臺中：臺中蓮社，
　　1992年。

釋印光著，釋玄空編：《印光大師戒殺放生文》，臺中：青蓮出
　　版社，1973年。

※釋印光著，釋廣定編：《印光大師全集》，臺北：佛教書局，1991
　　年。

※釋印光增訂：《壽康寶鑑》，臺北：佛陀教育基金會，1995年。

釋自然:〈印光大師及其佛學思想初探〉,載《佛學研究(年刊)》
　　　第5期,1996年,頁30—33。

※釋見正:《印光大師的生平與思想》,臺北:東初出版社,1990
　　　年。

釋見正:〈三百年來一大德——印光祖師〉,載《慧炬》第290/291
　　　期合刊,1988年9月,頁12—15。

釋見正:〈印光大師的念佛思想及念佛方法〉,載《慧炬》第294
　　　期,1988年12月,頁32—35。

釋見正:〈印光大師時代的佛教狀況〉,載《獅子吼》第27卷第
　　　8期,1988年8月,頁39—41。

釋見正:〈印光大師淨土思想的實踐方法〉,載《諦觀》第58期,
　　　1989年7月,頁91—117。

釋明學:〈印光大師弘揚淨土教的偉業〉,載《佛教文化》第2
　　　期,1990年12月,頁35—38。

釋傳印:〈印光法師悟道年時考〉,載《佛學研究(年刊)》第5
　　　期,1996年,頁8—12。

※釋會性:《讀印光大師文鈔記》,臺中:青蓮出版社,1998年。

參、原始資料（以作者、譯者姓氏筆劃排列）

※支婁迦讖譯:《佛說無量清淨平等覺經》,《大正藏》第12冊。

　支婁迦讖譯:《般舟三昧經》,《大正藏》第13冊。

※支謙譯:《佛說阿彌陀三耶三佛薩樓佛檀過度人道經》,《大正
　　　藏》第12冊。

※方長生主編:《普陀山志》,上海:上海書店出版社,1995年。

※王日休校輯：《佛說大阿彌陀經》，《大正藏》第12冊。

※王亨彥輯：《普陀洛迦新志》，揚州：廣陵古籍刻印社，1993年。

※王龍舒：《龍舒增廣淨土文》，《大正藏》第47冊。

※史震林：《清涼山志》，光緒十三年（1887）重刊本，《清涼山
　　　志》標點組、李裕民審訂，山西：人民出版社，1989年。

※失譯：《薩婆多毘尼毘婆沙》，《大正藏》第23冊。

※玄叡：《大乘三論大義鈔》，《大正藏》第70冊。

※朱棣：《神僧傳》，《大正藏》第50冊。

※佛陀多羅譯：《大方廣圓覺修多羅了義經》，《大正藏》第17冊。

※佛陀耶舍、竺佛念譯：《長阿含經》，《大正藏》第1冊。

※佛馱跋陀羅譯：《大方廣佛華嚴經（六十卷）》，《大正藏》第9
　　　冊。

※作者不詳：《蓮宗十三祖傳略》，香港：香港佛經流通處，1988
　　　年。

※求那跋陀羅譯：《雜阿含經》，《大正藏》第2冊。

※阮元校刻：《十三經注疏》，北京：中華書局，1986年。

※周夢顏：《安士全書》，臺南：和裕出版社，1996年。

※周應賓：《重修普陀山志》，收入《中國佛寺史志彙刊第一輯》，
　　　臺北：明文書局，1980年。

※波羅頗密多羅譯：《大乘莊嚴經論》，《大正藏》第31冊。

※竺佛念譯：《出曜經》，《大正藏》第4冊。

※紀昀等著：《四庫全書總目提要》，北京：中華書局，1992年。

※真諦譯：《大乘起信論》，《大正藏》第32冊。

※般刺蜜帝譯：《大佛頂如來密因修證了義諸菩薩萬行首楞嚴

經》，《大正藏》第19冊。

　袁宏道：《西方合論》，《大正藏》第47冊。

※馬端臨：《文獻通考》，收入《三通》，臺北：新興書局，無出版日期。

※常明、楊芳燦：《四川通志》，景印清嘉慶版，成都：巴蜀書社，1984年。

※康僧鎧譯：《佛說無量壽經》，《大正藏》第12冊。

※張之洞：《張文襄公全集》，臺北：文海出版社，1971年。

※張希縉、張希珝：《嘉慶峨眉縣志》，收入《中國地方志集成》第41冊，據清嘉慶十八年（1813）刻本影印，成都：巴蜀書社，1992年。

※盛熙明：《補陀洛迦山傳》，《大正藏》第51冊。

※許止淨：《增修歷史感應統紀》，臺北：財團法人佛陀教育基金會，1992年。

※許止淨：《觀世音菩薩本迹感應頌》，臺北：華藏佛教圖書館，1993年。

※許止淨述、王亨彥輯：《普陀洛迦新志》，臺北：新文豐出版公司，1975年。

※許止淨述，王亨彥輯：《普陀洛迦新志》，收入《中國名山勝蹟志叢刊》第一輯，臺北：文海出版社，無出版日期。

※許止淨述，王亨彥輯：《普陀洛迦新志》，收入《中國佛寺史志彙刊第一輯》，臺北：明文書局，1980年。

※章學誠著，葉瑛校注：《文史通義》，北京：中華書局，1985年。

※喻謙：《新續高僧傳》，臺北：新文豐出版公司，1974年。

※彭紹升：《一行居集》，臺北：佛陀教育基金會，1993年。

※焦循：《雕菰集》，臺北：鼎文書局，1977年。

※程廷祚：《清溪集》，上海：上海古籍出版社，1990年。

　菩提流支譯：《無量壽經優波提舍》，《大正藏》第26冊。

※菩提流志等譯：《大寶積經無量壽如來會》，《大正藏》第11冊。

※畺良耶舍譯：《觀無量壽佛經》，《大正藏》第12冊。

※道鏡、善道共集：《念佛鏡》，《大正藏》第47冊。

※鳩摩羅什譯：《十住毘婆沙論》，《大正藏》第26冊。

※鳩摩羅什譯：《大智度論》，《大正藏》第25冊。

※鳩摩羅什譯：《佛說阿彌陀經》，《大正藏》第12冊。

※鳩摩羅什譯：《妙法蓮華經》，《大正藏》第9冊。

※鳩摩羅什譯：《思益梵天所問經》，《大正藏》第15冊。

※鳩摩羅什譯：《梵網經》，《大正藏》第24冊。

※鳩摩羅什譯：《維摩詰所說經》，《大正藏》第14冊。

※僧伽提婆譯：《增一阿含經》，《大正藏》第2冊。

※實叉難陀譯：《大方廣佛華嚴經（八十卷）》，《大正藏》第10冊。

※撰者不詳：《大乘無生方便門》，《大正藏》第85冊。

※歐陽漸：《歐陽大師遺集》，臺北：新文豐出版公司，1976年。

※凝然：《五教章通路記》，《大正藏》第72冊。

※曇無讖譯：《金光明經》，《大正藏》第16冊。

※曇無讖譯：《悲華經》，《大正藏》第3冊。

※瞿曇僧伽提婆譯：《中阿含經》，《大正藏》第1冊。

※魏源：《魏源集》，臺北：鼎文書局，1978年。

※譚鍾嶽：《峨眉山志圖說》，成都：四川人民出版社，1984年。

※譚鍾嶽:《峨眉山志圖說》,收入《中國佛寺史志彙刊第一輯》,
　　　臺北: 明文書局, 1980年。

※譚鍾嶽:《峨眉山志圖說》, 收入沈雲龍主編:《中國名山勝蹟
　　　志第三輯》, 臺北: 文海出版社, 無出版日期。

※覺明菩薩說, 釋常攝集:《西方確指》,《續藏經》第110冊。

　釋元照:《觀無量壽佛經義疏》,《大正藏》第37冊。

※釋文諗、釋少康共輯 (?):《往生西方淨土瑞應傳》,《大正藏》
　　　第51冊。

※釋日稱譯:《尼乾子問無我義經》,《大正藏》第32冊。

※釋弘贊編:《禮佛儀式》,《續藏經》第129冊。

※釋正受編:《嘉泰普燈錄》,《續藏經》第137冊。

　釋永明:《萬善同歸集》,《大正藏》第48冊。

※釋玄奘譯:《阿毗達磨大毗婆沙論》,《大正藏》第27冊。

※釋玄奘譯:《瑜伽師地論》,《大正藏》第30冊。

※釋印光修訂:《重修九華山志》,收入《四大名山志》第一冊,
　　　臺北: 佛教書局, 1978年。

※釋印光修訂:《普陀洛迦新志》,收入《四大名山志》第二冊,
　　　臺北: 佛教書局, 1978年。

※釋印光修訂:《重修峨眉山志》,收入《四大名山志》第三冊,
　　　臺北: 佛教書局, 1978年。

※釋印光修訂:《重修清涼山志》,收入《四大名山志》第四冊,
　　　臺北: 佛教書局, 1978年。

※釋印光修訂:《普陀洛迦新志》,收入《四大名山志》,臺南:
　　　和裕出版社, 1993年。

※釋印光監修，康奉等校點：《清涼山志點校本》，民國二十二
　　（1933）年刊本，北京：中國書店，1989年。
※釋吉藏：《無量壽經義疏》，《大正藏》第37冊。
※釋吉藏：《三論玄義》，《大正藏》第45冊。
※釋妙叶：《寶王三昧念佛直指》，《大正藏》第47冊。
※釋戒珠：《淨土往生傳》，《大正藏》第51冊。
※釋來果：《來果禪師語錄》，香港：香港佛經流通處，1984年。
※釋宗密：《註華嚴法界觀門》，《大正藏》第45冊。
　釋宗寶編：《六祖大師法寶壇經》，《大正藏》第48冊。
※釋念常集：《佛祖歷代通載》，《大正藏》第49冊。
　釋法海集：《南宗頓教最上大乘摩訶般若波羅蜜經六祖惠能大
　　師於韶州大梵寺施法壇經》，《大正藏》第48冊。
※釋法賢譯：《佛說大乘無量壽莊嚴經》，《大正藏》第12冊。
※釋法藏：《華嚴一乘教義分齊章》，《大正藏》第45冊。
※釋知禮：《觀無量壽佛經疏妙宗鈔》，《大正藏》第37冊。
※釋迦才：《淨土論》，《大正藏》第47冊。
※釋飛錫：《念佛三昧寶王論》，《大正藏》第47冊。
※釋真華：《參學瑣談》，臺北：正聞出版社，1993年。
※釋倓虛講，釋大光筆記：《影塵回憶錄》，高雄：淨宗學會，1992
　　年。
※釋惟則：《淨土或問》，《大正藏》第47冊。
※釋普度：《廬山蓮宗寶鑑》，《大正藏》第47冊。
※釋普濟集：《五燈會元》，《續藏經》第138冊。
※釋智圓：《佛說阿彌陀經疏》，《大正藏》第37冊。

※釋智顗：《五方便念佛門》，《大正藏》第47冊。

※釋智顗：《佛說觀無量壽佛經疏》，《大正藏》第37冊。

※釋智顗：《法華三昧懺儀》，《大正藏》第46冊。

※釋智顗：《淨土十疑論》，《大正藏》第47冊。

※釋智顗：《妙法蓮華經玄義》，《大正藏》第33冊。

　釋善導：《依觀經等明般舟三昧行道往生讚》，《大正藏》第47
　　冊。

※釋善導：《觀念阿彌陀佛相海三昧功德法門》，《大正藏》第47
　　冊。

※釋善導：《觀無量壽佛經疏》，《大正藏》第37冊。

※釋善導集記：《往生禮讚偈》，《大正藏》第47冊。

※釋善導集記：《轉經行道願往生淨土法事讚》，《大正藏》第47
　　冊。

※釋袾宏：《往生集》，《大正藏》第51冊。

※釋義淨譯：《根本薩婆多部律攝》，《大正藏》第24冊。

　釋道世：《法苑珠林》，《大正藏》第53冊。

　釋道宣：《廣弘明集》，《大正藏》第52冊。

　釋道宣：《續高僧傳》，《大正藏》第50冊。

※釋道原纂：《景德傳燈錄》，《大正藏》第51冊。

※釋道誠集：《釋氏要覽》，《大正藏》第54冊。

※釋道綽：《安樂集》，《大正藏》第47冊。

※釋達默：《佛說阿彌陀經便蒙鈔》，《續藏經》第91冊。

　釋僧祐：《弘明集》，《大正藏》第52冊。

※釋徹悟：《徹悟大師遺集》，高雄：高雄淨宗學會，1994年，影

印天津佛教功德林重編版。

釋慧皎:《高僧傳》,《大正藏》第50冊。

※釋慧祥:《古清涼傳》,《大正藏》第51冊。

※釋慧琳:《一切經音義》,《大正藏》第54冊。

釋慧遠:《無量壽經義疏》,《大正藏》第37冊。

※釋慧遠:《觀無量壽經疏》,《大正藏》第37冊。

※釋慧嚴等修治:《大般涅槃經》,《大正藏》第12冊。

※釋澄觀:《華嚴經普賢行願品疏》,《續藏經》第7冊。

※釋澄觀行疏,釋宗密疏鈔:《華嚴經普賢行願品別行疏鈔》,《續藏經》第7冊。

※釋蓮池疏鈔,釋古德演義:《阿彌陀經疏鈔演義》,高雄:高雄淨宗學會,1994年。

釋蓮池著,釋僧懺集:《蓮池大師集》,香港:香港佛經流通處,1994年。

釋曇鸞:《略論安樂淨土義》,《大正藏》第47冊。

※釋曇鸞註:《無量壽經優婆提舍願生偈註》,《大正藏》第40冊。

釋遵式:《往生淨土懺願儀》,《大正藏》第47冊。

※釋遵式:《往生淨土決疑行願二門》,《大正藏》第47冊。

※釋蕅益:《佛說阿彌陀經要解》,《大正藏》第37冊。

※釋蕅益:《靈峰宗論》,臺中:青蓮出版社,1994年。

※釋蕅益選,釋印光編訂:《淨土十要》,高雄:高雄淨宗學會,1995年。

※釋蕅益選,釋印光編訂:《淨土十要》,高雄:佛光出版社,1994年。

※釋懷感：《釋淨土群疑論》，《續藏經》第107冊。

※釋贊寧：《宋高僧傳》，《大正藏》第50冊。

※釋覺岸：《釋氏稽古略》，《大正藏》第49冊。

※釋讀體著，釋弘一眉註：《一夢漫言》，臺北：佛教出版社，1986年。

肆、近人中、日文論著（以作者姓氏筆劃排列）

※Holmes Welch著，包可華、阿含譯：《近代中國的佛教制度》，臺北：華宇出版社，1988年。

　Holmes Welch著，姚育紅譯：〈中國佛教的復興（第一章）〉，載《內明》第266—267期，1994年5—6月，頁3—13、頁16—20。

　Holmes Welch著，耿侃譯：〈中國佛教的復興（第二章）〉，載《內明》第271—272期，1994年10—11月，頁3—12、頁26—33。

※Holmes Welch著，魏東譯：〈中國佛教的復興（第三章）〉，載《內明》第276期，1995年3月，頁3—17。

　Holmes Welch著，林倩譯：〈中國佛教的復興（第四章）〉，載《內明》第281期，1995年8月，頁3—12。

※于淩波：《中國近代佛門人物誌（第一集）》，臺北：慧炬出版社，1993年。

※于淩波：《中國近代佛門人物誌（第二集）》，臺北：慧炬出版社，1993年。

※于淩波：《中國近代佛門人物誌（第三集）》，臺北：慧炬出版

社，1994年。

千葉照觀：〈現中國で最も盛大な佛教儀——水陸會〉，載《大
　　正大學綜合仏教研究所年報》第15號，1994年3月，頁30
　　—46。

※大須賀秀道：〈他力の意義〉，載《佛教研究》第6卷第2號，1925
　　年4月，頁175—190。

小林順彥：〈趙宋天台における修懺の展開——特に遵式を中
　　心として〉，載《大正大學大學院研究論集》第18號，1995
　　年3月，頁67—79。

※小笠原宣秀：《中国近世淨土教史の研究》，東京：百華苑，1963
　　年。

※小野勝年、日比野丈夫：《五臺山》，東京：座右寶刊行會，1942
　　年。

中川英尚：〈『無量寿経』における菩薩観〉，載日本仏教学会
　　編：《菩薩観》，京都：平樂寺書店，1994年，頁105—124。

中村元：〈極樂淨土の觀念のインド學的解明とチベット的變
　　容〉，載《印度學佛教學研究》第11卷第2號，1964年3月，
　　頁131—153。

中村元著，釋見憨、陳信憲等譯：《原始佛教——其思想與生
　　活》，嘉義：香光書鄉出版社，1995年。

中村薰：〈彭際清《華嚴念佛三昧論》たついて〉，載氏著：《華
　　嚴の淨土》，京都：法藏館，1991年，頁304—329。

井上惠樹：〈定散二善の内景〉，載《印度學佛教學研究》第24
　　卷第1號，1976年12月，頁312—315。

孔令敬:〈淨土教が中国語に與えた影響——「念」の用法に
　　　ついて〉,載《大正大學大學院研究論集》第21號, 1997
　　　年3月,頁65—74。

※孔維勤:《永明延壽宗教論》,臺北:新文豐出版公司, 1983年。

※方倫:〈淨法概述〉,載張曼濤主編:《淨土宗概論》,《現代佛
　　　教學術叢刊64》,臺北:大乘文化出版社, 1979年,頁53
　　　—141。

木村迎世:〈『安楽集』における機根觀——『観經』九品の解
　　　釈を中心に〉,載《大正大學大學院研究論集》第21號,
　　　1997年3月,頁87—99。

※木村泰賢著,李根源譯:〈本願思想之開展與其道德的文化的
　　　宗教的意義〉,載張曼濤主編:《淨土思想論集(一)》,《現代
　　　佛教學術叢刊66》,臺北:大乘文化出版社, 1978年,頁
　　　337—386。

冉雲華:〈諷誦的力量〉,載氏著:《中國佛文化研究論集》,臺
　　　北:東初出版社, 1990年,頁1—12。

古正美:〈大乘佛教孝觀的發展背景〉,載傅偉勳主編:《從傳
　　　統到現代——佛教倫理與現代社會》,臺北:東大圖書公
　　　司, 1990年,頁61—105。

※平川彰:《原始佛教の研究——教團組織の原型》,東京:春秋
　　　社, 1964年。

平川彰著,李世傑譯:〈初期佛教的倫理——特以倫理主體的
　　　問題為中心〉,載玉城康四郎主編:《佛教思想(一)——在印
　　　度的開展》,臺北:幼獅文化公司, 1995年,頁41—72。

平岡聡：〈浄土経典にみられる二種の誓願說『無量寿経』を中心として〉，載《佛教大學大學院研究紀要》第16號，1988年，頁37—64。

田博元：〈廬山淨土宗要論〉，載《佛教文化學報》第2期，1973年，頁108—116。

※石田充之：〈浄土教の實踐論〉，載《佛教學研究》第12、13卷合刊，1957年6月，頁116—131。

安京植：《唐代淨土宗眾生教化之教育意義》，臺北：師範大學教育研究所博士論文，1992年。

江燦騰：〈臺灣當代淨土思想的新動向〉，載氏著：《人間淨土的追尋——中國近世佛教思想研究》，臺北：稻鄉出版社，1989年，頁187—220。

色井秀讓：〈大阿弥陀経疑点若干〉，載《印度學佛教學研究》第24卷第2號，1977年3月，頁77—82。

色井秀讓：〈般舟三昧経の成立について〉，載《印度學佛教學研究》第11卷第1號，1964年1月，頁203—206。

※何宗旺：《中華煉丹術》，臺北：文津出版社，1995年。

佐藤成順：〈宋代における公卿の浄土信仰者——楊傑について〉，載《大正大學大學院研究論集》第14號，1990年2月，頁47—69。

佐藤成順：〈省常の浄行社について——北宋公卿の仏教への関心〉，載《大正大學大學院研究論集》第21號，1998年3月，頁29—63。

佐藤成順：〈道綽禪師の淨土教へ帰入〉，載氏著：《中國佛教

思想史の研究》，東京：山喜房仏書林，1986年，頁289—
306。

佐藤成順：〈曇鸞の生死観〉，載氏著：《中國仏教思想史の研
究》，東京：山喜房仏書林，1986年，頁255—268。

佐藤達玄著，釋見憨、鐘修三、歐先足、林正昭等譯：《戒律
在中國佛教的發展》，嘉義：香光書鄉出版社，1997年。

佐藤密雄著，劉欣如譯：〈原始佛教的出家生活〉，載《獅子吼》
第28卷第10—11期，1989年10—11月，頁22—25、頁36—
39。

吳信如：〈佛法戒律論〉，載《佛學研究（年刊）》第5期，1996
年，頁180—203。

※吳樹虛：《武林大昭慶律寺志》，收入《中國佛寺史志第一輯》
第16冊，臺北：明文書局，1980年。

※吳鎮烽：《陝西地理沿革》，西安：陝西人民出版社，1981年。

※吳藝苑：《「慈悲水懺」與中國佛教懺悔思想》，臺北：政治大
學中國文學研究所碩士論文，1994年。

※李世傑：《華嚴哲學要義》，臺北：佛教出版社，1978年。

李正治：〈中國民間處世思想探論〉，載鄭志明著：《中國社會
與宗教：通俗思想的研究》，臺北：臺灣學生書局，1986
年，頁355—380。

※李玉輝：《當代「人間佛教」思想的探討——兼論原始佛教的
人間性格》，香港：能仁學院哲學研究所碩士論文，1994
年。

李明芳：《大乘佛教倫理思想研究》，高雄：佛光出版社，1989

年。

※李炳南：《佛學問答類編》，收入《淨土叢書（十五）》，臺北：
　　臺灣印經處，1981年。

※李健超：《陝西地理》，西安：陝西人民出版社，1984年。

　李潤生：〈佛家業論辨析〉，載張曼濤主編：《佛教根本問題研
　　究㈡》，《現代佛教學術叢刊54》，臺北：大乘文化出版社，
　　1980年，頁79—126。

　坪井俊映：《淨土三經概說》，載張曼濤主編：《淨土典籍研究》，
　　《現代佛教學術叢刊68》，臺北：大乘文化出版社，1979
　　年，頁1—240。

　奈良弘元：〈『極楽浄土九品往生義』に引用されている経典論
　　疏について〉，載古田紹欽博士古稀記念會編：《仏教の歴
　　史的展開に見る諸形態 —— 古田紹欽博士古稀記念論
　　集》，東京：創文社，1982年，頁648—661。

　岩本裕著，劉欣如譯：《佛教與女性》，臺北：大展出版公司，
　　1998年9月。

　昆達拉：《中國大乘阿彌陀淨土思想研究》，臺北：臺灣大學哲
　　學研究所碩士論文，1992年。

※服部俊崖：〈「普陀山志」解說〉，載《仏教史學》第一編，1912
　　—1913年，頁655—662。

※果嚴：〈論佛法與禪淨〉，載張曼濤主編：《佛教各宗比較研究》，
　　《現代佛教學術叢刊70》，頁341—388。

※林子青：《弘一大師新譜》，臺北：東大圖書公司，1993年。

※林素瑜：《慧遠形神思想之研究》，臺北：文化大學哲學研究所

碩士論文，1997年。

※牧田諦亮：〈清末以後に於ける廟產興學〉，載氏著：《中國仏教史研究㈡》，東京：大東出版社，1985年，頁290—318。

牧田諦亮：〈現代中國佛教の生活規範——特に靈巖山寺における〉，載《仏教大學研究紀要》第35號，1959年10月，頁238—270。

※牧田諦亮：〈善導大師と中國淨土教〉，載氏著：《中國仏教史研究㈠》，東京：大東出版社，1984年，頁319—371。

牧田諦亮著，索文林譯：〈水陸會考證〉，載氏著：《中國近世佛教史研究》，收入藍吉富主編：《世界佛學名著譯叢47》，臺北：華宇出版社，1985年，頁185—215。

牧田諦亮著，智華譯：〈慧遠〉，載《海潮音》第45卷6—7月號，1964年6—7月，頁17—19、頁22—24。

彥和：〈阿彌陀佛本願彙類〉，載《菩提樹》第470/471期合刊，1992年2月，頁43—57。

※洪金蓮：《太虛大師佛教現代化之研究》，臺北：東初出版社，1995年。

胡孚琛：〈道家內丹養生學發凡〉，載陳鼓應主編：《道家文化研究》第一輯，上海：上海古籍出版社，1992年，頁310—318。

胡孚琛：〈道教史上的內丹學〉，載《世界宗教研究》，1989年第2期，頁1—22。

香川孝雄：〈《無量清淨平等覺經》漢譯考〉，載《佛教文化》第2期，1990年12月，頁39—41。

香川孝雄：〈無量寿経類における浄土観の展開〉，載《印度學佛教學研究》第24卷第1號，1976年12月，頁47—51。

香川孝雄：〈稱名思想の形成〉，載《印度學佛教學研究》第11卷第1號，1964年1月，頁38—49。

※香川孝雄：《浄土教の成立史的研究》，東京：山喜房仏書林，1993年。

宮地廓慧：〈根本仏教から見た浄土教〉，載《佛教學研究》第51號，1995年3月，頁142—165。

柴田泰：〈中國浄土教と心の問題──『観經』「是心作仏，是心是仏」理解〉，載仏教思想研究會主編：《仏教思想(9)──心》，京都：平樂寺書店，1984年，頁403—438。

柴田泰：〈宋代的浄土思想〉，載《世教宗教研究》1992年第2期，頁20—24。

※袁震：〈兩宋度牒考〉，載張曼濤主編：《宋遼金元篇──中國佛教史專集（三）》，《現代佛教學術叢刊7》，臺北：大乘文化出版社，1977年，頁141—372。

※高柳和江著，蕭志強譯：《生死自在》，臺北：三思堂文化公司，1996年。

※高峰：《陝西方志考》，吉林：吉林省地方志編纂委員會、吉林省圖書館學會合作出版，1985年。

高振農：《佛教文化與近代中國》，上海：上海社會科學院出版社，1992年。

高橋弘次：〈慧遠與善導之念佛〉，載《佛學研究（年刊）》第5期，1996年，頁13—18。

※梶原隆淨:〈曇鸞の往生観考〉,載《佛教大學大學院研究紀要》
　　　第21號, 1993年2月, 頁1—21。

區結成:《慧遠》,臺北: 東大圖書公司, 1987年。

崔正森:〈五台山佛教文化〉,載《世界宗教研究》, 1991年第3
　　　期, 頁79—92。

※張君勱:《歐化東漸史》,上海: 商務印書館, 1947年。

張曼濤主編:《淨土泛論》,臺北: 大乘文化出版社, 1980年。

※張通文:《人死後的過程——中陰身自救法》,臺北: 觀世音出
　　　版社, 1995年。

望月信亨著,釋印海譯:《中國淨土教理史》,臺北: 正聞出版
　　　社, 1991年。

※望月信亨著,釋印海譯:《淨土教概論》,收入藍吉富主編:《世
　　　界佛學名著譯叢52》,臺北: 華宇出版社, 1988年。

梁其姿:《施善與教化——明清的慈善組織》,臺北: 聯經出版
　　　公司, 1997年。

莊吉發:〈清代民間宗教的源流及其社會功能〉,載鄭志明編:
　　　《宗教與文化》,臺北: 臺灣學生書局, 1990年, 頁101—
　　　136。

郭朋、張新鷹、廖自力等著:《中國近代佛學思想史稿》,成都:
　　　巴蜀書社, 1989年。

※陳垣:《明季滇黔佛教考》,臺北: 彙文堂出版社, 1987年。

※陳健民:《淨土五經會通資料全集》,收入氏著《曲肱齋全集》
　　　第6冊,臺北: 圓明出版社, 1993年。

※陳劍鍠:〈印光的念佛法〉,載《國立編譯館館刊》 第29卷第2

期，2000年12月，頁167—190。

※陳劍鍠：〈近代確立蓮宗十三位祖師的過程及其釋疑〉，載《論
　衡》第5卷第2期，頁102—112。

陳敏齡：〈般舟三昧經的阿彌陀佛觀〉，載《東方宗教研究》舊
　第1期，1987年9月，頁3—16。

陳敏齡：〈曇鸞的淨土思想——兼論北魏金石碑銘所見的淨
　土〉，載《東方宗教研究》新第4期，1994年10月，頁47—
　66。

※陳榮捷著，廖世德譯：《現代中國的宗教趨勢》，臺北：文殊出
　版社，1987年。

※陳遠止：〈高本漢《洪範注釋》斠正三則〉，載《論衡》2卷2期，
　1996年6月，頁67—73。

※陶希聖：《唐代寺院經濟》，臺北：食貨出版社，1974年。

麻天祥：《反觀人生的玄覽之路——近現代中國佛學研究》，貴
　陽：貴州人民出版社，1994年。

麻天祥：《佛學與人生——近代思想家的佛學思想》，鄭州：中
　州古籍出版社，1993年。

麻天祥：《晚清佛學與近代社會思潮》，臺北：文津出版社，1992
　年。

※傅振倫：《傅振倫方志論著選》，杭州：浙江人民出版社，1992
　年。

傅教石：〈近代上海的佛教慈善事業及其社會作用〉，載《內明》
　第242期，1992年5月，頁25—30。

單培根：〈范古農居士年譜〉，載《內明》第232期，1991年7月，

頁36—42。

※單培根：〈范古農居士年譜（續）〉，載《內明》第234期，1991
　　年9月，頁35—41。

※湯用彤：《漢魏兩晉南北朝佛教史》，上海：上海書店，1991年。

※程東、薛冬：《五台山》，北京：燕山出版社，1993年。

　黃兆漢：〈黃大仙考〉，載氏著：《道教研究論文集》，香港：香
　　港中文大學出版社，1988年，頁157—181。

　黃啟江：〈北宋時期兩浙的彌陀信仰〉，載氏著：《北宋佛教史
　　稿》，臺北：臺灣商務印書館，1997年，頁417—466。

※黃敏枝：《宋代佛教社會經濟史論集》，臺北：臺灣學生書局，
　　1989年。

　黃葦等著：《方志學》，上海：復旦大學出版社，1993年。

　黃運喜：〈中國佛教法難的回顧（明—現代）〉，載《獅子吼》
　　第28卷第11期，1989年11月，頁29—33。

※黃運喜：〈清末民初廟產興學運動對近代佛教的影響〉，載《國
　　際佛學研究創刊號》，1991年12月，頁293—303。

※傳慧：〈今日靈巖山寺〉，載《法音》總第75期，1990年11月，
　　頁25—26。

　楊白衣：〈清代之念佛禪〉，載《佛光學報》第6期，1981年，
　　頁169—186。

　楊白衣：〈淨土的淵源及其演變〉，載《華岡佛學學報》第8期，
　　1985年，頁77—133。

　楊白衣：〈淨土探源〉，載張曼濤主編：《淨土思想論集㈠》，《現
　　代佛教學術叢刊66》，臺北：大乘文化出版社，1978年，

頁1—36。

楊惠南：〈《楞嚴經》「反聞聞自性」與虛雲法師之禪法的比較〉，載氏著：《禪史與禪思》，臺北：東大圖書公司，1995年，頁351—375。

楊曾文：〈大乘佛教倫理與現代社會〉，載傅偉勳主編：《從傳統到現代——佛教倫理與現代社會》，臺北：東大圖書公司，1990年，頁211—232。

楊曾文：〈道綽、善導和唐代淨土宗〉，載藍吉富主編：《中印佛學泛論——傅偉勳教授六十大壽祝壽論文集》，臺北：東大圖書公司，1993年，頁203—229。

※蜂屋邦夫：〈范縝神滅論の思想について〉，載《東洋文化研究所紀要》，第62卷，頁63—118。

※詹勵吾：〈論「神滅論」〉，載淨業行者輯：《因果選集》，高雄：文殊講堂，1994年，頁146—163。

道　元：〈南國佛教中的一朵蓮花——靈巖山寺〉，載《香港佛教》第322期，1987年3月，頁31—32。

道端良秀著，關世謙譯：《中國佛教與社會福利事業》，高雄：佛光出版社，1986年。

道端良秀著、釋慧嶽譯：《佛教與儒家倫理》，收入藍吉富主編：《世界佛學名著譯叢48》，臺北：華宇出版社，1986年。

鈴木大拙著、江支地譯：《娑婆與極樂》，臺北：法爾出版社，1989年。

※實藤惠秀著、潭汝謙、林啟彥譯：《中國人留學日本史》，香港：香港中文大學出版社，1982年。

※廖明活：〈中國佛教徒和反對佛教者之間的神滅神不滅論〉，載
　　《哲學與文化》第21卷第4期，1994年4月，頁329—346。

廖明活：〈吉藏的淨土思想〉，載《中國文哲研究集刊》第11期，
　　1997年9月，頁189—218。

廖明活：〈淨影寺慧遠的淨土思想〉，載《中華佛學學報》第8
　　期，1995年7月，頁345—371。

廖明活：〈原始佛教要義〉，載《獅子吼》第30卷第2—4期，1991
　　年2—4月，頁3—7、頁8—12、頁14—19。

廖明活：〈部派佛教思想的特質〉，載《獅子吼》第30卷第9—
　　10期、11/12期合刊，1991年9—10月、12月，頁3—7、頁
　　26—32、頁24—29。

廖閱鵬：《淨土三系之研究》，高雄：佛光出版社，1989年。

福原亮嚴：〈浄土論註における仏土観〉，載《印度學佛教學研
　　究》第24卷第2號，1977年3月，頁223—226。

※趙源一：《范縝形神思想之研究》，臺北：文化大學哲學研究所
　　碩士論文，1995年。

稻岡誓純：〈中國淨土往生伝類の研究——《往生西方浄土瑞
　　應刪伝》を中心として〉，載《佛教大學文學部論集》第
　　79號，1995年，頁1—13。

蓮華生大士著，徐進夫譯：《西藏度亡經》，臺北：天華出版公
　　司，1994年。

※蔣維喬：《中國佛教史》，臺北：漢聲出版社，1972年。

蔡纓勳：《善導思想之研究》，臺北：師範大學國文研究所博士
　　論文，1997年。

鄭志明：《中國善書與宗教》，臺北：臺灣學生書局，1988年。

※蕭登福：〈道教血湖地獄對佛教《血盆經》的影響〉，載氏著：
　　《道教與佛教》，臺北：東大圖書公司，1995年，頁297—
　　320。

賴隆彥：〈般舟三昧為主之念佛法門的成立——印度篇〉，載《獅
　　子吼》第29卷第7—9期，1990年7—9月，頁8—13、頁24
　　—29、頁9—11。

賴隆彥：〈般舟三昧與中國淨土教——中國篇〉，載《獅子吼》
　　第30卷第1—2期，1991年1—2月，頁9—13、頁20—27。

賴隆彥：〈淨土思想的禪觀性格——《般舟三昧經》念佛法門
　　考〉，載《獅子吼》第29卷第6期，1990年6月，頁9—13。

賴隆彥：〈淨土思想的禪觀性格——《般舟三昧經》念佛法門
　　考——結論〉，載《獅子吼》第30卷第3期，1991年3月，
　　頁13—15。

謝路軍：〈試析善導往生淨土的主體——眾生觀〉，載《佛學研
　　究（年刊）》第5期，1996年，頁154—164。

樫尾慈覺：〈業說と本願思想〉，載日本仏教学会編：《仏教に
　　おける淨土思想》，京都：平樂寺書店，1977年，頁33—
　　49。

※鍾肇鵬：〈扶乩與道經〉，載《世界宗教研究》，1988年第4期，
　　頁9—16。

藍吉富：〈二十世紀的中國佛教——從一九四九年以前的大陸
　　到一九四九年以後的臺灣〉，載氏著：《二十世紀中日佛
　　教》，臺北：新文豐出版公司，1991年，頁21—58。

※藍吉富:〈大乘經典中之在家佛教徒的地位及其角色功能〉,載
　　傅偉勳主編:《從傳統到現代——佛教倫理與現代社會》,
　　臺北: 東大圖書公司, 1990年, 頁49—59。

※藍吉富:〈太虛與歐陽漸對「在家眾住持正法」的不同見解〉,
　　載氏著:《二十世紀的中日佛教》,臺北: 新文豐出版公司,
　　1991年, 頁101—110。

　藍吉富:〈現代中國佛教的反傳統傾向〉,載氏著:《二十世紀
　　中日佛教》,臺北: 新文豐出版公司, 1991年, 頁1—20。

　藍吉富:〈陳健民的著述及其宗教生涯〉,載氏著:《二十世紀
　　中日佛教》,臺北: 新文豐出版公司,1991年,頁227—243。

※鎌田茂雄著, 關世謙譯:《四大名山的故事》,臺北: 圓明出版
　　社, 1995年。

　藤田宏達、石田瑞麿著, 許洋生譯:〈淨土思想的發展〉,載玉
　　城康四郎主編:《佛教思想㈡——在中國的開展》,臺北:
　　幼獅文化公司, 1995年, 頁1—60。

　藤堂恭俊:〈中國淨土教における因果に関る諸問題〉,載仏教
　　思想研究會主編:《仏教思想(3)——因果》,京都: 平樂寺
　　書店, 1978年, 頁287—312。

※蘇雲峰:〈張之洞的教育思想〉,載周陽山、楊肅獻編:《近代
　　中國思想人物論——晚清思想》,臺北: 時報文化出版公
　　司, 1980年, 頁389—411。

※釋仁俊:〈敬悼淨宗完人——德森老法師〉,載《海潮音》第44
　　卷, 1963年5月號, 頁18—19。

※釋印順:《太虛大師年譜》,收入氏著《妙雲集 (中編之六)》,

臺北：正聞出版社，1992年。

釋印順：《淨土與禪》，收入氏著《妙雲集（下編之四）》，臺北：
正聞出版社，1992年。

※釋印順：《華雨香雲》，收入氏著《妙雲集（下編之十）》，臺北：
正聞出版社，1992年。

釋如空：〈廬山慧遠採行念佛三昧的探討〉，載《諦觀》第75期，
1993年10月，頁143—178。

釋宏如：〈佛教各宗對淨土分類的看法〉，載張曼濤主編：《佛
教各宗比較研究》，《現代佛教學術叢刊70》，臺北：大乘
文化公司，1980年，頁233—252。

釋依仁：〈中國僧團制度之研究〉，載《獅子吼》第24卷第7期，
1985年7月，頁22—31。

※釋性梵：《往生淨土傳輯要》，高雄：文殊講堂，1997年。

釋性演：〈試述原始佛教的僧伽〉，載《獅子吼》第32卷第2期，
1993年2月，頁27—33。

※釋明復：〈中國近代佛教法難的瞻顧〉，載《獅子吼》第16卷8
期，1977年8月，頁17—21。

釋明復：〈水野梅曉〉，載《獅子吼》第24卷第1期，1985年1月，
頁22—27。

※釋明暘：《圓瑛大師年譜》，上海：圓明講堂，1989年。

※釋東初：《中國佛教近代史》，臺北：東初出版社，1992年。

※釋法舫：《法舫法師文集》，臺北：大乘文化出版社，1980年。

※釋法舫：《唯識史觀及其哲學》，臺北：正聞出版社，1993年。

釋昭慧：《佛教倫理學》，高雄：淨心文教基金會，1995年。

釋真慧：〈從制教的觀點看「諸惡莫作，眾善奉行」的蘊涵〉，
　　載《獅子吼》第31卷第2期，1992年2月，頁20—24。

※釋真慧：《七佛通誡偈思想研究》，臺北：東初出版社，1993年。

※釋淨空講，劉承符記：《無量壽經玄義親聞記》，臺北：佛陀教
　　育基金會，1994年。

※釋祥雲編：《帶業往生與消業往生》，臺北：天華出版公司，1993
　　年。

釋惠敏：〈「心淨則佛土淨」之考察〉，載《中華佛學學報》第
　　10期，1997年7月，頁25—44。

釋慈怡：〈太虛大師的僧教育理想〉，載《普門》第126、128期，
　　1990年3月、5月，頁30—45、頁25—34。

※釋聖嚴：〈淨土思想之考察〉，載《華岡佛學學報》第6期，1983
　　年，頁5—48。

※釋聖嚴：《念佛生淨土》，臺北：東初出版社，1995年。

釋聖嚴著，關世謙譯：《明末中國佛教之研究》，臺北：臺灣學
　　生書局，1988年。

※釋慧廣：《懺悔的理論與方法》，高雄：法喜出版社，1989年。

※釋談玄：〈禪宗與密宗——禪宗的即心成佛同密宗的即身成
　　佛〉，載張曼濤主編：《佛教各宗比較研究》，《現代佛教學
　　術叢刊70》，臺北：大乘文化出版社，1979年，頁313—327。

※釋融熙：〈與無修居士論禪與台淨兩宗異同〉，載張曼濤主編：
　　《佛教各宗比較研究》，《現代佛教學術叢刊70》，頁145—
　　152。

伍、近人英文論著（以作者姓氏英文字母排列）

Andrews, Allan A.: ".Nenbutsu in the Chinese Pure Land Tradition" In: *The Eastern Buddhist* , New Series, III–2 (1970), pp. 20— 45.

Atone Joji: *SHAN-TAO:His Life and Thought* , University of Wisconsin–Madison, Ph.D. dissertation, 1988.

Chappell, W. David: "From dispute to dual cultivation: Pure Land responses to Ch'an critics". In: *Traditions of Meditation in Chinese Buddhism* , ed. by P. Gregory, Honolulu: University of Hawaii Press, 1986, pp. 163—197.

Cleary Jonathan C. tran.: *Pure Land Pure Mind* , New York: Sutra Translation Committee of the United States and Canada, 1994.

Cleary Jonathan C. tran.: *Mind-Seal of The Buddhas—Commentary on the Amitabha Sutra* (《阿彌陀佛經要解》), New York: Sutra Translation Committee of the United States and Canada, 1997.

Eilert, Hakan: "A brief outline of Pure Land Buddhism in India and in early China". In: *Japanese Religions* , 14: 1 (1985,12), pp.1 — 12.

Hurvitz, Leon: "Chu-hung's One Mind of Pure Land and Ch'an Buddhism". In: *Self and Society in Ming Thought* , William Theodore deBary, ed., New York: Columbia University, 1970, pp. 451–482.

Kaneko, Daiei: "The Meaning of Salvation in the Doctrine of Pure

Land Buddhism". In: *The Eastern Buddhist* , New Series, I (1965), pp. 48—63.

Pas, Julian: "The Kuan-wu-liang-shou Fo-ching: Its Origin and Literary Criticism". In: *Buddhist Thought and Asian Civilizations: Essays in Honor of Herbert V. Guenther on His Sixtieth Birthday*, eds. Kawamura, Leslie S. and Scott, Keith. Emeryville: Dharma Publishing (1977), pp. 194—218.

Stevenson, B. Daniel: "Death-Bed Testimonials of the Pure Land Faithful" In: *Buddhism in Practice* , Donald S. Lopez, Jr., ed. Princeton, New Jersey: Princeton University Press, 1995, pp. 592—602.

Tanaka,Kenneth: "Ching-ying Hui-yuan's Position on Devotion and Visualization: Reevaluation of Causal Practices for Rebirth in Chinese Pure Land Buddhism". In: *Otan Didaigaku Shinshu sogo kenkyujo kiyo* （大谷大學真宗總合研究所紀要） Vol. 6 (1988), pp. 73—92.

※Thich Thien Tam: *Horizontal Escape—Pure Land Buddhism in Theory and Practice* , New York: Sutra Translation Committee of the United States and Canada, 1997.

宗教文庫叢書

「人類如何去信仰」與「人類信仰什麼」
是同樣重要的問題……

從「媽祖回娘家」的三牲五果，到伊斯蘭的齋月禁食；
從釋迦牟尼的菩提悟道，到耶穌基督的流血救贖；
多元的宗教是人類精神信仰的豐富展現，卻也是人類爭戰不息的原因。
然而，真正的多元化是建立在社會群眾彼此寬容及相互理解的基礎之上，
「宗教文庫」的企圖，
就是提供各種宗教的基本知識，以做為個人或群體認識各個宗教的管道。
畢竟，「人類如何去信仰」與「人類信仰什麼」是同樣重要的問題，
藉由這套叢書多樣的內容，
我們期望大眾能接觸多元的宗教知識，從而培養理性的態度及正確的信仰。

頓悟之道——勝鬘經講記　　謝大寧／著

你不是去信一尊外在的佛
而是去信你自己的心

如果眾生皆有無明住地的煩惱，是否有殊勝的法門可以對治呢？本書以「真常唯心」系最重要的經典——《勝鬘經》來顯發大乘教義，剖析人間社會的結構性煩惱，並具體指出眾生皆有如來藏心；而唯有護持這顆清淨心，才能真正斷滅人世煩惱，頓悟解脫。

唯識思想入門　　橫山紘一／著　許洋主／譯

從自己存在的根源除去污穢
而成為充滿安樂的新自己

疏離的時代，人類失去了自己本來的主體性，並正被異化、量化為巨大組織中的一小部分，而如果罹患了疏離感的現代人不做出主動且積極的努力，則永遠不得痊癒。唯識思想的歷史是向人類內心世界探究的歷史，而它的目的就在於：使人類既充滿污穢又異化的心，恢復清淨及正常的本質。

改變歷史的佛教高僧　于凌波／著

大法東來，經典流布
佛門龍象，延佛慧命

佛教的種子傳入中國之後，所以能在中國的土壤紮根生長，實在是因為佛門高僧輩出。他們藉由佛經的翻譯及法義的傳播來開拓佛法，使佛教蓬勃發展。當我們追懷魏晉南北朝時代的佛教及那個時代的高僧時，也盼古代佛門龍象那種旺盛的開拓精神可以再現，為佛法注入新的生命。

伊斯蘭教與中國社會　葛壯／著

堅定信仰真主的力量
成為優越奮發的穆斯林

曾經有一個虔誠的穆斯林說：「如果我信仰真主，當然是我優越，如果我不信仰真主，這條狗就比我優越。」就因為穆斯林們的堅定信仰，使得阿拉伯的伊斯蘭文化不斷地在中國各地傳播，並與中國各朝代的商業、政治、文化及社會產生了密切的互動。且讓我們走進歷史的事蹟裡，一探穆斯林在中國社會中的信仰點滴。

從印度佛教到泰國佛教
宋立道／著

一尊獨一無二的翡翠玉佛
一段古老而深遠的佛教傳播

南傳佛教歷經兩千餘年的發展，堅定地在東南亞大陸站穩腳跟，成為當地傳統文化的主流，不僅支配人們的道德觀念、影響人們的生活情趣，更成為泰國政治意識型態的一部分。藉由玉佛的故事，且看一代聖教如何滲透到東南亞社會的政治、歷史與文化各方面，以及宗教在人類創造活動中的偉大作用。

印度教導論
摩訶提瓦／著　林煌洲／譯

若可實踐正確之身心鍛鍊
則真實之洞見將隨之而生

由正當的語言、思想及行為著手，積極地提升自己的內在精神，寬容並尊重各種多元的思想，進而使智慧開顯豁達，體悟真理的奧秘，這就是印度教。印度教強調以各種方法去經驗實在及實踐愛，而這正是本書力求把印度教介紹給世人的寫作動力。藉由詳盡的闡釋，本書已提供了一條通往永恒及良善生活方式的線索。

白馬湖畔話弘一　陳星/著

一處清涼無染的白馬湖畔
一生魅力無窮的弘一大師

碧水潋灩的白馬湖有著桃花源般的寧靜，它以超凡的秉性成為千丈紅塵中的清涼世界；而弘一大師就像引起湖面漣漪的一股清流，他與白馬湖作家群交錯成一幕魅力無窮的人文風景。本書娓娓道出弘一大師在白馬湖居留期間的事跡，讓您沈浸在大師的文心、藝術與佛緣裡。

圓通證道——印光的淨土啓化　陳劍鍠/著

啓化眾生正信
開闢人間希望淨土

佛教自清朝雍正皇帝以降，因未能防止無賴之徒剃度為僧，故僧流猥雜，使得佛法面臨滅法的劫難。在這種逆流的環境下，印光大師續佛慧命，啓化佛教信徒要能慎思明辨、確立正信；他並提倡他力往生的淨土思想，建立求生西方極樂的堅定信念，為人世間開闢了一片希望的淨土。

華嚴宗入門　劉貴傑／著

心能變現一切
修行即是修心

傳說印度龍樹菩薩承大乘行願，發心潛入龍宮的藏經閣讀經，後從龍宮攜出《華嚴經》下本，才得流傳世間。華嚴宗依《華嚴經》而立，以法界圓融無礙為宗旨，宣揚一心含攝無量，並直指唯有修心才能成佛。本書提挈華嚴宗的基本概念及主要義理，讓你步入華麗莊嚴的佛法殿堂。

大乘佛教思想　上田義文／著　陳一標／譯

開演大乘佛教思想
耳聞佛法良善知識

大乘佛法的義理精闢艱深，諸如「色即是空」及「生死即涅槃」等看似矛盾的命題，更為一般人所無法清楚地理解；而如果我們不先將這些基本概念釐清，則勢必求法無門。本書以清晰的思路帶領大眾思考大乘佛教的基本概念，並對佛學研究方法提出指引，使佛法初學者與研究者皆能從中獲取助益。

滿族薩滿教

王宏剛、于國華 / 著

追溯遠古的神靈
回歸質樸的原始精神信仰

「薩滿」為通古斯語，意為「知曉神意的人」。薩滿教是北方先民用集體的力量擺脫蒙昧的一種文化形態，它記錄了人類童年時代的某些精神景觀與心靈發展的歷史軌跡。本書深入「白山黑水」的東北滿蒙地區，為你揭開一幕幕美麗的原始神話，讓你飛翔在薩滿的萬物神靈裡。

多難之路──猶太教

黃陵渝 / 著

履約神所默示的一切
回歸神所賜與的土地

猶太教的核心是相信宇宙只有一位上帝存在，其教義強調猶太人是上帝從萬民中揀選出來的一個特別民族，將受到上帝的眷顧，並肩負上帝委託的特殊使命。然而，這個民族卻經歷了滅國、流亡及種族屠殺等乖舛多難的命運。在背負過去的傷痛及靜待救贖的日子裡，且讓我們共體猶太信仰在人類史上的堅貞與多難。

佛法與醫學

川田洋一 / 著　許洋主 / 譯

斷除無明的煩惱病
體現健康喜悅的生命韻律

醫生通常可以告訴你生了什麼病，卻無法確切地告訴你為什麼
會生病；「人為什麼會生病」這個問題，似乎牽涉到生命意識
的深層結構。本書由世尊的覺悟內容做為起點，有系統地論述
身體與宇宙韻律的關係，並詳細介紹佛門的醫療方法，為您提
供一條健康喜悅的生命之道。

佛教經典常談

渡辺照宏 / 著　鐘文秀、釋慈一 / 譯
陳一標 / 校訂

淺談佛門浩瀚聖典
輕啟八萬四千法門

作為宗教文學或哲學著作，佛教聖典當然具備豐富多樣的內
容，在教戒、傳說、寓言、笑話、小說、戲曲、歷史、地理、
民俗、習慣等人類所有的生活面，像佛教聖典這樣廣涉多方且
富於變化者，確為世界文獻所僅見。本書以淺易明白的方式，
介紹佛經的成立及現存的主要經典，輕啟你對佛門經典的常
識。

國家圖書館出版品預行編目資料

圓通證道:印光的淨土啟化 / 陳劍鍠著.－－初版一
刷.－－臺北市；東大，民91
　　面；　　公分－－(宗教文庫)
參考書目：面
ISBN 957-19-2694-9　(平裝)

1.釋印光-傳記

2.釋印光-學術思想-佛教

229.385　　　　　　　　　　　　　91007181

網路書店位址　http://www.sanmin.com.tw

© 圓　通　證　道
　　　　——印光的淨土啟化

著作人　陳劍鍠
發行人　劉仲文
著作財
產權人　東大圖書股份有限公司
　　　　臺北市復興北路三八六號
發行所　東大圖書股份有限公司
　　　　地址／臺北市復興北路三八六號
　　　　電話／二五○○六六○○
　　　　郵撥／○一○七一七五──○號
印刷所　東大圖書股份有限公司
門市部　復北店／臺北市復興北路三八六號
　　　　重南店／臺北市重慶南路一段六十一號
初版一刷　中華民國九十一年五月
編　號　E 22071
基本定價　伍　元
行政院新聞局登記證局版臺業字第○一九七號